普通高等学校学前教育专业系列教材

儿童行为观察与指导

（第二版）

主　编　罗秋英　张　宇
副主编　许姗姗　于文哲　赵元猛
　　　　孙传娟　张淑满

复旦大学出版社

内容提要

本书以学前教育专业人才培养目标为导向，以幼儿园教师关键能力掌握为核心，巧妙融入课程思政内容，突出幼儿园岗位实际需要，面向学前教育专业学生及广大幼儿教师，系统阐述对儿童行为观察的理论知识及技能要求，包括儿童行为观察的理论概述、儿童行为记录与分析、儿童行为观察指导与实践三部分，旨在更好地落实《幼儿园保育教育质量评估指南》中"认真观察幼儿在各类活动中的行为表现，并做必要记录，根据一段时间的持续观察，对幼儿的发展情况和需要做出客观全面的分析，提供有针对性的支持"的文件精神。

本书注重"育人"与"修技"结合，突出教材的思想性与实践性。编写体例新颖，凸显工作手册式教材特点；案例丰富生动，突出幼儿园岗位实用性；配套资源丰富，实现"岗课证赛"深度融合。本书配有完整的教学课件、教案及相关视频，可登录复旦学前云平台免费下载（www.fudanxueqian.com）。

复旦学前云平台
数字化教学支持说明

为提高教学服务水平，促进课程立体化建设，复旦大学出版社学前教育分社建设了"复旦学前云平台"，为师生提供丰富的课程配套资源，可通过"电脑端"和"手机端"查看、获取。

【电脑端】

电脑端资源包括 PPT 课件、电子教案、习题答案、课程大纲、音频、视频等内容。可登录"复旦学前云平台"www.fudanxueqian.com 浏览、下载。

Step 1 登录网站"复旦学前云平台"www.fudanxueqian.com，点击右上角"登录/注册"，使用手机号注册。

Step 2 在"搜索"栏输入相关书名，找到该书，点击进入。

Step 3 点击【配套资源】中的"下载"（首次使用需输入教师信息），即可下载。音频、视频内容可通过搜索该书【视听包】在线浏览。

【手机端】

PPT课件、音视频、阅读材料：用微信扫描书中二维码即可浏览。

【更多相关资源】

更多资源，如专家文章、活动设计案例、绘本阅读、环境创设、图书信息等，可关注"幼师宝"微信公众号，搜索、查阅。

平台技术支持热线：029-68518879。

"幼师宝"微信公众号

【本书配套资源说明】

1. 刮开书后封底二维码的遮盖涂层。

2. 使用手机微信扫描二维码，根据提示注册登录后，完成本书配套在线资源激活。

3. 本书配套的资源可以在手机端使用，也可以在电脑端用刮码激活时绑定的手机号登录使用。

4. 如您的身份是教师，需要对学生使用本书的配套资料情况进行后台数据查看、监督学生学习情况，我们提供配套教师端服务，有需要的老师请登录复旦学前云平台官方网址：www.fudanxueqian.com，进入"教师监控端申请入口"提交相关资料后申请开通。

前言

2022年2月,教育部印发《幼儿园保育教育质量评估指南》(以下简称《评估指南》),旨在"引导幼儿园全面贯彻党的教育方针,落实立德树人根本任务,尊重幼儿年龄特点和发展规律,坚持保育教育结合,以游戏为基本活动,不断提高幼儿园办园水平和保教质量"。《评估指南》的附件《幼儿园保育教育质量评估指标》第二十七条要求"认真观察幼儿在各类活动中的行为表现并做必要记录,根据一段时间的持续观察,对幼儿的发展情况和需要做出客观全面的分析,提供有针对性的支持。不急于介入或干扰幼儿的活动",进一步明确了对幼儿行为进行"观察""记录""分析"的重要性。只有对幼儿行为进行了认真的"观察""记录""分析",才能真正走入儿童的内心世界,才能真正懂得儿童的所思所行,也才能真正成为儿童的"合作者""支持者"和"引导者"。所以,"儿童行为观察与指导"能力是《幼儿园教师专业标准》中规定的幼儿教师必备的专业能力;"学前儿童行为观察分析与指导"是学前教育专业的核心课程。教材质量直接影响着人才培养质量,进而影响幼儿园保教活动质量。因此,我们在认真学习《职业教育提质培优行动计划(2020—2023年)》《幼儿园教育指导纲要(试行)》《幼儿园保育教育质量评估指南》《3—6岁儿童学习与发展指南(试行)》等文件精神基础上,对原教材进行了修订,旨在为开设"学前儿童行为观察分析与指导"课程的学校、师生及广大幼儿园在职教师提供更好的服务。

教材注重:人才培养的目标导向;突出岗位实际需求;以学生学习为中心;以学生能力培养为中心,渗透课程思政内容,注重理论联系实际,促进学生德、智、体、美、劳全面发展,从而提升学前教育专业人才培养质量。本教材具有以下特点:

(一)"育人"与"修技"结合,满足学前教育专业学生岗位实际需要

本教材根据"德技双修""工学结合"的人才培养特点,以"立德树人"为指导,将"育人"与"修技"相结合,紧密结合学前教育专业学生岗位实践所必需的"观察""分析"与"指导"能力,满足人才培养提质培优的需要。

(二)编写体例新颖,凸显工作手册式教材特点

本教材编写体例围绕以学生学习为中心的目标要求,设计学习目标、经典导学、学习拓展、案例、本章习题等环节,充分运用二维码形式,提供丰富的线下、线上学习资源,方便学生自行学习与检测,提高学生自我学习能力。

(三)案例内容丰富,突出幼儿园岗位实践性

教材融知识学习与能力培养于一体,在保证知识体系完整性和科学性的同时,融入了大量

的幼儿园实践案例,突出学生专业实践能力培养。

（四）配套资源全面,实现"岗-课-赛"深度融合

教材在"互联网+"背景下,运用现代信息技术,提供集知识点、案例、课件、拓展素材于一体的数字化资源包,涵盖学前教育专业学生课堂学习、入园实践、参加国赛和省赛、幼儿园岗位实操等各个方面,体现个性化、碎片化、精准化服务教师和学生的特点,线上、线下互动,课内、课外结合,满足一体化混合式教学模式的需要,为真实教学情境与产教深度融合搭建了桥梁。

本次参加教材修订人员有：徐州幼儿师范高等专科学校罗秋英、许姗姗、张淑满老师；南京特殊教育师范学院张宇老师；黑龙江幼儿师范高等专科学校于文哲、孙传娟老师；上饶师范学院赵元猛老师。其中,罗秋英负责第一、二、九、十章的编写；于文哲负责第三、四章的编写；张淑满负责第五章的编写；孙传娟负责第六章的编写；赵元猛负责第八章的编写；张宇负责第七章的编写；许姗姗负责附录的编写。全书的统稿工作由张宇负责。

对复旦大学出版社查莉编辑给予的支持及严谨认真的工作表示崇高的敬意！感谢广大读者对《儿童行为观察与指导》的厚爱,本次教材修订得到了徐州幼儿师范高等专科学校学前与特殊教育学院王清风院长、李秀敏副院长、李飞教授及校内外广大任课教师的大力支持和悉心指导,在此表示衷心感谢！

本次教材修订也广泛吸纳、引用、借鉴了国内外同行的先进理念、优秀素材及最新成果,在此对原作者表示诚挚的感谢！

本教材虽然经过了全体编写人员的多次修改和校对,但仍可能有疏漏和不当之处,恳请各位专家和老师批评指正。

编　者

2023 年 8 月

第一篇 儿童行为观察基本理论

第一章 观察 观察 再观察 002
- 第一节 儿童行为观察的概述 003
- 第二节 儿童行为观察的意义与原则 007

第二章 儿童行为观察的要素及类型 011
- 第一节 儿童行为观察的基本要素 011
- 第二节 儿童行为观察的基本类型 017

第三章 儿童行为观察的准备 024
- 第一节 观察计划的制定 025
- 第二节 观察提纲的撰写 027
- 第三节 观察准备及手段 029

第二篇 儿童行为观察记录与分析

第四章 儿童行为观察的记录 034
- 第一节 文字记录方法 035
- 第二节 图表记录法 038
- 第三节 取样法 041

第五章 儿童行为观察资料的分析与整理 046
- 第一节 观察资料的分析 046
- 第二节 观察资料的归纳与分类 055
- 第三节 观察资料的统计整理 057

第三篇 儿童行为观察指导与实践

第六章 幼儿园游戏活动观察与指导 064
- 第一节 户外游戏活动观察与指导 064
- 第二节 建构游戏活动观察与指导 071

第三节　角色游戏活动观察与指导 …………………………………………… 074
　　第四节　智力游戏活动观察与指导 …………………………………………… 078

第七章　幼儿园一日生活观察与指导 ……………………………………………… 082
　　第一节　入园行为观察与指导 ………………………………………………… 082
　　第二节　进餐行为观察与指导 ………………………………………………… 086
　　第三节　盥洗行为观察与指导 ………………………………………………… 092
　　第四节　午睡行为观察与指导 ………………………………………………… 096
　　第五节　离园行为观察与指导 ………………………………………………… 100

第八章　幼儿园集体活动观察与指导 ……………………………………………… 103
　　第一节　社会活动观察与指导 ………………………………………………… 105
　　第二节　语言活动观察与指导 ………………………………………………… 114
　　第三节　健康活动观察与指导 ………………………………………………… 123
　　第四节　科学活动观察与指导 ………………………………………………… 128
　　第五节　艺术活动观察与指导 ………………………………………………… 132

第九章　个性差异儿童的行为观察分析与指导 …………………………………… 141
　　第一节　个性差异概述 ………………………………………………………… 142
　　第二节　气质差异观察与指导 ………………………………………………… 143
　　第三节　性格差异观察与指导 ………………………………………………… 148
　　第四节　能力差异观察与指导 ………………………………………………… 153

第十章　儿童行为观察与指导结论的呈现 ………………………………………… 157
　　第一节　儿童行为观察与指导结论呈现的基本要求 ………………………… 158
　　第二节　儿童行为观察与指导结论的基本类型 ……………………………… 159

附录：儿童行为观察竞赛视频解析 ………………………………………………… 170
　　附录1：幼儿园游戏活动视频解析 …………………………………………… 170
　　附录2：幼儿园保教活动视频解析 …………………………………………… 173

参考文献 …………………………………………………………………………… 183

第一篇

儿童行为观察基本理论

第一章

观察　观察　再观察

学习目标

1. 认知：了解观察、行为基本含义、基本特点；明确儿童行为观察的意义及在科学观察过程中应遵循的基本原则。
2. 技能：能够判断儿童行为的基本类型及特点。
3. 情感：激发学习本门课程的热情，树立主动观察的意识和实事求是的研究精神。

经典导学

斯金纳和他的神秘箱子

斯金纳，是美国著名心理学家，他有一个神秘的箱子，利用这个箱子，他做了一系列的对小白鼠的观察实验。一项观察是：将一只很饿的小白鼠放入一个有按钮的箱中，每次按下按钮，则掉落食物。结果发现：小白鼠自发学会了通过按压按钮获取食物。另一项观察是：将一只小白鼠放入一个有按钮的箱中。箱子的底部通电，小白鼠不按下按钮，则箱子通电，小白鼠被电击。经过一段时间后，发现小白鼠学会了自发按压按钮逃避电击。斯金纳通过观察发现，动物的学习行为是随着一个起强化作用的刺激而发生的。随之，斯金纳把动物的学习行为推广到人类的学习行为上，认为人的一切行为几乎都是操作性强化的结果，人们有可能通过强化作用的影响去改变别人的反应。斯金纳的这项观察实验被誉为"20世纪最伟大的实

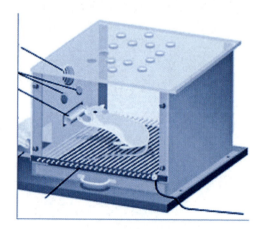

斯金纳箱

验",他的一位崇拜者写道:"斯金纳是一个神话中的著名人物,是科学家的英雄,是普罗米修斯式的播火者,是技艺高超的技术专家……是敢于打破偶像的人,是不畏权威的人,他解放了我们的思想,从而脱离了古代的局限。"这一切溢美之词都源于对他对观察技术的重视和使用。

蒙台梭利说:"我们总是说要了解孩子,但说起来容易,做起来却非常困难。每个孩子,都是一张对成人的考卷,有时候我们在孩子面前,更显得一无所知,像个傻瓜。"因此,"唯有通过观察和分析才能真正了解孩子的内在需要和个别差异,以决定如何协调环境,并采取应有的态度来配合幼儿成长的需要。教育体系是以感官为基础,以思考为过程,以自由为目的。"由此可见,观察对于儿童教育工作的重要意义,没有观察,就没有对儿童的了解和认识,又何谈教育和引导呢?那么,什么是观察呢?

第一节 儿童行为观察的概述

一、观察与观察法

观察是日常生活和科学研究不可缺少的手段,是有目的、计划持久的认识活动。人们通过观察去了解周围的各种现象,去认识周围的各种活动,从而总结在观察中所获得的各种经验,形成对客观世界和主观社会的认识,形成系统的世界观和人生观。"那些我没有画好的东西,是因为我根本就没有好好地看过。"艺术家费德瑞克在《视觉的禅》中说:"直到我开始仔细观察那些平凡的事物,我才发现那原本多么的不凡。"由此可见,观察全面、体会深刻,就会形成对客观世界的全面完整的认识,从而采取积极的行动,取得各项工作的成功。

观察也是人类赖以生存的手段。儿童出生后,只有通过简单的观察感知,才能认识周围的环境,才能逐渐出现更为复杂的心理活动;中医大夫在给病人看病的过程中,需要对病人进行望、闻、问、切来诊断病情,从而确定合理的治疗方案,如果观察得细心、准确,获得的信息全面、可靠,就会做出正确的判断,对症下药,从而取得良好的医疗效果。

科学研究的前提就是透过对万事万物表面现象的观察,把握客观事物的内在规律,从而进行发明和创造。莱特兄弟观察到鸟儿翱翔的现象,才有了人类飞向蓝天的灵感;牛顿观察到了苹果落地的客观现象,才发现了隐藏在这一现象背后的客观规律,从而发现了万有引力定律;幼儿教师通过仔细观察儿童各种表现,才能把握孩子的心理发展变化,才能走入孩子的心灵世界。所以,幼儿教育工作者只有通过认真观察儿童的实际需要、现实表现,才能制定出合理的教育、教学方案,取得良好的教育、教学效果。一位著名的教育家提出:"只有当青少年学会不仅留心观察周围世界,而且留心观察自己本身,不仅努力认识周围的事物和现象,而且努力认识自己的内心世界,把他的精神力量用到使自己本身变得更好、更完美的时候,他才能成为一个真正的人。"可见,无论是对外在世界,还是内心世界,都离不开观察。因此巴普洛夫在他的实验室里写的座右铭就是:观察;观察;再观察。

在学前教育过程中,由于教育对象是年幼的儿童,他们受各种发展条件的制约,往往不能很好地表达自己的意愿,因而在对他们进行教育和保育过程中,观察就更为重要。

观察既是一种认识活动,也是科学研究常用的方法。观察法是有目的、有计划观察研究对象在一定条件下言行的变化,并对结果进行记录和分析,从而得出结论的方法。从中我们看出,观察与观察法不同,观察注重对过程的注意,而观察法要通过观察的过程获得信息,进行深入细致的研究,得出具有一定意义或价值的结论,并形成完整的研究报告。所以,作为一种方法,观察法不是一蹴而就的,要有一系列的环节,如事先要有目的和计划;事中要有观察、记录和分析;事后要得出结论。只有这样,才能称其为方法。观察法也是被人类采用的最早的研究方法,我国思想家、教育家孔子早在两千年前就曾指出:"始吾於人也,听其言而信其行;今吾於人也,听其言而观其行。"就是说我们对人的了解,不能只靠道听途说,还要眼见为实。著名教育家裴斯泰洛齐早在 18 世纪就开始用观察法记录他 3 岁半儿子的发展情况,从而奠定了他教育研究的基础。

二、行为的含义

(一) 行为的定义

根据人的行为是否能够被直接观察,行为可分为广义行为和狭义行为。

广义的行为包括一切发生在个体身上看得见、看不见、受意识支配与不受意识支配的行为,由此可见,行为是一个范畴非常广的概念。

狭义的行为是有机体在各种内外部刺激影响下产生的活动。儿童的一言一行,一举一动都是能被直接观察、描述、记录或测量,因此,行为是指人们能够直接观察到的、可见的外在活动。

(二) 行为的种类

1. 根据产生的范畴,行为可分为个体行为和群体行为

个体行为是相对于群体行为而言的。从一般意义上讲,是指在一定的思想认识、情感、意志、信念支配下,个体所采取的符合或不符合一定规范的行动,如个体的喜怒哀乐、家务劳动、学习工作等。

群体行为是团体行为的一种特殊形式,为了实现某个特定的目标,由两个或两个以上相互影响、相互作用、相互依赖的个体组成的人群集合,如寝室同学一起打扫卫生、参加集体比赛、团队合作完成学习任务等。

2. 根据社会性反应,行为可分为亲社会性行为和反社会性行为

亲社会行为是指符合社会希望,行为者自觉自愿给行为的受体带来利益的一类行为,如儿童在交往过程中表现出来的助人、分享、合作、安慰等行为。

反社会行为指的是一种故意或非故意、不顾他人感受,可能对他人,对社会造成危害的行为。包括违法、犯罪行为和不触犯法律但违反社会公德的行为,如儿童常常表现出的打人、骂人等攻击性行为。

3. 根据行为的功能,行为可分为生理行为、社会行为和探究行为

生理行为是指机体为个体生存、保障身体各器官的功能和活动需要所进行的行为,如吃喝拉撒睡等行为。

社会行为是群体中不同成员分工合作,共同维持群体生活的行为,是群体间相互影响、相互作用的表现形式,如共同养育儿女、照顾老人、团队参加比赛赢得荣誉等。

探究行为是人类在环境中获取外界信息的学习行为,如儿童带来的豆子有的发芽了,有的没有发,引发了儿童对种子的探究,因此《3—6 岁儿童学习与发展指南》(以下简称《指南》)要求:"科学学习要以探究为核心"。

4. 根据行为是否受意识支配,行为可分为意识行为和无意识行为

意识行为是受意识支配的、有目的、有计划的行为,如明明小朋友为了拿到桌子上的蛋糕,搬来了小板凳,踩到板凳上,拿到了蛋糕,实现了目的。

无意识行为是一种不自觉的,没有经过主观分析判断而做出的一种本能行为,如人在丧失理智

情况下做出的一些行为。

(三) 行为的特点

行为由行为主体、行为客体、行为环境、行为手段和行为结果五个基本要素构成,在发生发展的过程中具有如下特点。

1. 目的性

目的性是指行为是一种有意识的、自觉的、有计划的、可以加以组织的活动,是自觉的意志行动。

2. 能动性

能动性是指人的行为动机是客观世界作用于人的感官,经过大脑思维所作出的一种能动反映,并且人的行为不是消极地适应外部世界,而是一个能动地改造世界的过程。

3. 预见性

预见性是指人的行为方式和行为结果往往是可以预见的,因为人类的行为具有共同的活动规律,规律性为预见性提供了基础,如在生活中娇生惯养长大的孩子,走上社会后,就可能遇到更多的困难。

4. 整合性

整合性是指虽然人的行为可能是多个部位产生的,表现为动作、表情、语言等方面,但他们相互之间是有机联系的,不同表情、不同语言、不同动作之间内涵是一致的,如当奥运会夺得了冠军,会激动得手舞足蹈,语言也是激动的,表情也是丰富的。

三、儿童行为观察

(一) 儿童行为

儿童行为指学前教育活动中,儿童在家庭或幼儿园的一日生活的各种活动及《指南》健康、语言、社会、科学、艺术五大领域活动中所产生的目标行为。

(二) 儿童行为观察

儿童行为观察是幼儿园教师在日常保教环境中,在明确目的的前提下,选择某个幼儿或幼儿群体,采用恰当观察方法,借用一定观察手段,对儿童行为进行客观记录、分析解释并提出教育建议的过程。

狭义的学前儿童行为观察是指对幼儿个体或群体的一言一行、一举一动可以被直接观察到的外在行为的记录、描述与分析。

广义的学前儿童行为观察则是指除了对学前儿童直接感知的外在活动的观察、记录与分析,还包括以外在行为表现为线索,分析、探讨被观察对象内在的心理,间接推测、判断内在的心理活动或过程,揭示行为内在的原因。

四、儿童行为观察的特点

儿童行为观察是以儿童为研究对象的,在运用过程中,表现出了其他方法不可替代的地位和价值,但是在实际操作的过程中也有优势和不足,需要注意取长补短,才能取得最好的研究效果。

(一) 观察研究的优势

1. 针对性强

由于幼儿的年龄较小,思维能力、理解能力、言语表达能力等都没有很好地发展起来,在对他们进行研究的过程中,有许多方法如实验法、调查法等都不容易直接使用,因而更多采用观察法。观察法可以弥补幼儿理解能力和反应方式等方面的局限,能观测到用其他方法无法测量的行为和表现。同时,观察法旨在考察儿童的实际行为,并不需要做出特定的反应,所以有利于观测到许多真实的行为表现,尤其是对儿童在社会、情感领域内行为的观察,更为合适。

2. 操作简便

儿童行为观察研究往往不受观察场地、时间的限制,可以随时随地进行。实际上儿童的行为通常是不易被限制和控制的,儿童在被观察的过程中,由于他们的年龄和阅历的限制,还意识不到正在实施的观察,故不会进行伪装,通常就与平时一样,在这种情形下进行的观察,既不会影响观察的效果,也不会给儿童的正常生活和发展带来妨碍,可以随时随地使用。

总之,在学前儿童研究领域内,儿童行为观察与研究是最有效的方法之一,相比其他研究方法所占的地位更重要,当然如果能够与其他研究方法结合起来使用,会更加增进应用的价值。

尽管儿童行为观察与研究有许多优势,但金无足赤,任何方法都不是唯一的,也不是完美的,儿童行为观察与研究法也有不足之处,了解这些不足,在具体的观察活动中扬长避短,才能使观察的效果更理想。

(二) 观察研究存在的不足

1. 观察的过程难以深入

由于儿童行为观察与研究主要是借助于人的感觉器官或一定的仪器设备进行,运用人的感觉器官或仪器设备进行观察时,观察的深度和范围往往受限制,超过了这个限度,就会看不到、听不到……感受不到,也就难以深入到事物的内部,无法揭示事物或现象的本质特点。如"对刚入园儿童入园哭闹行为"的观察,到底儿童的哭闹行为是由于"对陌生环境的恐惧""对父母的依恋""对幼儿教师的不接纳"或是"对小朋友的反感"哪个原因造成的? 难以从表面的观察中获得结论。同时,由于儿童行为观察与研究是在观察者直接操纵下进行的,而观察者本身知识面占有的广度、对该观察活动认识的程度、在观察过程中驾驭观察活动能力水平的高低以及不同的观察者掌握观察活动标准的差异、记录观察问题的不同方法、分析问题的不同角度等,都会直接给儿童行为观察与研究的结论打上主观色彩,从而直接影响到观察最后的效果。

2. 观察的进程不易控制

通常观察是在自然状态下进行的,而儿童的许多行为又是无法进行直接控制和约束的,常常会有很多意想不到的情况出现,这就可能给观察的进程带来意想不到的麻烦,可能使观察的活动无法正常进行,影响观察的效果,如对"儿童上午和下午注意力持久性"的观察,就有可能会因为意外人员的闯入或意外情况的出现而使观察活动无法继续。

3. 观察的结果难以推广

由于儿童的行为有较大的差异性和个别性,行为与行为之间的相似性较差,因此观察结果所获得的数据的差异性也较大,不利于进行统计和分析,同时结果的处理也不会像实验法那样有一个固定的常模和标准,使观察者能够按照说明获得一定的结论。也由于受观察样本容量的影响,观察结果的代表性和普遍性不强,使观察结果推广的可能性受到影响。如"对刚入园幼儿哭闹行为的观察研究"得出的结论,在适合某个孩子的同时,不一定对别的孩子也适用,即使适合这所幼儿园的孩子,也不一定适合其他幼儿园的孩子。

五、观察研究的注意事项

从上面的叙述中,我们也看到了观察研究既有优点,也有不足,在具体实施的过程中要发扬优点,弥补不足,要注意以下事项。

(一) 观察研究要有明确的目的

观察研究是有目的、有意识的活动,是研究者根据研究任务的需要,为了解决或验证某一个问题而进行的,所以,在实施观察前要有明确的目的:为什么观察? 观察什么? 我们曾经在幼儿园做过这样一个实验,组织小朋友们参观儿童公园,参观前将全班分成两组,一组告诉小朋友们行动的目的:要去参观儿童公园,到儿童公园去看哪些景色,回来后需要告诉老师哪些内容;另一组则什么也不说。第二天,统计孩子们在儿童公园所获得的信息量,结果发现:第一组的小朋友获得的信息量比第二组多40.89%。可见,明确的观察目的,可以促进观察活动获得系统全面的信息,提高观察的效果。

(二)观察研究的实施要具体

观察研究是观察者在实践过程中,运用自己的感觉器官或借助于仪器设备,亲自进行的,对观察对象的一系列研究活动,是需要对观察对象直接实施的。如:附属幼儿园的赵老师刚接了一个新班级,在一日常规活动中,赵老师发现,新班级的小朋友在就餐时出现的问题特别多,诸如用手抓饭、挑食、打闹等现象,于是,她坚持认真观察并记录孩子们每天的表现,在业务学习的时候与教师们共同讨论,找出了解决问题的策略,从而使这些现象都得到了有效的解决。反之,这些现象如果都是道听途说的,无论是讨论的效果,还是策略的建议都不一定这样有效。

(三)观察研究的过程要系统全面

由于观察研究活动是为了获得最终结论服务的,因而在观察研究的过程中,要对观察研究的整个过程进行系统的安排,如:对每一个环节的信息认真进行记录,对观察的结果进行系统的分析,只有这样,才能够获得系统的、可靠的研究结论。

(四)观察研究前要做好准备

虽然对儿童行为观察研究要系统全面,但也不是要把所有的现象和事实都进行记录和分析,而是要从观察对象所表现的大量信息中,选择典型的、有代表性的研究对象、现象、环节和时间,在典型的、有代表性的时间、地点和条件下,获得典型的、有代表性的信息和结论。因而,在观察前,对每个活动的细节都要进行充分的准备和规划,如:明确观察活动的目的、意义;制定观察活动的详细计划;选择观察活动实施的具体方法;清楚观察过程中的具体任务,做好与观察活动相关的知识储备等。只有准备充分,计划周到,才能进行得有效,才能从观察的具体活动中获得全面、系统的信息。就如我们都喜爱旅游,旅游之前如果不对目的地有充分的认识和准备,旅游活动的盲目性就会很大,就会影响旅游的心情和效果,反之如果掌握了旅游目的地的地理特点、历史演变和风土人情,在旅游的过程中就会获得更深层、更全面、更系统的信息,旅游的效果就好,收获就大,可见,活动前期的准备非常重要。

第二节　儿童行为观察的意义与原则

《幼儿园教育指导纲要(试行)》(以下简称《纲要》)指出:"关注幼儿在活动中的表现和反应,敏感地察觉他们的需要,及时以适当的方式应答,形成合作探究式的师生互动。"

一、儿童行为观察的意义

(一)从儿童的角度来看

1. 加深对儿童行为的了解

蒙台梭利说:"我们总是说要了解孩子,但说起来容易,做起来却非常困难。每个孩子都是一张对成人的考卷,有时候我们在孩子面前更显得一无所知,像个傻瓜。"在儿童面前成人常"以成人之心度儿童之腹",通过行为观察,我们可以更真实地了解儿童的行为以及行为背后的原因。

 **案 例**

床下取鞋

一个留有黑色小平头,身穿黄棕色毛衣、褐色长裤和穿着蓝色袜子的小男孩,在午睡过后,发现自己的鞋子在床底深处,他趴在床底下,想办法把鞋子取出来。

小男孩两侧手臂分别水平张开,身体贴着趴在地板上,左手扶着地板,用右手伸进床下,侧着头看向床底下鞋子的位置,右手用力往前伸去,但是手太短,根本够不到鞋。

小男孩蹲坐起来,拉开床底柜的抽屉寻找取鞋的工具,拿出了一根长绳子,回到之前趴着的位置,匍匐躺下,两腿叉开左手向床底鞋子处伸去,头顶在床底柜前,右手支撑整个身体,左腿抵在床脚协助左手一直往前伸去,但是绳子是叠着的,根本够不着鞋。

小男孩又蹲坐起来,并将手中的绳子展开,但是绳子虽然有长度,却没有硬度,绳子也够不到鞋子所在的位置。

小男孩扔掉手中的长绳子,坐起来尝试用一条腿夹出床底下的鞋子,他左手抓紧床头,右手臂垂直弯曲抵在地板上,双腿伸进床底下,侧着头盯着鞋子的位置,但还是没有够到鞋子。小男孩再一次将右腿伸进床底下取鞋,碰到了一些,却因为小男孩腿太短,取鞋的姿势不对,还是没有成功取出鞋。小男孩先匍匐趴在地板上,双手抓紧床头,依靠双腿力量夹住鞋,成功地取出了一只鞋,脸上洋溢着灿烂的笑容,还看向老师高兴地说:"够到了!"紧接着小男孩用同样的方式尝试取出另一只鞋。这一次小男孩将下半身都塞到床底下,左手抓紧床头,右手抵在地板上,用双腿紧紧地夹住鞋,轻轻松松地取出了另一只鞋,小男孩兴奋地说道:"够到了!"

2. 发现儿童在成长过程中遇到的问题

儿童的语言还不够成熟,认识活动具有直接感知、实际操作和亲身体验的特点,他们不仅用手、眼睛、脚等感觉器官思考问题,也用他们解决问题,教师认真地观察可以发现儿童在学习和活动过程中遇到的问题。

 **案 例**

壮壮为什么打人

今天的游戏活动是一位实习教师组织的,他只注意了前排的几个小朋友,壮壮举了五六次手,老师都没有叫他,前排的菲菲刚回答完问题坐下,壮壮就朝着她的头打了一下。菲菲哭了起来,老师走过来安慰菲菲,问壮壮为什么打人,壮壮支支吾吾也说不清楚。

拓展阅读:
跟踪记录
案例

3. 指导儿童成长的行为

在幼儿园保教活动中,教师通过观察与指导可以充分了解幼儿的身体发育、运动发育、认知发展、情感和社交发展以及自主游戏中幼儿的兴趣、经历、需求、动机、气质类型、不同的身份以及幼儿在自主游戏中的情况,从而有效提高教师保教活动水平,体验自己内心的情绪和态度。同时通过观察与指导,可以使教师能够从幼儿的角度了解幼儿,以开放包容的态度对待幼儿,用幼儿的眼睛看世界,用幼儿的心灵感知世界,加深对世界的新认识。此外通过不断地观察与指导,可以促进教师反思自身的教育的同时,逐渐改善他们对幼儿、幼儿园和活动的看法,成为幼儿学习活动的真正引导者。

(二) 从教师的角度来说

1. 观察是教师获得第一手研究资料的基础

观察是一切活动的开始,在观察过程中获得的是第一手的原始资料,具有极其重要的价值。科学研究起源于问题,是在问题的基础上,进行有针对性的观察、调查、实验等研究活动。那么,问题又是从哪里来的呢?问题来源于我们日常生产和生活实践,因此说,学前教育研究的活动始于观察,有经验的幼儿教育工作者总是勤于、乐于、善于观察幼儿教育过程中的各种问题、各种现象,并从观察的过程中受到启示,形成教育过程中的各种科研问题,进而将这些问题转换成科研课题,从而成为研究活动的出发点。如幼儿教育工作者在具体观察中发现,幼儿在入园初期会表现出强烈的对幼儿园的不习惯、不适应;从幼儿园到上小学时又表现出对小学教育的不适应,这些不适应的存在严重影响了儿童正常的成长和发展,也给幼儿园和小学的正常教学秩序和教育、教学活动的开展带来了一定的影响。如何使幼儿尽早地适应幼儿园、小学的学习环境,减少教师、孩子、家长的烦恼呢?就需要在这两个阶段进行深入的观察研究。

2. 观察是学前教育活动开展的前提

观察研究是一切学前教育研究活动的前提,人类对世界的认识源于观察,爱因斯坦曾经指出:"理论所以能够成立,其根源就在于它同大量的单个观察关联着,而理论的真理性也在于此。"在学前教育的过程中,如果萌发了一个非常好的想法,这个想法在儿童具体的学习活动中能否行得通,结果会怎样?为了验证有效性,最好的方法就是在儿童教育实践的过程中进行观察,通过具体的观察,才能够切实体会到新模式、新方法的优越和不足,从而做出最后的评价。再如,我们常常把教育调查作为了解信息、获得结论的重要方法,但是,设计调查问卷时,也要进行前瞻性的观察,只有这样,才能提出更为恰当的问题,编写出更为合适的问卷,使教育调查的效果得到提升。在进行科学实验时更是这样,无论是自然实验还是实验室实验,都离不开对被试验对象准确的、全面的观察,巴普洛夫通过对狗的观察提出了"条件反射理论";斯金纳通过对小白鼠的观察,提出了"强化理论";社会心理学家班杜拉通过对儿童的观察提出了"延迟满足现象"。可见,每位心理学家的研究成果都是建立在观察基础上的,所以,观察研究是最重要、最基本的方法,是一切学前教育研究活动的前提和基础。

3. 观察是家园沟通的重要内容

儿童行为观察是以儿童为研究对象的,揭示的是儿童在家庭和幼儿园各种活动中的行为表现。由于儿童的特殊性,孩子的表现往往难以用实验等方法进行干预和控制,更需要进行系统的观察和描述。运用儿童行为观察研究在进行时,被观察的对象处于自然的状态,受到人为控制和干扰的因素较少。同时,由于观察者可以长时间地集中于被观察对象的任何有意义的活动,在和被观察对象长期相处的过程中,有利于观察者进行纵向、横向的比较,也有利于对观察过程中出现的偶发和必然事件的区分。因此,儿童行为观察是获得儿童信息的重要途径,是家园沟通内容的主要来源。

4. 观察是幼儿教师专业成长保障

幼儿教育的基本理论一经提出,是否具有真理性和代表性;幼儿教育政策法规的制定是否符合客观规律,观察研究的结论是否科学可靠,都需要通过大量的实践,通过科学的观察进行检验。幼儿教师是理论联系实际的桥梁和纽带,通过观察,不仅在实践中验证理论与政策的可行性,而且体现自己的专业性。一位专业的幼儿教师有充满爱的心灵、智慧的头脑和善于发现的眼睛,能够发现幼儿的优势,发现幼儿的与众不同,因为发现才是成就、支持与引领的前提,因此,行为观察是幼儿教师必备和亟待提高的技能。

二、儿童行为观察的原则

儿童行为观察的原则是我们进行观察活动的基本要求,坚持观察的基本原则,才能确保观察活动不犯错误,取得一定的成效。

1. 尊重性原则

儿童行为观察一定要建立在相关法律法规、教师职业道德的基础上,确保儿童的合法权益不受侵犯,这是观察的首要原则,无论在什么样的观察活动中,教师都要确保儿童的权益不被侵害,儿童的隐私不被泄露。

2. 目的性原则

观察是根据学前教育活动的需要,为解决某一问题而进行的,观察前或观察的过程中一定具有明确的观察目的,观察什么,怎样观察,通过观察最终要获得什么样的结果,事先在头脑中要有清晰的思考。

3. 客观性原则

客观性是进行观察的最基本的原则,在学前教育活动中,幼儿教师的知识经验会影响观察的进程、观察活动的结果,因此在观察的过程中就要排除个人的情感、知识、经验等因素的干扰,坚持科学标准,实事求是、不因个人偏见或狭隘的经验而歪曲、掩饰或者编造事实。

4. 全面性原则

任何事物都具有多方面的属性、多方面的联系和表现形式,儿童的行为更是这样。要正确认识儿童的行为,就必须从不同侧面、不同角度、不同层次进行全面观察才能了解行为产生的原因,对行为进行客观、全面的解释。

5. 深入性原则

在观察中要坚持客观性和全面性,就必须进行深入细致的观察,这是因为儿童许多行为不是立刻就能观察清楚的,不能用片面的、偶然的现象来对儿童的行为进行定义和解释,如果观察者仅仅满足于对儿童表面行为的走马观花,就可能得出片面甚至错误的结论。

6. 自然性原则

儿童是一个特殊的群体,他们有自己的思想、也非常容易受外界因素的干扰,如果发现有人在对他们进行观察,可能就会做出与真实情况不一致的行为,使观察的结论出现偏差,因此,在观察的过程中要尽量在自然状态下进行,避免引起幼儿的注意。

 本章习题

1. 观察法有哪些优点与不足?
2. 列举观察法应该遵循的基本原则。
3. 你认为儿童的哪些行为适合用观察法进行研究?
4. 列举身边可以作为题目进行观察研究的现象。
5. 简述行为的种类及特点。
6. 简述儿童行为观察的意义。
7. 简述儿童行为观察应遵循的原则。

第二章

儿童行为观察的要素及类型

学习目标

1. 认知：了解儿童行为观察构成的基本要素，常见的观察类型及其含义。
2. 技能：掌握儿童行为观察要素的内涵，能够根据儿童行为观察的需要选择适合的类型开展观察活动。
3. 情感：树立对儿童行为观察的正确认识，形成开展行为观察活动的信心。

经典导学

蒙台梭利是20世纪最伟大的教育家之一，也是意大利第一位女医学博士，曾被提名诺贝尔和平奖。她创立的蒙台梭利教育体系对世界产生了巨大影响，如今以她名字命名的蒙台梭利学校遍及世界110多个国家和地区。探索和发现童年的秘密，是蒙台梭利毕生所追求的理想。

蒙台梭利十分重视观察，她曾说："我并没有发明一种教育法，我只是如实地观察孩子，并把他们生命真实的样貌呈现出来"，在此基础上开发出来的这样一套教育的方式，被后人冠名为蒙台梭利教育法。观察是蒙台梭利教育法的核心，那么对儿童行为的观察包括哪些要素呢？

第一节 儿童行为观察的基本要素

观察是有目的、有计划的知觉活动，是知觉的一种高级形式。《说文解字》中解释："观，视也"，"察"即"分析观察"，所以，观察不仅仅是视觉的过程，而是以视觉为主，融入所有感觉器官并协同思维进行的综合感知活动，是知觉的高级形式。所以，构成观察的要素应该是多方面的，对儿童行为的观察更加复杂，应该包括观察目的、观察对象、观察类型、观察手段、观察记录、观察分析、观察结论等。

一、观察目的与目标

(一) 观察目的

观察目的解决的是为什么观察的问题。观察从本质上讲是有目的、有计划、有组织的活动,因此任何观察活动都是带着一定目的的活动,《纲要》指出:"幼儿教师要关注幼儿在活动中的表现和反应,敏感察觉他们的需要,及时以适当的方式应答"。《幼儿园教师专业标准》中指出:"在教育活动中要观察幼儿,根据幼儿的表现和需要,调整活动,给予适宜的指导","有效运用观察、谈话、家园联系、作品分析等多种方法,客观地、全面地了解和评价幼儿",因而,教师的任何活动都是带着观察目的的活动,或者了解幼儿的需要,或者了解幼儿的发展水平,观察目的是开展观察活动的前提。

(二) 观察目标

观察目标是观察目的的具体化。我国教育目的:培养体智德美全面发展的社会主义建设者和接班人。学前教育目标:对幼儿实施体智德美全面发展教育,促进其身心和谐发展。不同年龄阶段、不同领域、不同活动都有不同的目标要求。观察目的可以分解为一个个的观察目标,例如,观察目的可以是:观察小班幼儿在游戏中的表现,为游戏活动的开展创造条件。观察目标则教师可以观察建构、户外、角色、阅读等某个区域活动中幼儿对材料的使用情况;幼儿在活动中的表现等;也可以观察某位或某些幼儿游戏的水平等。而且观察目的是预设的,观察目标是可以生成的。观察目的解决的就是带着观察的眼睛、观察的心灵,对每一位幼儿,对开展的活动,时刻保持观察的敏感性,随时随地开展观察活动,虽然观察目标不一定出现,但观察的目的一定是固有的。

蚕蛾怎么了

最近贝贝带来了三只结了茧的蚕宝宝,小朋友们对此很好奇,一有空就会去看蚕宝宝,感受蚕宝宝的变化,后来蚕蛾破茧而出,小朋友更是兴奋,每天都会看蚕蛾扑棱着翅膀在盘里爬来爬去。今天早上,小朋友们像往常一样来到教室,先把椅子放下、摆好,然后按自己的意愿进入不同的区域活动。东东刚要坐下,就好似想起什么似的,立刻走到饲养角观察蚕蛾去了,谁知他突然大声叫起来:"老师,快来看呐,我们的蚕蛾死了!"话音刚落,各区角的孩子都迅速地过来了,大家七嘴八舌地说开了:"我看看,我看看,蚕蛾真的死了吗?""蚕蛾是冻死的吧?""是饿死的吧?""昨天还好好的。""还爬来爬去呢。""蚕蛾死了,怎么办呀?""快把它扔了吧?"孩子们你一言我一语地讨论开了。听着孩子们的讨论,看着他们认真的表情,听着孩子们提出的问题"老师,蚕蛾为什么会死呢?才爬出来几天,怎么就死了呢?""老师,是贝贝带来的蚕蛾,快问问他吧。"这时候一个小朋友询问的目光投向了贝贝。"我也不知道,蚕蛾可能是生病死的吧。"贝贝也不肯定地说。明明说:"蚕蛾从蚕茧里面爬出来就没吃过桑叶,会不会是被饿死的呢?""不可能,蚕蛾在蚕宝宝的时候天天吃桑叶,不会饿死的。"飞飞否定了明明的猜想。

这是一位教师的观察记录,教师事先并没有明确的观察目标,是生成的,但观察的效果是突出的,就是因为,教师时刻具有观察的目的,具有观察的敏感性,请同学们思考以下问题:

(1) 这是哪个领域的活动?儿童具有哪些体验?

(2) 可以生成哪些活动?

(3) 这个活动具有什么意义?

二、观察对象

观察对象指的是要观察的主体,可以是某位、某几位幼儿,也可以是某个活动、某种现象,但无论个体还是群体,都集中通过活动特点表现出来,综合起来可以概括为以下三点。

(一)身心发展特点

身高、体重,动作发展是否符合该年龄的标准;认知(感知、记忆、想象、思维)发展水平怎样;情绪情感是否适当;意志水平是否发展起来了;自我意识是否清晰,能不能进行自我评价与调控,能力如何;社会交往能力发展处于什么水平,在群体中的表现怎样等。

(二)游戏特点

幼儿此刻进行的是什么类型行为?幼儿的兴趣是什么?是否有稳定的兴趣?幼儿的游戏行为能坚持多久?幼儿对这个游戏行为有哪些经验?还能扩展什么?幼儿的游戏行为的目的性如何?有哪些因素会影响游戏行为的延伸等,诸如游戏过程中的各种现象都可以作为观察的对象。

(三)学习品质特点

《指南》重视幼儿的学习品质:"幼儿在活动过程中表现出的积极态度和良好的行为倾向是终身学习与发展所必需的宝贵品质,要充分尊重和保护幼儿的好奇心和学习兴趣,帮助幼儿逐步养成积极主动、认真专注、不怕困难、勇于探究和尝试、乐于想象和创造等良好学习品质,切忌单纯追求知识技能学习的做法",把学习品质作为观察的重点,要把握不同年龄阶段儿童的表现,见表 2-1~表 2-3。

表 2-1 小班幼儿学习品质观察观测点

学习品质	观察要点	小班幼儿学习品质行为描述
学习态度	好奇心和学习兴趣	1. 喜欢接触大自然,对周围的很多事物和现象感兴趣(如会被自然角中植物发芽吸引,提出"土里为什么会冒出小芽芽?"的问题) 2. 好奇地摆弄物品(如喜欢看、听、摸各种材料并和某一材料互动)
	做事主动积极	1. 愿意参加活动,活动中选择自己喜欢的材料,用自己的方法玩 2. 自发模仿别人活动(如跟同伴或老师一起玩,学同伴、老师的方法玩)
	乐于想象创造	1. 常产生联想(如能依据熟悉的事物、故事、动画形象等,联系自己的想象,边说边玩) 2. 愿意尝试新玩法(如喜欢玩新材料或新内容)
学习行为与习惯	专注性	活动中遇到外界干扰,在老师或他人的提醒下,能回到活动中来
	坚持性	一日活动中基本能够完成各环节的任务(如区域活动中各区域都能去运动,自主活动时间照料自然角,集体活动中完成老师布置的任务)
	计划性	能直接选择活动(如边看边选择喜欢的活动)
	反思能力	1. 遇到问题向老师求助(如自主游戏中铺设环境材料,遇到问题向老师求助) 2. 简单说出自己的行为(如自己现在或刚才做的是什么)

表 2-2 中班幼儿学习品质观察观测点

学习品质	观察要点	中班幼儿学习品质行为描述
学习态度	好奇心和学习兴趣	1. 喜欢接触新事物,经常问一些与新事物有关的问题(如自由活动时交换新玩具,探索新玩具的玩法) 2. 常动手动脑,探索物体和材料,并乐在其中

续　表

学习品质	观察要点	中班幼儿学习品质行为描述
学习态度	做事主动积极	1. 主动说出自己想要参与的活动（如愿意做升级仪式和生日会的主持人，积极参与礼仪小标兵） 2. 能够快速投入活动中（如值日等活动）
	乐于想象创造	在活动中能创造性地使用工具，在自主游戏中有以物易物的行为
学习行为与习惯	专注性	活动中偶遇外界无关刺激的影响，无须提醒能自己回到活动中（如在交流分享时，有外人打扰依然能够接着进行）
	坚持性	1. 能够完成任务，有时需要教师的鼓励 2. 在完成任务的过程中，偶尔会做无关活动，但能够在提醒下继续完成
	计划性	1. 能自己选择活动进行自主游戏、个别化学习活动或自由活动 2. 能记住活动目标，活动中偶尔出现偏离活动目标的情况；自主游戏活动中能主动创设活动情境（如区域活动中能铺设区域等）
	反思能力	1. 遇到困难自己先尝试解决，不行再找教师或同伴帮助 2. 能说出自己在活动中具体用了什么方法

表2-3　大班幼儿学习品质观察观测点

学习品质	观察要点	中班幼儿学习品质行为描述
学习态度	好奇心和学习兴趣	1. 对自己感兴趣的问题总是刨根问底（如自然角中询问植物相关的知识） 2. 能经常主动手、动脑筋寻找问题的答案（如把不同材料投入水中，探究哪些物体会沉下去，哪些物体会浮上来）
	做事主动积极	1. 活动中能提出很多有关问题 2. 能迅速并兴奋地投入活动中，如运动、集体学习、各类大型活动等
	乐于想象创造	在活动中能以多种形式创造性地使用工具（如自主游戏中，能以一物代替多物）
学习行为与习惯	专注性	活动很投入，能不受外界干扰（如在运动、集体学习、自主游戏、个别学习活动中，专注活动本身，不受他人影响）
	坚持性	1. 能够在没有鼓励的情况下坚持完成任务（如分室活动、集体学习活动、个别学习活动等） 2. 活动中不做与活动无关的事情
	计划性	1. 能自主选择活动，决定先玩什么，再玩什么；在自主游戏中，能在与同伴协商的前提下决定玩什么主题，什么角色的游戏，并自主选择学习材料 2. 在成人帮助下，能制定简单活动计划并执行
	反思能力	1. 活动中遇到困难，自己能尝试多种方法解决，或向教师寻求意见、帮助，自己再尝试解决 2. 能清楚地说出自己在游戏或活动中使用的方法以及使用这种方法的原因

三、观察手段

观察手段指的是用什么工具或设备进行观察。摄像机、手机、录音、摄像头、家长和教师自身的感觉器官都可以作为观察的工具，第三章会详细介绍，在此暂先略过。

四、观察类型

观察法是有目的、有计划地观察研究对象在一定条件下言行的变化,并对结果进行记录和分析,得出研究结论的方法,在运用的过程中,根据具体情况可以选择不同的类型,如不需要借助于仪器设备,可以用自然观察;需要介入活动可以用直接观察;不需要介入活动可以用间接观察;事先需要制定严密的计划可以用结构性观察;如果观察的对象比较多,可以抽样进行,采用抽样观察等,详情可参阅本章第二节。

五、观察记录

俗话说"好记性,不如烂笔头",观察过程中,只靠感觉器官留痕,获得的信息可能是碎片化的,信息也容易稍纵即逝,无法积累更丰富的素材,而没有记录也无法进行系统全面的分析。所以,观察过程中的记录非常必要,一方面良好的记录习惯会加强大脑的记忆功能,强化记忆的敏感性,另一方面,观察记录可以系统全面地保留儿童行为发生的前因后果,为进一步分析打好基础。因此,观察记录是儿童行为观察分析与指导的重要环节,起着承上启下的重要作用。行为观察记录的方法有多种,我们将在下文进行详细的阐述。

"中班幼儿建构行为"观察记录

户外建构游戏中,七八位小朋友在角落里进行搭建活动,N在场地中间搭建,她拿了一根细长的圆柱,放进了半圆形木板的圆心中,衔接得正好,N看着自己的作品,笑出了声。

N拿了两块横板,放在刚才立住的圆柱上面,让它旋转,转了一下,搭建的作品倒掉了,一位小男孩跑过来,两人一起把作品恢复了原样,男孩想伸手转一下,被N立刻制止了,并告诉他:"你上那边玩去吧!"男孩跑开了。

N继续搭建,她又放了一块积木,作品又倒了,她把积木一块块扶起来,积木堆得越来越多,垒得越来越高了,搭成一个造型,她拿了一块木板,立在了旁边,注视了一下,绕着作品蹦跳了几圈,又旋转了一下最上面的那块横板。

老师走过来问N:"你摆的是什么呀?"她小声说:"雷达。"老师问:"这个转的呢?"她说:"雷达在转。""旁边立的三角形是阻挡雷电的。""能旋转木板的柱子会发电,是电力。""下面粗的是柱子。""地面上的板子叫电流板。"老师问:"这是你从哪里看到的啊?""爸爸带我去上山,看到了一个非常大的雷达,三个雷达,不一样,爸爸告诉我是雷达。"

老师离开了,N继续搭建,她反复摆弄自己的作品,一个女孩抱了一堆材料跑过来对她说:"来,N,给你们一点。"N说:"我不要,我不要。"小女孩把材料抱走了。

N又垒了一块小积木上去,用眼睛瞅了瞅老师的方向,没人注意她,就绕过一位小朋友的作品,跑到了人最多的那一组,对刚才送材料的女孩发出了邀请。送材料的女孩儿脱了衣服,接受了N的邀请,两个人一起默默搭建了一会,作品越来越高了,看到送材料的女孩动一块积木,N说:"我让你拿什么,你就拿什么!"

六、观察分析

观察分析是儿童行为观察过程中分析问题、解决问题的过程,儿童行为观察与分析是一个复杂的智力活动,如果只有观察,获得的只是儿童行为的表面现象,如"下雨了,孩子用脚使劲地踩水坑",如果观察停留在表面层面,只是"我看到孩子在踩水坑",而如果加入了分析,就可能会获得"我发现孩子在探索倒影与水的动态关系"的认识,我看见"孩子的一只鞋湿了,两只脚不停地踩来踩去";加入了分析,可能会获得"我发现孩子在体验、比较湿鞋比干鞋重"的认识,"我看见强强与丁丁玩规则游戏,丁丁总是不按规则做";加入了分析,可能会发现"丁丁不会5以上的按数取物"……所以,儿童行为观察是一个过程,观察是起点,分析是重点,在整个活动中起着支持与支撑的作用,为最终对儿童的行为进行指导提供全面服务。

对儿童行为的观察分析可以紧扣《指南》相关目标进行,分析幼儿的行为表现与相应目标的达成水平;结合相关学前心理学、儿童游戏、学前教育学、学前卫生学等相关理论,根据幼儿的年龄特点,合理推断幼儿的心理发展水平和需要。如上文对"N"的分析从如下几个方面进行的结论如下。

案 例

"中班幼儿建构行为"观察分析

(一) 结合游戏发展水平

1. N对搭建活动有一定的技能,能够运用垒高、对比、旋转、连接等方式搭建作品。
2. N的作品具有模型的简单特点,也能对生活中观察到的"雷达"的形象进行简单的表征与想象。
3. N的造型技能还比较弱,搭建过程中遇到了倒塌等问题,所搭建作品"雷达"与生活中的雷达形象逻辑关系还比较小(逻辑:符合现实)。
4. N游戏的社会性水平,处于平行游戏的阶段,不愿意与其他幼儿合作开展活动。

(二) 结合学习品质

《指南》重视幼儿的学习品质:表现出良好的学习品质。

1. N对户外积木建构活动有浓厚的兴趣,能够较长时间进行自主游戏。
2. N在搭建过程中,表现出了稳定的注意力以及坚持到底的意志品质。
3. N有较好的计划性,她按照头脑中雷达的形象开展搭建,先拿了立柱,又拿横板用来旋转,然后逐一开展搭建。
4. N有一定的反思能力,活动中N遇到作品倒塌现象,她能进行调整,并接受别人的帮助。
5. 具有学习的主动性,需要的时候,她能主动求助。

(三) 结合《指南》领域分析

1. 艺术领域:N积极参加搭建活动,有自己喜欢的形式,能用不同的材料和手法表现自己的感受和想象;有独立自主的表现,但与别人相互配合的方面还不足。
2. 科学领域:N善于观察,积累了一定的生活经验,对生活中雷达的形象有一定的认知与想象,有探究能力,能够通过观察、比较、分析,寻找解决问题的办法,如作品出现倒塌情况的时候能够想办法解决问题。
3. 健康领域:N的情绪稳定,虽然在操作过程中遇到了倒塌的烦恼,但她始终没有表现出不良情绪。N的大小肌肉发育良好,手指的精细动作灵活、作品搭建活动中力量适度。
4. 语言领域:N有良好的倾听理解能力,能够及时回复老师的问话,也能根据交谈对象调整自己的说话语气。但缺乏语言交流的积极性主动性,不愿意与他人就倒塌现象展开讨论,不敢在集体面前说话,表达过程中不够流畅、有序、清晰连贯。
5. 社会领域:N有较强的活动自主性,自己的事情自己做,遇到困难不气馁,不轻易求助。N也有较好的行为规范,在活动中始终遵守活动规则,不干扰别人的活动,认真完成自己的工作。但N在人际交往上有些薄弱,不喜欢交朋友,不愿意参加到集体活动中,主动分享意识比较淡漠。

(四)结合心理特点

1. 观察能力较好,能够对生活中见到的形象进行观察,并形成一定的认识。
2. 思维具体形象的特点,依赖于头脑中的形象,开展自己的搭建活动。
3. 以再造想象为主,作品形象来源于她对生活中的观察。
4. 记忆具有形象性的特点。
5. 情绪外露,有感受生活中美的能力,有表现美、创造美的愿望。
6. 自我中心比较强,能自我欣赏、自我接纳,自我体验较好。
7. 同伴关系发展存在一定的问题,属于边缘儿童,有交往的能力,但缺乏交往的意愿,不愿意加入集体活动,也被集体边缘。
8. 社会性发展处于平行游戏阶段,有联合游戏的能力,但缺乏合作的愿望和主动性。

七、观察结论

俗话说"编筐编篓,全在收口",儿童行为观察是科学研究方法,是高级知觉过程,通过观察分析,一定要得出一定的结论,对整个观察活动进行总结。所以观察结论有助于帮助幼儿教师加深对观察活动的理解,养成教学反思与总结的好习惯。美国学者波斯纳提出幼儿教师成长的公式:"成长=经验+反思",在儿童行为观察过程中,经验是通过观察获得的,反思则是对观察经验的进一步梳理,如果没有反思,经验永远只是经验,只对特定的活动有效果,而加入了结论性的反思,经验既可以上升为理论,具有一定的代表性和推广性,儿童行为观察得出的结论可以通过撰写观察报告、形成观察论文、制作儿童行为观察手册等方式得出,本书有相应的章节作详细介绍。

第二节 观察的基本类型

观察是学前教育研究领域最常用的、最基本的方法,观察法有不同的类型,在具体的研究过程中,研究者可以根据实际情况进行选择。儿童行为观察与研究的具体类型,从不同的角度可以有不同的划分方法,下面将逐一介绍。

一、自然观察

(一)基本含义

自然观察是在自然状态的条件下,研究人员对被观察的儿童行为不进行任何暗示和控制,自然而然地观察儿童行为表现的方法。对儿童早期的行为表现,多采用这个方法,因为儿童早期理解能力、听说能力都比较弱,而且由于年龄较小,对外界关注不够,也不容易受到教育者和观察者的影响,所以,对他们行为的观察多属于自然观察。如对儿童依恋类型的观察,在亲子活动中,有的孩子在老师的引导下,很快就能离开妈妈的怀抱,参加活动;有的孩子就需要妈妈和老师做很多工作;还有的孩子,无论怎样做工作都不能离开妈妈的怀抱,这些亲子类型的不同表现,就是在自然情况下

视频:优秀选手"儿童行为观察与评价"展示

进行观察的,属于自然观察法的典型运用。

(二) 主要特点

观察的类型有许多,但自然观察是基础,只有在自然的情况下,才能捕捉到儿童行为最基本的、最常态的反映。因此,自然观察是儿童行为观察的基础,儿童行为观察的最终目的,也是为了获得儿童最自然、最本质的行为表现,所以,自然观察法是无论什么时候都不能被取代的观察与研究的方法。

同时,由于自然观察是在自然状态下进行的,无须对儿童的行为进行人为的干预和控制,获得的信息是接近于原始的、本质的,因而简化了操作的具体步骤,使儿童行为观察这一研究活动变得更加简便易行。

当然,任何方法都不是十全十美的,自然观察由于是在自然状态下进行的,常会被偶然出现的突发事件干扰,使观察的过程受到影响,出现半途而废的情况。也可能会由于在自然环境中进行,难以对可能存在的各种无关因素进行控制,使观察结果存在一定的表面性、片面性和偶然性。

(三) 实施步骤

实施自然观察,首先要确定观察的问题,明确观察的具体内容,即要通过观察者的观察活动,明确解决什么问题,获得什么结果。然后,要制定观察的计划。为了保证观察研究取得良好的效果,就要确定观察的具体对象、观察的范围、观察的内容、观察进行的时间频率,确定观察所采用的方式等(参见第二章)。还要设计观察的提纲。虽然自然观察法有较大的灵活性,但在确定了观察问题,制定了观察计划以后,也要编制可操作的观察提纲,以便使观察的内容更加清晰,从而提高执行的效率。在制定观察提纲时,可以事先拟定需要观察的具体内容,基本步骤,然后遵循可行性的原则,对这些内容再进一步分类,使观察活动进一步细化,但要注意,提纲的制定要有一定的灵活性,以便随时根据情况的变化进行调整,一般情况下,观察提纲主要包括以下内容:

(1) 观察对象:观察谁?
(2) 观察内容:观察观察对象的哪些行为?
(3) 观察时间:什么时间进行观察?
(4) 观察地点:到哪里去观察?
(5) 观察的方法和手段:需要借助什么仪器设备?
(6) 观察的基本步骤:需要做哪些准备工作?分几个阶段完成?

二、直接观察

(一) 基本含义

直接观察又叫参与性观察,是指观察者深入到儿童中间,在儿童的各项活动中扮演一定的角色,儿童也把观察者当作其中的一员,以一定的态度和行为与观察者发生联系,而观察者利用这种条件来深入了解儿童行为的状况,获得有价值的第一手资料。例如:××对大熊猫的研究,常与大熊猫生活在一起,终于获得了大熊猫的生活习性的第一手资料,使大熊猫的人工培育和养育取得了开拓性的进展,获得了挽救濒临灭绝的大熊猫的第一手资料。再如,陶行知先生原名知行,因其更注重行为的作用,更名为行知,他创办了行知学校,通过天天与孩子们生活在一起,获得了宝贵的教育信息。

(二) 主要特点

(1) 信息获得方便及时:由于观察者实际参与其中,可以及时捕捉信息,第一时间获得观察的信息。

(2) 信息采集比较准确:由于是观察者的亲耳所闻、亲眼所见,减少了许多中间环节,因而获得的材料更具有准确性、直接性和系统性。

（3）观察要求较高：由于实地进行，各种信息转瞬即逝，因而观察者必须时刻保持清醒的头脑，保持敏锐的观察触角，防止被观察对象同化，忘却了对信息的捕捉和搜集。

实施步骤同自然观察。

三、间接观察

（一）基本含义

由于自然观察要受观察条件（如时间不允许、空间距离远等）的限制，观察活动的进行往往受到影响，同时随着科学技术的飞速发展，各种智能仪器设备大规模地走入了幼儿园的教育、教学活动中，因此，观察活动也可以借助于仪器设备，尤其是人工智能进行，我们把借助于仪器设备进行的观察，叫作间接观察。如当下的幼儿园许多班级中都安上了摄像头，幼儿园的领导和家长可以借助于互联网平台，通过电脑或手机，时时关注教师或儿童在幼儿园的生活或学习情况。

（二）主要特点

仪器设备的使用突破了观察时间和空间的限制，大大提高了观察的广度、深度和精确程度，把人力所不能及的信息的获得变为了现实，也能够在一定程度上减少对活动本身的干扰，提高观察的准确性。但仪器设备的出现也可能会影响儿童或教师的情绪及行为表现，使观察难以获得真实的结果。而且，由于仪器设备本身需要一定的成本，使用者也必须经过预先的培训，掌握设备的操作要领，并做好充分的准备，才能开展正常的观察活动。否则，由于仪器设备使用得不当或性能不好，也会直接给儿童行为观察工作带来一定的误差。

（三）实施步骤

1. 确定观察的目标

当确定了要采用观察法进行观察活动后，就要制定观察的目的和目标，即要通过观察活动，干什么？怎么干？达到一个什么样的标准？

2. 做好准备

间接观察是借助于仪器设备进行的，开始观察活动之前就要根据观察的目的和任务选择观察活动要使用的仪器设备。不同的仪器设备，观察的具体策略和方法是不同的。所以，要对观察活动中用到的仪器设备进行选择，对仪器设备的性能、适用场合，操作要领等做到心中有数并熟练掌握，同时在选择和使用的过程中遵守实用性、简便性、节约性、安全性等原则。

3. 制定计划

在选择好观察的仪器设备后，为了确保观察活动的效果，就需要制定详细的观察计划，即怎样开展观察活动？什么时候使用仪器设备？设备如何出现？注意哪些安全问题？如何处理断电、设备故障等意外事件？对这些问题要有详细的部署和安排，才能保障观察活动的顺利进行。

4. 撰写观察提纲

为了观察活动的顺利进行，要撰写具体的观察提纲，以便促进间接观察活动有条不紊地进行。间接观察提纲主要包括如下内容：

到哪里去观察？用什么仪器进行观察？观察谁的活动？要观察哪些内容？观察多长时间？

5. 做好观察的准备

主要包括：调试仪器、设备；进入观察现场安装仪器、设备；让儿童熟悉观察仪器、设备。以免在观察的活动中引起儿童的注意力分散。

6. 实地进行观察

及时调整观察的角度保证观察的效果；做好观察活动的记录。

四、结构观察

(一)基本含义

结构观察是研究者按照事先设计好的严密计划而实施的观察,结构观察有较完备的观察设计,包括:明确的观察对象(如随机选取的、有代表性的儿童、教师或行为);逻辑严密的观察内容;具体详细的观察顺序和步骤;操作性较强的观察记录方案和记录工具;完备科学的统计方法等。

有的结构性观察还须采用实验法的技术和设备,在对某种情境因素进行人为控制的情况下,系统观察儿童的行为表现,从而揭示儿童的某种行为表现与情境因素之间所存在的内在关系,例如,为了研究男女不同性别的儿童入园适应期的长短,需要事先设计周密的观察方案;选择好观察的对象(可从不同家庭类型中抽样选择);确定观察的内容和时间;安排好观察的具体步骤;开展具体的观察活动。

(二)主要特点

由于结构观察活动的每个具体步骤,都经过了详细的分析和周密的安排,因此观察活动比较严密,操作起来能够得心应手,可以在较短的时间内,获得大量需要的信息。而且观察的结果也便于进行定量处理和对比分析。但是,由于结构性观察要求结构严谨,计划周密,所以,对前期的准备工作要求较高,又由于观察的过程必须严格按照步骤执行,使得观察的过程呆板,缺乏灵活性。

(三)实施步骤

1. 明确观察目标和方案

观察目标和方案的制定是结构性观察活动中重要的环节,方案制定好了就会为整个观察研究活动奠定基础,因此,在目标方案阶段,观察者一定要对整个观察研究的活动进行全方位的分析和把握。

2. 对观察活动的技术和方法做详细说明

需要事先设计严密的记录表格;确立对资料进行准确分类、记录、编码的方式;对数据进行统计的方法等。

五、抽样观察

(一)基本含义

抽取一部分观察对象或一定时间进行观察的活动方式叫作抽样观察。在对儿童行为进行观察研究的过程中,由于受观察对象的数量过于庞大,观察时间过于漫长等因素的影响,使观察活动不能把所有的观察对象或观察时间都囊括,就需要采用抽样观察。如:"观察儿童攻击行为发生的概率",不可能对全国的儿童都实施观察,就只能从城市、农村不同的社会背景和联合家庭、核心家庭、骨干家庭以及单亲家庭的家庭背景的儿童群体中,分别抽取一部分进行观察;同时也不一定能对这些孩子的每个年龄段都进行观察,而是选取某个或某几个年龄阶段作为研究的时间段。这就是研究对象抽样和时间抽样观察。

(二)主要特点

由于进行了抽样,使庞大的研究活动变得简便可行,节省了大量的时间、人力、物力和财力,使许多不可行或难以进行的研究活动也可以操作。如"亚太地区儿童智力发展量表"的修订,不可能把亚太地区儿童智力发展的数据都采集到,研究者就对发达地区、中等发达地区、不发达地区的城市、乡村,民办、公办幼儿园,这几个层次进行了抽样,每一层次都选择一定数量的儿童参加测试,从而获得了比较有说服力的数据。

但是,由于需要进行抽样,所抽取的研究对象的样本和研究时间的样本,必须能够代表研究总体对象,否则研究结果出现的误差就会大,使研究结果失去参考的价值,如只以"黑龙江省 3 岁幼儿"为样本研究了儿童的入园率,就得出结论"我国目前儿童接受学前教育的比率达到了某个水平了",这就不能获得准确的研究成果。所以,抽样研究毕竟不是对全体研究对象和所有时间段进行的研究,研究的结论相对于总体来说可能会存在一定的差距。

(三)实施步骤

抽样观察的关键体现在对研究样本的抽取上。

1. 抽样的含义

所谓抽样就是按照一定的标准,从总体中抽取一定的研究对象或研究时间作为研究样本的过程。抽样的标准要具有确定性,即每次抽样或在不同层次的对象中抽样都要按照这一个标准进行。如调查儿童的入园率,在北京抽样的儿童年龄是3岁,在黑龙江的抽样年龄是4岁,这就会出现样本的偏差。抽取的研究对象要具有代表性,指不能只从某一个活动领域内抽取研究的对象,所抽取的研究对象必须能够代表研究的整体,即整体所具有的特性,研究的样本也必须具有。样本数量要有保证,要使抽样具有充分的代表性,样本必须有足够的数量,否则就会影响研究结果的可靠性。如为了研究儿童的入园率,我们从北京、上海、哈尔滨、新疆、牡丹江、黑河等地各抽取20名儿童,由于20名儿童的数量过少,也可能这20名儿童中存在着特殊的现象,研究的结果就不具有较强的说服力。

2. 抽样的方法

抽样的方法主要有下面四种。

(1)简单随机抽样:设一个总体的个体数为N。如果通过逐个抽取的方法从中抽取一个样本,且每次抽取时每个个体被抽到的概率相等,就称这样的抽样方式为简单随机抽样。用简单随机抽样法从含有N个个体的总体抽取一个容量为n的样本时,每次抽取一个个体时任一个体被抽到的概率为1/N,整个抽样过程中各个个体被抽到的概率为n/N。

简单随机抽样的特点是,逐个抽取,且每个个体被抽到的概率相等,体现了抽样的客观性与公平性,是其他更复杂抽样方法的基础。

(2)抽签法:先将总体中的所有个体(共有N个)编号(号码可从1到N),并把号码写在规格相同的号签上(号签可用小球、卡片、纸条等制作),然后将这些号签放在同一个工具里,晃动均匀,抽签时每次从中抽一个号签,连续抽取n次,就得到一个容量为n的样本。这种方法适用于总体个体数不多的研究对象,它的优点是简便易行。

(3)系统抽样:当总体中的个体数较多时,可将总体分成均匀的几个部分,然后按预先定出的规则,从每一部分抽取一个个体,从而得到需要的样本,这种抽样叫作系统抽样。

系统抽样的操作要注意:

① 采用随机的方式将总体中的个体进行编号,为简便起见,有时可直接采用个体所带有的号码,如幼儿的学籍号、户口本等。

② 将整个的编号分段(即分成几个部分),要确定分段的间隔k,当N/n是整数时(N为总体中的个体的个数,n为样本容量),k=N/n;当N/n不是整数时,要从总体中除去一些个体,使剩下的总体个数能被n整除。

③ 给在第一段用简单随机抽样确定起始的个体编号L。

④ 按照事先确定的规则抽取样本(通常是将L加上间隔k,得到第2个编号L+k,第3个编号L+2k,这样继续下去,直到获取整个样本)。

系统抽样适用于总体中的个体数较多的情况。与简单随机抽样一样,系统抽样也是等概率抽样,是比较客观、公平的。

总体中的个体数恰好能被样本容量整除时,可用它们的比值作为系统抽样的间隔;当总体中的个体数不能被样本容量整除时,可用简单随机抽样先从总体中剔除少量个体,使剩下的个体数能被样本容量整除再进行系统抽样。

(4) 分层抽样：当已知总体由差异明显的几部分组成时，为了使样本更充分地反映总体的情况，常将总体分成几部分，然后按照各部分所占的比例进行抽样，这种抽样叫作分层抽样。

六、跟踪观察

(一) 基本含义

跟踪观察是指对儿童进行不间断的、反复观察的方法，强调观察活动的持续性，目的在于通过观察，清楚地了解和掌握儿童某种活动现象发生和发展的全过程。如，被誉为"中国现代儿童教育之父"的陈鹤琴先生，把自己的儿子当作"实验对象"，深入观察808天，记录了儿子成长过程的每个变化，积累了十余本文字资料，把研究心得编成讲义，在课堂上开设儿童心理学课，并撰写成《儿童心理之研究》，成为中国第一本儿童心理学研究的专著。

(二) 主要特点

1. 观察时间的持久性

跟踪观察是长期的观察，不是一天或几天就能够解决的，因而研究的活动具有持续时间长的特点。

2. 观察结论的可靠性

由于观察的时间比较长，因而，一些信息可以反复地进行比对和搜集，观察研究活动过程中的偶然性、片面性等因素就可以得到有效的控制和分析，使研究结果的可靠程度更高。

3. 观察过程的艰巨性

由于跟踪观察活动不是一蹴而就的，观察活动不可能在短时间内完成，需要有一个长期跟踪的过程。因而，在时间、人力、物力上的投入较多，观察研究过程的复杂性和艰巨性也很高。同时由于需要进行跟踪观察的时间比较长，随着时间的推移，观察对象本身也会出现各方面的变化，可能给观察活动带来许多困难。

(三) 实施步骤

1. 明确观察活动的目的、任务

根据观察研究的需要，提出明确的观察目的和任务。

2. 选择观察对象

通过比较和分析，选择需要进行长期跟踪观察的研究对象，并明确需要观察的具体行为表现。观察的对象可以是某类群体，也可以是某个个体，还可以是某种行为。如课题《汉朝儿童入园适应行为的研究》，研究对象就是汉族儿童和朝鲜族儿童的适应性行为。

3. 撰写观察研究的论证方案

由于观察活动持续的时间比较长，所需要的人力、物力和时间也比较多，因而需要在实施观察活动前，对研究的主客观条件进行深入的分析和论证，以确定观察活动的可行性，从而防止由于计划不够周密造成的时间、人力、物力的损失。

4. 制定观察研究计划

由于跟踪观察持续的时间比较长，制定研究计划应充分考虑长期性和阶段性相结合。

长期研究计划是对整个观察研究活动自始至终地统筹设计和安排。需要考虑研究的总体时间长度和总体任务；在整体时间段内各个时间段的划分；每个具体时间段要完成的基本任务；采用的方式和方法；需要注意的事项以及解决的措施等。长期计划要高瞻远瞩，并具有一定的灵活性，可根据进展的情况不断地进行调整。

阶段性计划是在长期观察计划的指导下进行的，阶段计划的顺利完成是长期计划实现的保证，阶段计划要具体、可行、方便操作。长期计划和阶段计划应该相辅相成、互相照应。

5. 开展观察研究活动

按照研究计划,逐步实施观察研究活动,观察研究过程中要注意:研究资料的搜集要分门别类,详细具体,要保存妥当,避免丢失或遗漏。当然,在研究的过程中,研究计划与研究活动也不可能是完全一致的,随着研究活动的进展会出现各种各样的意外情况,因此,研究活动要结合具体的研究情况,不断调整,以利于研究活动的正常开展。

6. 得出研究结论

通过观察研究,对所搜集的研究材料进行整理分析,经过比较、分析、综合,去粗存精,去伪存真,并进行充分的论证,从而得出研究的结论。

本章习题

1. 简述儿童行为观察的基本要素。
2. 简述观察目的与观察目标的关系。
3. 简述儿童行为观察常见的类型。
4. 简述自然观察的主要特点。
5. 简述抽样的基本方法。

第三章 儿童行为观察的准备

学习目标

1. 认知：了解观察计划的基本含义、特点；掌握儿童行为观察计划的具体内容；掌握观察提纲的撰写要求，知道常用的观察手段。
2. 技能：能够制定观察计划、编写观察提纲并做好观察的各项准备工作。
3. 情感：明确观察准备的重要性，增强对学前儿童行为观察的计划意识。

经典导学

幼儿园主持开展"学前融合班中孤独症儿童的早期干预研究"课题，作为课题的重要组成部分，参与课题的带班老师的重要工作就是对孤独症儿童进行跟踪式的观察记录。因为历时长，这项细致烦琐的工作更需要持之以恒的韧劲和对孩子的爱心、耐心，需要做好观察计划，做好充分的观察准备。

观察目的：观察孤独症儿童的在园表现

观察对象：丽丽

观察背景：丽丽从20××年9月开始上幼儿园小小班，一周后我们发现她与其他儿童有所不同，在医疗机构确诊为"高功能孤独症"，我们开始对这名儿童进行观察记录。

记录时间：20××年9月1日

记录者：××

观察记录：

语言及社会性：早上，爸爸妈妈一起送丽丽，我从妈妈的怀里接过她，她没有哭闹，也不认生，静静地坐在椅子上玩玩具。我向她问好，她低着头玩玩具，无论我说什么，她总是不理睬我。在接下来的活动里，丽丽总是一人，无论是言语还是眼神，她不和身边的任何人交流。我试图和她说话，她总是眼神游离；我把她搂在怀里，她就拼命挣扎想要逃离。

学习能力：下午，孩子们要画小鱼吐泡泡。我正在发放纸笔，只看见丽丽早早拿着黑笔，在桌子上画了一幅画，能看出她画的是人脸。我问："丽丽，你画的是什么呀？""美女！"丽丽终于说话了。我十分高兴，但再次追问，丽丽却不作回答。丽丽画的"美女"的脸有些歪歪扭扭，比例也不是很协调。

由于做好了充足的观察准备，从一天的接触中就可以发现丽丽在语言发展、交流交往等方面有明显的障碍,但在绘画方面似乎比同年龄孩子的水平高。今后应注意发掘丽丽美术方面的天赋,也学会成为孩子融合教育训练的突破口!

当我们明确了观察的目的和意义、选择了观察的题目、确立了观察的类型之后,就要着手进一步实施观察活动了。科学的观察活动不是随便看一看,感知一下,而是要通过制定严谨的观察计划,开展实施观察活动,得出一定的结论,为学前儿童教育的科学研究奠定基础。所以,在开始观察之前,观察者需要先做一些必要的准备工作,包括制定观察计划、编写观察提纲、选择观察方法等。只有做好了充分的准备工作,观察才会取得较好的效果。

第一节 观察计划的制定

一、观察计划的含义

在管理学上,计划是指组织以及组织内不同部门和不同成员,用文字和指标等形式所表述出来的在未来一定时期内关于行动方向、内容和方式安排的文件。做计划的根本目的在于保证目标的实现。所谓观察计划,即观察者在正式开展观察之前用文字和指标等形式表述的关于整个观察工作的具体设想与安排,它初步规定了观察的工作框架,明确了观察的目标、对象、地点及观察的准备工作等。有了观察计划,观察就有了基本思路。

拓展阅读:从观察记录到制订个性化教育计划

二、观察计划的结构

(一)观察目的

观察目的是指对将要观察什么和完成什么的表述,是观察的全部意图。儿童在一日生活中的行为十分复杂,从事不同的活动会有不同的行为表现,并且随着儿童心理的发展及环境的变化,不同的时间和环境中表现出来的行为也有差异。观察者不可能对儿童行为的所有方面全部感知。因此,在对儿童行为进行观察之前,如果观察者不清楚自己到底是要观察儿童的哪些方面,那么所感知的信息便会因为没有"重点方向"而显得零落散乱,也就不能通过观察得到行为整体的意义。因此,观察要首先明确观察目的。

观察目的的确定,可以使观察者避免过多记录无关现象,遗漏重要部分。观察目的可以是观察各个不同年龄阶段儿童的行为,也可以是了解儿童在特殊情境中的表现等。这些观察的结果信息,可以帮助教师做出合理判断,以便进一步调整自己的教育行为。

观察目的决定了接下来的一切工作,包括确定观察对象、观察时间、观察地点、记录方法及分析方式等。举例如下:

观察目的:观察并记录一名5岁儿童在集体游戏中表现出的领导能力。
观察目的:观察2岁儿童乐乐首次与人分享玩具的情境。
观察目的:观察带班教师与一位4岁儿童的交流。

观察目的比较宽泛,揭示观察者想要了解儿童哪一方面的发展和变化。具体来说,观察目的就是要弄清我们想要观察的是什么,想要了解学前儿童的哪些行为表现,想要通过观察实现什么,以及通过对儿童状况的了解,进而间接了解教师保教工作,也可以对班级集体行为进行分析。不同的观察目的带来不同的主题、内容、观察方法。在实施观察之前,要将观察目的转化为具体可操作的问题。根据这些具体可操作的问题,观察者才可以设计本次观察的计划和提纲。

(二)观察对象

观察对象可以是儿童,也可以是某一现象。如果以人作为观察对象,观察对象必须在幼儿园众多的保教对象中被首先明确界定出来,这样才能使观察者资料收集的重点集中于这个对象,而不至于太扩散。观察对象是一群人还是一个人,是根据观察目的来界定的。如果想要了解的事实只是个别的现象,那么观察对象就是某一个人。但有时在班级中所发生的事情是团体的现象,是大多数孩子都可能具有的问题,这时所要观察的对象就不止一个,而是一群人,即团体。

如果以某一现象作为观察对象,那么此现象必须与观察目的密切相关,在记录时需要紧紧围绕此现象展开,准确、全面地进行记录,避免跑题。

(三)观察的时间地点

观察时间和地点的确定是与观察目的及内容息息相关的。如果是观察儿童的游戏行为,地点当然是在儿童游戏的场所,可以是室内,也可以是户外,时间则为儿童正在进行游戏时,也可以注明具体的时间段,如几点到几点。如果是观察儿童的户外活动地点肯定是在户外,选择儿童户外活动时间。

(四)观察的准备

工欲善其事,必先利其器。若想借助观察法收集尽可能多的儿童有效行为信息,从而更好地开展研究工作,观察者要做好知识及物质方面的准备,确定好符合观察目的的研究手段,选择适宜的观察环境,具体做法见本章第三节。

(五)观察成果的形式

在观察计划中,还要设计好观察成果的形式,即最后的观察结论、观察成果用什么形式来表现。观察报告和论文是比较常见的成果形式,还可以将长期观察的资料整理成观察记录集、手册,专门针对某个观察对象的资料还可以为其建立档案。

在观察计划中设计出成果形式,从观察者的角度来说,可以明确将来用什么表现形式的成果,那么从一开始就可以着手向这个方向努力,积累材料,构思框架,进行分工,以利于观察成果的产生。也可以据此检验观察过程是否符合预期设想,以便于有针对性地修改及调整。

(六)成员及其分工

在观察计划中,应尽可能将实施观察的成员罗列出来,标明负责人、成员名单及具体的分工情况。目的一是为了增强课题组成员的责任感,以利于研究计划的落实;二是为了检验成员的工作进度,以便尽快完成观察过程。具体示例可参考表3-1:

表 3-1 学前儿童行为观察计划表

观察者	陈老师、李老师
观察目的	观察一名4岁儿童午餐时的自理能力
观察时间	2023年6月20日 11:30—12:00
观察地点	××幼儿园餐厅内
观察对象(年龄)	小凯(4岁5个月)
观察方法	非参与式观察、隐蔽观察、跟踪观察
观察工具	笔、纸、摄像机

续 表

观察背景与目的	小凯入园较晚,在家时父母比较宠爱他,经常喂他吃饭,来到幼儿园后老师要求自己的事情自己做,他有点不适应,因此有必要对小凯的自理能力做进一步的观察,为下一步对他开展有针对性的帮助收集有效的资料
成果形式	文字描述观察记录
成员及其分工	陈老师负责实况详录,李老师负责运用摄像机对儿童的行为进行记录

第二节 观察提纲的撰写

观察提纲是观察计划的具体化,主要指观察活动实施的具体步骤,如时间段、顺序、过程、对象、使用仪器、记录方法、设计表格等预先做好充分的安排和准备。观察提纲的制定是为了圆满完成每一次观察任务,观察者必须能够熟练掌握。

制定严密的观察提纲,要做到"6W"。

(1) 对象(who):明确观察对象。指被观察的对象及数量、范围、他或他们来自什么背景,他们之间有什么关系。

(2) 时间(when):在什么时间对儿童的行为进行观察。

(3) 地点(where):在什么地点、环境对儿童的行为进行观察。

(4) 事件(what):观察哪种行为。他或他们在做什么、说什么、要从事哪些行为动作、他或他们通常做什么或不做什么、他或他们对别人的言行有何反应。

(5) 怎样(how):行为或事件的具体表现及过程。事情经过的步骤、阶段及转变,事情的发展、延伸。

(6) 为什么(why):观察者现场的感受,也是从现场不同角度考虑的结果。

除了以上"6W"外,观察提纲还包括对所要观察的事物或行为予以操作性定义,确定相应的观察指标体系,以利于准确地记录。

观察是否能够准确、有价值,关键在于操作性定义这一环节。最早提出操作性定义的是美国的物理学家布里奇曼,他提出:一个概念的真正定义不能用属性,而只能用实际操作来给出,一个领域的"内容"只能根据作为方法的一整套有序操作来定义。

如儿童正在玩一个他十分喜爱的玩具,突然告诉他不能玩,或禁止他继续玩,此时,儿童的反应就是挫折感。又如,李伯特和巴隆在侵犯性行为研究中曾得到两种结果:一是"儿童观看暴力电视将促使其攻击行为增多";二是"如果让儿童观看在实验室中攻击别人的3分钟短片后5分钟,儿童将可能按动按钮给隔壁房间的儿童施加疼痛的刺激"。从表述中可以看出,第一种表述更加普遍但不易操作;第二种表述更精确,因为它比较确切地描述了做什么和结果发现什么。

附:

观 察 提 纲

一、观察目的:观察小一班儿童的饮食习惯

二、观察时间:10月13日—11月15日,为期一个月,每天中午吃饭的时候、午休起床后

加餐的时候、下午吃饭的时候

三、观察地点：Z 市 S 幼儿园小一班

四、观察对象：Z 市 S 幼儿园小班幼儿

五、观察内容

1. 幼儿餐前准备
2. 幼儿饮食的时间
3. 幼儿饮食的量
4. 幼儿饮食的注意力
5. 幼儿饮食的搭配
6. 幼儿饮食的情绪状态
7. 幼儿饮食的速度
8. 幼儿饮食的礼仪问题

六、观察方法：直接观察法

七、观察手段

1. 利用观察记录表进行文字记录
2. 利用手机、相机等进行视频录像记录

具体示例可参考表 3-2：

表 3-2　小班幼儿饮食习惯观察表

观察内容		是	否	幼儿表现	教师策略
幼儿饮食前是否有准备	幼儿进餐前是否洗手				
	幼儿进餐前是否喝水				
幼儿饮食的时间是否规律	<30 分钟				
	30~60 分钟				
	>60 分钟				
幼儿饮食是否定量	几口				
	半碗				
	一碗				
幼儿饮食时注意力是否集中	在进餐时是否自始至终能坐在座位上吃完一餐饭				
	幼儿在进餐过程中是否边吃边玩				
幼儿饮食搭配是否合理	早餐是否干湿搭配				
	幼儿是否常吃汤拌饭				
	幼儿进餐前(后)是否吃水果				

续 表

观 察 内 容		是	否	幼儿表现	教师策略
幼儿饮食速度是否适中	幼儿进餐时吃一口饭咀嚼＜20下				
	幼儿进餐时吃一口饭咀嚼20～40下				
	幼儿进餐时吃一口饭咀嚼＞40下				
幼儿饮食的礼仪是否正确	幼儿在进餐时是否能谦让别人				
	幼儿在进餐后是否能自己放碗				

第三节 观察准备及手段

事情要想进展得顺利,准备工作至关重要。生活中的观察是随意的观察,但教育和科研需要有系统的科学观察,若想顺利进行科学观察,就必须做好相应的准备。

一、观察的准备

（一）知识储备

观察法作为一种科学的研究方法,若想借助其收集到儿童的有效行为信息,观察者就必须首先掌握系统的儿童发展知识以及观察法的相关知识,如此才能有的放矢,有目的、有计划地开展科学的观察,收集到有效的、翔实的儿童行为资料。

儿童发展知识主要是关于儿童身心发展规律的常识性知识。具体到学科方面,主要包括儿童发展心理学、儿童教育学、儿童卫生健康营养与保健、幼儿园一日生活等。观察法的相关知识主要是指观察者能够确定目的,制定观察计划,选取合适的观察记录方法,最后得出观察结论。在此过程中,还需要了解观察过程的注意事项,保证观察过程的信度和效度。观察者必须熟练掌握这些知识内容,才能提高专业化水平,站在专业的角度和高度来看待儿童的一般行为,对儿童的行为给予正确的判断及得出客观的结论,而不是曲解、误会儿童的行为。可以最终根据儿童发展情况提出有针对性的教育办法和举措,促进儿童的全面发展。

（二）环境要求

观察总是与周围的环境息息相关,要合理利用环境,因地制宜地开展有效观察。广义的因地制宜观察是指观察者可以利用所在地区的环境开展符合本地特色的观察,如寒冷地区可以观察儿童的耐受情况,儿童的户外游戏情况等;湿润地区可以观察儿童的游戏情况,儿童的身体状况等。狭义的因地制宜观察指在幼儿园各活动区内开展有效观察,在不同的活动区,开展不同目的的观察。

观察时需要有明确观察环境的说明,观察环境包括进行观察时的场所和情境。观察的场所是我们通常所说的包括实体的硬件因素,如空间和设备,以及个体可以利用的资源等。在学前儿童行为观察中,最主要的场所就是幼儿园,包括活动室、厕所、餐厅、走道、卧室或户外场地等。在这些场所中,还包含了儿童使用的各种设备和物品,如用来搭建的积木、用来洗手的水槽等。而观察的情境,则是指与观察内容相关的背景介绍,如儿童在进行活动前的状态是什么样的、发展情况如何、与其他儿童的社会性交往存在哪些问题、在儿童活动前教师设置了什么任务等。

拓展阅读:做有准备的观察

幼儿园的活动室是进行儿童行为观察的主要环境。在整个活动室中,又存在着较小的场所。在制定观察计划时,可以选取具体的场所,这有利于观察的准确性及深入开展。例如,应在计划中标明餐厅、区角、寝室、盥洗室等,而不是笼统地填写幼儿园教室或活动室。

(三)所需材料

在正式观察活动开始前,还需做好材料方面的准备。观察的同时需要对观察对象的行为进行记录,如果不使用摄像、录音等方式的记录,那么最好准备好笔、本子以及记录的表格,以便更加快捷、准确地开展记录。观察记录表可参考表3-3:

表3-3 幼儿一日活动观察记录表

班级:中(三)班　　观察者:周老师　　日期:4.22

观察对象		幼儿性别		观察地点	
观察时间		幼儿年龄		观察活动	
事件描述记录			观察现象分析及帮助措施		
帮助后所达成的效果					

(四)观察方法

儿童行为观察是一门科学,对儿童进行观察的方法有很多,在观察前,要根据具体的情况选择适当的方法,才能收到预期的效果。如自然观察、直接观察、间接观察、结构观察、抽样观察、跟踪观察等。

二、观察手段

观察的手段是指用什么方法来获取观察资料。通常来说我们主要借助于自身的感官来开展观察,如眼睛、耳朵、口、鼻、皮肤等,这是最基础、最核心的观察手段,一切的观察都可以凭借感官作为手段和基础。这种运用多种感官的学习方法叫"感官协同效应"。"感官协同效应"是指人们在收集资料的时候参与的感官越多,所得到的信息就越丰富,所掌握的知识就越扎实。也就是多种感觉器官一齐上阵,能够提高感知的效果。

科学的观察,要求观察者不仅仅是"仔细察看",而且必须在观察中灵活、协调运用看、听、摸、说、闻等多种感官,时刻注意体验儿童行为的每一个地方,每一步细小的变化。如对水的"观察",不能局限于用眼睛看,而要运用眼、耳、鼻、舌等感官,对水进行全面观察,从而归纳出水是无色、无气味、无味道、透明的液体。

观察者不可能时时刻刻、连续不断地对儿童进行观察。因此,就需要借助一些辅助工具来开展观察,可以借助传统的工具,诸如纸、笔、放大镜、显微镜等,也可以借助电子仪器,如照相机、摄像机、微型摄影机、录音机、录音笔等去获得观察对象的感性资料。如果不想被儿童所察觉,则可以通过摄像头或透过单向透视玻璃观察处在另一室儿童的活动表现,此种观察也称隐藏观察,儿童对教师的观察一无所知,因此可以获得更多自然状态下的自主自发行为。

儿童行为观察的方法和手段多种多样,应根据研究的需要灵活选用。在观察中,确定观察的具体手段,一般考虑以下几个方面的因素。

首先,观察的目的影响观察手段的选择。如验证某些儿童行为的假设,或是获取在控制条件下儿童的反应状况,那么就需要选取实验室观察法;如需要在儿童完全无法发现的条件下进行观察,那么就需要选取隐蔽观察;如观察目的是揭示儿童较长时间的成长状况或活动状况,那么则需要进行跟踪观察。

其次,观察的环境条件对观察方法的选择也具有一定的影响。一般在空间、时间比较集中的情况下,宜采用直接观察的手段。如果空间比较大,儿童比较分散,那么可以采用抽样观察。

再次,观察对象的数量,观察的手段等也都会对观察方法产生一定影响。

观察中还可以编制观察记录表作为收集观察资料的手段,观察记录表可以用来记录儿童行为出现的时间,发生的次数,还可以记录儿童行为持续的时间,观察记录表的形式可以多样,但必须符合观察目的及观察内容的需要。

 本章习题

1. 观察计划包含哪些要素?
2. 为"3岁儿童课堂活动的专注力"制定观察计划。
3. 撰写观察提纲时需要考虑哪些因素?
4. 为"观察4岁儿童绘画过程"撰写观察提纲。
5. 选择合适的观察手段都需要考虑哪些内容?

第二篇

儿童行为观察记录与分析

第四章

儿童行为观察的记录

学习目标

1. 认知：了解文字记录、图表记录、取样记录等方法的含义；掌握不同记录方法的基本要求，理解运用不同观察记录法的注意事项。
2. 技能：能够运用文字、图表、取样等记录方法，熟练开展儿童行为的观察记录。
3. 情感：明确儿童行为观察记录的重要性，树立严谨、细致的研究精神。

经典导学

软糖实验

1960年，美国斯坦福大学心理学家瓦特·米伽尔把一些4岁左右的孩子带到一间陈设简陋的房子，然后给他们每人一颗非常好吃的软糖，同时告诉他们：如果马上吃软糖只能吃一颗；如果20分钟后再吃，将奖励一颗软糖，也就是说，总共可以吃到两颗软糖。

有些孩子急不可待，马上把软糖吃掉。有些孩子则能耐心等待，暂时不吃软糖。他们为了使自己耐住性子，或闭上眼睛不看软糖，或头枕双臂自言自语……结果，这些孩子终于吃到两颗软糖。

实验之后，研究者对这些孩子进行了长达14年的追踪，一直到他们高中毕业。跟踪研究的结果显示：那些能等待并最后吃到两颗软糖的孩子，在青少年时期，仍能等待机遇而不急于求成，他们具有一种为了更大更远的目标而暂时牺牲眼前利益的能力，即自控能力。而那些急不可待只吃一颗软糖的孩子，在青少年时期，则表现得比较固执、虚荣或优柔寡断，当欲望产生的时候，无法控制自己，一定要马上满足欲望，否则就无法静下心来继续做后面的事情。换句话说，能等待的那些孩子的成功率远远高于那些不能等待的孩子。

实验中对幼儿是否能坚持等待做了比较细致的观察，进行了认真、细致、准确的记录，并保留记录长达14年之久，记录的内容为日后"情商"理论的提出奠定了基础。

观察必须辅以相应的合适记录方法，才能使观察更为科学准确。运用观察法对儿童进行研究，并非一蹴而就的事情，而是一个长期系统的过程，对儿童行为现象的观察记录必须客观、完整，从而形成对儿童行为发展的完整认识，以便更好地对儿童的行为进行全面、客观、正确的分析与指导。根据观察目的选择合适的记录方法才能使得资料的收集更加全面、准确，为研究提供真实的资料。

常用的儿童行为观察记录的方法有：文字记录法、图表记录法以及取样法,下面详细地介绍各种记录方法。

第一节　文字记录方法

文字记录法主要是用语言和文字进行记录,其中包括日记记录法、叙事记录法。它主要用于日常对个体幼儿或少数群体的观察记录。观察者使用描述和记叙性的语言记录幼儿的动作、对话、活动和行为,从中得出对幼儿个体或群体的认识。文字记录法具有灵活方便和生动形象两大特点,适合于幼儿教师和家长在幼儿日常生活环境中使用,在幼儿一日活动中或家庭环境里,教师或家长可以随手记下观察到的某一个或几个幼儿的行为表现,可以获得鲜活的事例和生动的印象。

一、日记记录法

日记记录法是最早用来研究儿童的方法,在19世纪末、20世纪初成为世界幼儿教育研究的主要方法,在欧洲及美国迅速发展且流行开来。日记记录法是针对个别孩子或团体进行长时间、反复性的记录,用来记录儿童成长及发展的数据,着重于记录观察对象出现的发展性变化。既可以用于观察记录幼儿的一般发展状况,也可以集中观察记录幼儿在某一发展领域的变化,如语言、社会、认知、动作技巧的发展等,是一种纵贯式的记录方法。

日记记录法要求观察者与观察对象频繁接触,如果不能保证每天观察记录,则至少应做每周几次仔细的观察,并在日记中描述记录幼儿的发展状况。使用日记记录法,观察者必须在观察时记录观察对象的自然情况,包括观察对象的年龄、观察时间、观察地点、观察对象所处的环境等,对于观察对象的发展变化或新的行为,以及各种细节都应该记录清楚,即观察记录婴幼儿行为表现时,也要观察记录他们的表情,如撇嘴、皱眉或微笑的眼神等。日记记录法可以了解个别儿童发展的过程,用来回答个别儿童行为的特质或原因,有其独特的价值。

使用日记法虽然可以取得个别儿童长期的大量数据,但其不足也十分明显。限于日记记录法要求每日记录或每周几次记录,完成的时间又较长,常常要延续一年以上,在此期间,还要与观察对象频繁接触,因而很多观察者在使用此方法时选择的观察对象往往都是自己的孩子,并且一般只重点观察一个。因此,观察的客观性、普遍性都受到了很大的局限。此方法更适用于父母对子女的观察,在教学机构中不是十分适用。

拓展阅读:日记记录法案例

二、叙事记录法

叙事记录法与日记记录法同样是用文字记录的,但不同之处在于,使用叙事记录法不需要像日记记录法那样记儿童按成长过程出现的发展变化和新行为,而是可以观察记录幼儿在日常生活中表现出的任何有意义的行为、动作、事件等。叙事记录法包括轶事记录和实况详录。

拓展阅读:陈鹤琴日记描述法记录选段

（一）轶事记录

观察者只要认为重要的或觉得有兴趣的行为和事件都可以予以记录,不要求对观察对象必须连续跟踪,而可以随时随地记录对自己有价值有意义的事情。记录时间通常是在行为发生后,由于它简单方便及可以事后记录,非常适合一般家长及保教人员使用,是观察中最容易的一种记录方法。轶事记录法所得数据,不像日记记录法那么详细丰富,但它往往能掌握重点,记录到精要的数据。它的适用性非常广泛,可以在学前儿童观察中大量地使用。

采用轶事记录法观察记录幼儿生活中的事件时,需要注意几点:一是观察到某一轶事后要迅速记录,以便保证记忆的新鲜感和记录的真实性。采用这种方法的观察者,应随身携带或准备好必要的笔、纸、卡片等,以备不时之需。二是尽量做到观察记录的客观、真实和完整。三是记录中应包括对于观察环境、观察时间、观察地点等内容的简洁描写。四是尽可能围绕着观察对象的行为来开展重点描述,如幼儿是如何与人交流的、说了哪些语句,幼儿是如何解决问题的、用了什么办法等。

拓展阅读:
轶事记录案例

(二)实况详录

实况详录法是通过记录儿童的行为或活动的所有细节,获得对这些行为或活动的详细的、客观的描述。其目的是尽量完整、客观、长久地对被观察儿童的语言、表情、动作、姿态和人际交往,以及与环境的互动等进行详尽或简略的描述性的记录,即将行为的经过、细节以最大的可能性,或者说根据观察的需要保留下来,使其以直观的方式呈现出来,为研究收集到珍贵的资料,供以后分析之用。

在记录的过程中,记录人员要无选择地记录下所有的细节,包括背景资料,而且要尽量客观,不必进行主观推断、解释及评价。实况详录法的优点在于能够提供详细的有关被观察对象行为或活动及发生时的环境背景等资料,从而为日后多角度、多层面的分析打下良好的基础。其不足在于记录技术要求高,传统的手写记录方式容易造成顾此失彼,因此需要速记,需要花费较多的时间和人力记录与处理资料。

实况详录一般采用文字进行记录,但由于需要在行为发生时尽可能完整、全面、准确地记录下来,对记录的时效性要求较高,所以预先需要做好准备工作,比如预备好纸、笔等记录工具,另外最好使用速记法,以防止出现遗漏。如果无法使用速记法,可借助记录设备,如手机、照相机、录像机、录音机等,将现场实况全部实录下来,以后再做处理。用文字记录时,观察者因注意力高度集中,极易疲惫,故详记时段一般限于半小时之内,如需记录较长时间的内容,则应由几个观察者轮流记录。

实录下来的资料可做定性或定量分析。例如,要对小班幼儿游戏的实况详录资料做定性分析时,可用言语文字归纳描述小班幼儿游戏行为的一般状况,或描述小班幼儿游戏的典型模式。如果要进行定量分析,可事先制定相应的行为分类系统,然后根据实录资料重新整理登记,使结果数量化。

运用实况详录记录儿童的行为或事件时,要注意几点:一是观察记录事件发生时的具体情境和发生背景;二是尽可能准确、完整地记录观察对象的一举一动,所做的事和对环境的反应,注意观察对象是怎样做的;三是尽可能排除干扰,保持语言的客观性,确保信息的准确性。

拓展阅读:
实况详录案例

三、文字记录法的基本要求

文字记录法虽然简单易操作,但也要注意做好记录准备,以免遗漏重要信息或发生记录错误。

(一)预先做好观察的准备

在进行观察记录前,先准备好记录的工具,如纸和笔。记录的纸张或本子要尽可能大一些,太小的纸张会使记录时不断地换纸,太大了一边观察一边记录会很不方便。黑色的记录笔是理想的记录工具,记录留下的字迹会很清晰。另外,在记录纸的一侧最好留下大量的空白,以便日后补充记录、评论、分类和编码。

> **观察记录格式**
>
> **幼儿在自由活动时的表现**
>
> 姓名：×××　　性别：×　　出生日期：×年×月×日　　班级：××班
> 观察目的：在自由活动时的表现
> 观察目标：在自由活动中，是否与其他儿童互动
> 观察地点：活动室内外
> 观察时间：××××年×月×日（周五）上午9:00—10:00
> 观察者：王老师
> 记录：
> 　　自由活动结束后，小乐将外套挂在衣橱后，就站在活动室门口四处张望。他只是迅速地移动目光，看着其他幼儿活动，也不和任何人说话。

以上范例只是提供一种参考格式，其中的具体内容根据观察的目的可以随时调整，并无定法。但无论采用哪种格式，最重要的是要确保记录的格式清楚、有条理，便于观察者事后进行回忆和查找。

(二) 注意记录的敏捷性

在做好记录的准备之后，就要开始记录了。儿童行为发生迅速，可以说是稍纵即逝，记录必须快速进行，因此要保持文字简洁，但是又不能遗漏，也不能字迹过于潦草，如果记不下来，可以先记录要点。所以在记录时，为使记录能看得懂，再回忆及补写完整是必须的，也就是在短期记忆未消失前做好补记的工作。如果要记录的事件人数较多或事情较为复杂，也可以在征求儿童监护人允许后，使用录音录像设备先行记录下来，事后再慢慢整理。

原始记录：晨晨、小华玩黏土，投入，身体弄脏。完成三只小狗，漆褐色、白色。

补充后记录：上午，晨晨和小华在一起玩黏土，晨晨做得很投入，把身体都弄脏了，他做了三只小狗，分别给它们漆上褐色和白色。他邀请小华和他一起做这个游戏，他俩有说有笑。

(三) 确保记录的准确性

需要记录有关儿童行为的所有情况，注意要准确，不要有遗漏。记录的具体内容应该包括行为发生当时的情境、时间及基本活动。在观察记录中除了要描述儿童的动作及言语外，还要记录当时的情境中其他人对他的回答和反应。如果其他儿童的反应与主角有关的话，也应要记录下来。例如，"小王大声在那里说着什么，栋栋把手圈成喇叭状，对着小王大声说'不要叫，不要叫'，小王反而说得更大声"。如果不能记下当时所发生的每件事情，就先记下重要的句子。记录中，应以引号的方式标明对话的语言，以说明什么是被观察者实际说的，什么是经观察者概括的看法。如果观察对象所做的事和期望做的事不同时，观察者要指出什么活动应该要发生，却没有发生。例如，"小陈在大家睡觉时，他却睁大着眼睛"。在记录中，当然是要完整一些，这样在进行解释时才可能尽量参考事实。删掉一些资料总比增加资料要容易。特别是在一段时间过后，可能已经忘了最初的一些观察，但是完整的记录则会使事实如同就在眼前。

(四) 记录语言保持客观性

文字观察记录比较容易犯的两个错误：一是记录过于简单，记录的语言中有较多的概括总结；二是记录过于庞杂，把所有看到的都记了下来，没有围绕目标作取舍，犹如流水账。观察记录内容要做到客观、详细、具体，选用各种方法记录与目的、目标有关的内容。

"客观"即要求观察者明白自己的主观意向,主观意向是观察者已经形成的对待事物的看法(见表4-1)。

表4-1 主客观词汇对比

主观的观察记录词汇	较为客观的记录词汇
这个孩子喜欢……	他经常玩……
认真完成了	他用……分钟做了……
他用了很长的时间	他反复了三次
看起来很像	他自己说:"……"
我认为	几乎每天他都
我感到	我看到

观察者本身的经验、文化标准、价值观等,都会形成特定的主观意向。它能够在一定程度上影响观察者对幼儿的看法。在观察过程中,尽量避免这种先入为主的主观意向,不能避免时就要在记录后进行反思。比如下面的记录:

在集体活动中,我看到晶晶在座位上一动不动,于是问她:"你怎么了?"晶晶害羞地低下了头,脸涨得通红。

这个记录就有明显的主观意向,教师平时认为晶晶胆小、害羞,所以在这次记录中把晶晶低下头、脸通红,归因为害羞,直接写入记录。读者看到这个记录后,很容易认为晶晶就是害羞,从而被误导。撇开教师的主观意向,根据幼儿低下头、脸通红的记录,可以有不同推论——生气了? 想上厕所? 记录可以修改为:

在集体活动中,晶晶在座位上一动不动,于是我问她:"你怎么了?"晶晶没有说话,低下了头,脸涨得通红。

课堂练习

请尝试分析以下短句哪些属于主观描述,哪些属于客观描述。

他面带微笑;他衣着华丽;他拳头握起;他满脸愤怒;他不说话;他沉默寡言;他注视远方;他不善于交际。

客观:他面带微笑;他拳头握起;他不说话;他注视远方。

主观:他衣着华丽;他满脸愤怒;他沉默寡言;他不善于交际。

"他衣着华丽",其中"华丽"一词是没有统一标准的,不同的人对华丽的理解不同,属于较为主观的词语,"他拳头握起"就是很清楚的客观描述。

第二节 图表记录法

图表记录法是以预先设计好的图或者表、各种符号等观察工具来记录儿童行为出现的次数频率、强弱程度、行为归类等,以了解多数被观察者的行为,或者是某一被观察者较为特殊的行动轨迹等。它很大程度上避免了文字记录受观察对象个数限制的弊端,适合开展群体观察时使用,记录过程简单、方便、快捷,记录结果准确,因此应当广泛使用。图表记录法主要有三种形式,即频次记录、等级记录和行为追踪。

一、频次记录法

频次记录是将所要观察的行为预先考虑好,列在表格式单子上,观察时只需在出现某行为时,记录出现此行为的数量即可,可以用数字记录,或以打勾或画"正"等形式进行记录。它包括记录行为有无发生,记录行为发生频数。

(一) 记录行为有无发生

观察一个对象在某时间段内的行为有无发生,如发生直接打勾即可。例如要了解儿童群体在一段时间内会出现哪些攻击行为,可预先将所有攻击行为列成清单,在规定的时间内(可以是较长时间)观察这些行为是否出现,出现则进行记录(见表4-2)。这样通过一段时间的积累,统计出现频率,观察者就可以掌握儿童攻击行为出现的大致情形。使用此方法,必须要预先设计好观察记录表,观察记录表要考虑到所有可能出现的情况,越详尽越好,避免出现实际发生了某些情况,可在表格上记录不下来的情景。

表4-2 幼儿攻击性行为观察记录表

行 为		界 定	是否出现
方式	身体伤害型	打	用手击,敲,拍	
		踢	用脚触击	
		咬	上下牙对住,压碎或夹住东西	
		推	手抵物体向外或向前用力使物移动	
		抓	用手指抓挠	
		抢	抢走别人东西	
		使用工具	以物为指向的攻击	
	语言伤害型	骂人	用粗野或带恶意的话侮辱人	
		嘲笑人	用言语笑话对方或戏谑、开玩笑	
		间接的	通过第三者发生关系的	
		心理上的	背后说坏话	
		有伤害他人的意图	有伤害他人的意图但未造成后果的攻击性行为	
	混合型	言语攻击加身体动作攻击	言语攻击加身体动作攻击	

注:出现用"√"标记

(二) 记录行为发生频数

频次记录不但可以记录行为是否有发生,还可以记录行为发生的频数,在一段时间内,行为发生一次就记录一次。这种方法同样需要预先做好记录表,在现场记录行为发生的次数(见表4-3)。

表4-3 儿童饮水次数记录表

观察目标：幼儿饮水次数　观察对象：××（4岁）　时间：8月1日—20日

日　期	次　数	总　计	备　注
8月1日	正	5次	
8月2日	正　正	10次	
……			
8月20日	正	5次	

假如为了解幼儿的饮水情况，可以设计上表，幼儿每天饮水的频次一目了然，并且得到的结论还是数量化的，较为系统和科学。由此可见，这种事先做好表格的观察结构较为严密、观察的范围更广、结论较为可信。

二、等级记录法

等级记录也是量的记录方法，是观察者在一段时间内对目标进行观察，当观察结束时，在量表上对该期间发生的目标行为评以相应的等级。其特点是要有预先设置的分类，与其他定量观察记录不同的是，等级记录法要求观察者作出更多的权衡和判断，也称为评定记录。

评定的方式可以用等级（优、良、中、差等）注明，或用字母（A、B、C、D等）、数字（1、2、3、4等）注明，还可以用词语描述（基本达到、不合格；无反应、反应一般、反应极快等）。可以当场评定，也可在观察后根据综合印象评定。比较客观的评定方法应是事先规定各种等级的具体标准，并由多个观察者当场评定之后，考察一致同意的程度。如：

(1) 在最能描述教师对待班级的态度的等级上画圈：

非常肯定	大多时候肯定	既不肯定也不否定	偶尔否定	非常否定
5	4	3	2	1

(2) 根据幼儿是否乐于与别人分享玩具的实际情况标出其一：
A 从不；B 很少；C 有时；D 经常；E 总是

在进行等级评定时，要根据观察者对所评对象的多次观察所得到的综合印象进行。还要由多个有经验的观察者同时进行评定，采用其平均值。经过系统训练的观察者会对各种主观偏见更加敏感，从而评定较为理智、准确与客观。通过这种方法，教师能够掌握每一名儿童的情况，不容易发生疏漏，也可以分析儿童的个别差异，为对儿童的个别辅导提供事实资料。

三、行为追踪法

这是一种利用预先准备好的图，如位置图、环境图等形式直接呈现相关信息，而且也利于迅速将观察到的情况记入图中的方法，常与多种简单的符号或代号结合使用。

如需要跟踪记录某儿童在运动区的一系列活动，如果采用文字记录法，则很难跟上儿童的移动速度或动作频率，难免有所遗漏。这时就适合采用行为追踪法。预先将运动区的轮廓画出来，将其中标志性的设备加以标注（见图4-1），当观察对象出现后，将儿童的行动轨迹及主要的活动在绘制好的区域图上加以注释，可提前预设好儿童可能会出现的一些行为表现或位置信息，用符号或代码表示，便于快速地在地图上予以标注。

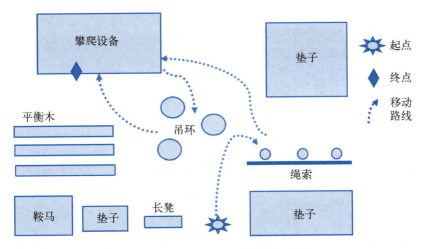

图 4-1 儿童在运动区活动轨迹示意图

第三节 取 样 法

取样法是幼儿教育科学研究最基本、最普遍的方法,是幼儿教育科学研究搜集资料的基本途径,是其他研究方法的基础。正确掌握取样法,有助于幼儿教育科学研究水平的提高。取样法是根据一定的标准,选取一定的幼儿行为作为样本进行观察、记录和研究,从而获得对幼儿行为的进一步认识、理解的方法。观察者必须在事前做好准备,经过选择,使用预定类型。在一定时间内,观察者在各种背景中选取被观察者的行为样本,它不需要详细地描述被观察者的行为,因此可以减少记录的时间。取样法主要有两种,分别为时间取样法和事件取样法。

一、时间取样法

(一)时间取样法的含义

时间取样法是针对那些开始和结束的时间不是非常明确,或者事件延续很久,而无法完整记录整个过程,只能截取一段时间来观察事件的方法。如:游戏行为、注意、情绪、人际关系、动作、依赖行为、语句表达等。比起结构化的叙事法,时间取样以时间为维度,抽取能代表儿童行为的样本进行记录。

运用时间取样观察法,要做好两方面的准备工作:一是根据观察目的及目标,明确观察时间间隔的长度、次数和分布,选取的时间样本要具代表性,使这些观察时间间隔内幼儿所表现的行为能尽可能地满足观察目的所需;二是用时间取样法观察前,应预先制定好详细系统的记录表格,并对表格中的有关行为类型作出具体的规定和详细阐述,可以在设计好的观察项目上,用符号做记录,采用极少的文字来表述具体行为,也可以将编码表和叙述性描述结合起来,这样才能获得量化的数据。

时间取样观察案例

观察日期:××××年××月××日
开始时间:上午9点30分
结束时间:上午10点10分

观察目的：3名幼儿自由活动时间的游戏行为

观察对象：（中班）乐乐，小小，天天

观察方法：时间取样

观察内容：自由活动时间40分钟，每隔5分钟对选定的3名儿童观察一次，看幼儿正在进行哪种游戏。

常见活动编码：

SP：独自游戏；PP：平行游戏；TP：合作游戏；R：阅读；TC：与教师互动；A：无所事事。

观察记录见表4-4：

表4-4 时间取样观察记录表

时间	幼儿	编码	情景备注
9:30	乐乐	A	一直在棋类区徘徊，每个棋都拿出来看一看
	小小	TP	与别的幼儿进行角色扮演
	天天	R	未参与游戏
9:35	乐乐	TC;TP	想玩棋类游戏，没有伙伴，寻求了老师帮助，后与天天组队游戏
	小小	PP	
	天天	A;TP	未再阅读，无事状态，经由教师引导，同意一起进行棋类游戏
……			
10:10	乐乐	TP	与其他感兴趣的幼儿一起玩棋
	小小	TP	不再玩角色游戏，改为玩表演游戏
	天天	TP	与小小进行表演游戏

时间取样法观察记录，若想尽可能快速、完整地记录情境和行为动作，最好预先设计好编码表格。编码表格有两类：类别系统和符号系统。类别系统的设计需考虑行为类别之间相互排斥的特点，也就是说，一个行为一旦填在一个类别中，必然和其他类别完全排斥。如果一个行为既可以填写在类别一，又可以填写在类别二，那么类别系统的设计就不合理。设计符号系统的编码表需要事先做很多准备，初学者可以借鉴已经设计好的类别系统或符号系统，对如何设计编码体系不再赘述。

（二）注意事项

使用时间取样法进行观察，必须注意以下几个问题。

1. 为行为动作做好操作定义

运用时间取样法的典型研究是美国学者帕顿20世纪20年代中期进行的一项关于学前儿童在游戏中的社会参与程度的研究。帕顿的观察对象是2~5岁儿童，他根据儿童在游戏中的社会参与程度，将游戏分为六种活动类型：无所事事、旁观、单独游戏、平行游戏、联合游戏、合作游戏，并对每一类型赋予操作定义（见表4-5）。

表 4-5 六种游戏类型操作定义

游戏类型	操 作 定 义
无所事事	儿童没有做游戏,只是碰巧观望暂时引起他们兴趣的事情,如没有可注视的就玩弄自己的身体,或走来走去、爬上爬下、东张西望
旁观	儿童基本上观看其他儿童的游戏,有时凑上来与正在做游戏的儿童说话,提问题,出主意,但自己并没有直接参加游戏
单独游戏	儿童独自一人游戏,只专注于自己的活动,根本不注意别人在干什么
平行游戏	儿童能在同一处玩,但各自玩各自的游戏,既不影响他人,也不受他人影响,互不干涉
联合游戏	儿童在一起玩同样的或类似的游戏,相互追随,但没有组织与分工,每人做自己想做的事情
合作游戏	儿童为某种目的组织在一起进行游戏,有领导、有组织、有分工,每个儿童承担一定角色任务,并且相互帮助

操作定义就是对必须观察或测定的行为给予详尽的说明和规定,确定这一行为或现象测量与观察记录的客观标准,即观测指标。开展时间取样观察记录前,先明确操作定义,观察者就能清楚地了解所有的用词及其内容。确定操作定义的目的是便于观察、便于记录和便于重复验证。这种操作定义在有许多观察者同时从事同一个观察计划的时候显得尤为重要。

2. 确定好观察的时距和间隔

时距是指一次观察时间的长度,它和行为发生的频率有关。在观察记录中时距的长度应该接近于每一个单一行为发生的最小时间。一般认为最普通的时距是 5 分钟或者更短的时间,时间取样中的时距过短也是不合适的。适宜的时距取决于观察目的。具体来说,时距的选取是根据行为的持续程度、记录的简单和复杂的需要以及观察者的疲劳程度而定的。

时距的间隔是指时距和时距之间间隔的时间。在时距的间隔中,以下几个因素起了决定性的作用:所选取的时距长度、在此时距内所要观察的对象数目,以及所要记录的细节的总数。有些记录的过程比较简单,就可以采用持续的观察,而不需要有间隔。但是在一些观察项目中,由于观察的项目比较多,就需要有一些间隔,特别是在结合运用描述性记录的方法时,就更需要有一定的间隔时间。

在运用时间取样法时,还需要确定观察时间,明确观察的时距,时距间隔,以及时距的数目,即要求每隔一定的时间,按某种选定的时段,进行一段时间的观察。时距、时距的间隔和时距的次数代表时间取样的主要现象。决定使用什么时距,什么间隔,多少次数均取决于观察者的需要和目的,而且要经过初步观察的检验,如检验不合适,要及时调整时距和间隔。

3. 预先充分设计好表格

时间取样记录法要想运用得充分,获取更多准确的资料,预先要做好大量的准备工作,最重要的就是根据观察目的设计好编码表或观察记录表。绘制记录表时要明确观察是为了记录特定行为是否出现,还是为了记录行为出现的次数。如果是前者,那么只要行为出现,就要做一个记录的标记,如果是后者,那么该行为每次出现都要做记录。

设计观察记录表,首要的原则是简单,使观察者能够比较方便且快速地进行记录。为了让记录更加快速且准确,覆盖面广,要灵活且善于运用编码,可以借鉴他人的编码,也可以创造属于自己的编码。

二、事件取样法

(一)事件取样法的含义

事件取样观察法,是以选定的行为或事件的发生为取样标准进行观察记录的一种方法。观察者事先明确观察目的,选定某种或某类事件作为观察记录的目标,如幼儿的争吵、打架、合作等发生频率较低的行为,对所要观察的行为要先界定清楚,界定何谓"合作""分享""攻击行为"等,然后在观察中等待这种事件的发生,只要观察的行为出现,即予以记录,一直到行为结束为止。记录的内容是以事件为主,详细忠实地记录该事件发生情况与前因后果,它所关心的是事件本身的特征,而不像时间取样法关心的是事件是否存在。幼儿日常生活中的许多事件都可以用这种方法来观察记录。

采用事件取样法进行观察,可以得到一些定量的结果,这种观察方法与时间取样法一样,观察到的行为具有一定的代表性,可在一定程度上帮助观察者摆脱主观选择性。但事件取样法同样存在局限性,主要在于观察记录的往往是定性资料,较少定量资料,并且难以得到有关事件过去背景的信息,所以记录下来的事件也有可能是无代表性的偶发事件。如某个幼儿平时较少攻击别人,但在观察时却偶然出现攻击行为,这种行为被列入事件取样记录,可能并不代表他的一般表现。事件取样观察结果对于检验假设有一定作用,但观察者必须注意,这些结果不能做出因果关系的结论。

运用事件取样法最著名的例子是美国道维(H. Dawe)对幼儿争执事件进行的研究。该研究以保育学校中 40 名 2~5 岁幼儿(女孩 21 人,男孩 19 人)的争执行为为观察目标,自 1931 年 10 月 19 日至 1932 年 2 月 9 日在幼儿自由游戏时间内观察自发的争执事件,并进行描述与记录。观察中,等待幼儿自发争执事件发生,自发生起用秒表计时,并观察与记录事件的进行状况。观察记录表的主要内容有:① 争执者姓名、年龄与性别;② 争执持续时间;③ 争执发生的背景与原因;④ 争执对象(玩具还是领导权等);⑤ 争执者所扮演的角色(侵犯者、报复者、反抗者、被动接受者);⑥ 争执时的特殊言语或动作;⑦ 结局如何(被迫让步、主动让步、和解、由其他幼儿干预解决、由教师干预解决等);⑧ 后果与影响(高兴、愤恨、不满等)。

经过 3 个多月的观察,共记录了争执事件 200 例。其中,68 例发生于室外,132 例发生于室内;平均每小时发生争执事件 3~4 次;争执时间持续 1 分钟以上的只有 13 例;平均争执持续时间不到 24 秒;室内争执持续时间比室外争执持续时间短;男孩争执多于女孩,攻击性水平也高于女孩;争执常发生在不同年龄组、相同性别的幼儿之间;随年龄增长,争执事件减少,侵犯性质增强;几乎所有争执都伴有如冲击、推拉等动作,偶尔有大声喊叫或哭泣,但无声争执占大多数;导致争执发生的原因往往是对占有物品的不同意见;大多数争执自行平息,往往是年幼幼儿被迫服从于年长幼儿或年长幼儿自愿退出争执;争执平息后恢复常态很快,无耿耿于怀、愤恨等表现。

以下是幼儿争执事件的事件取样观察记录表(见表 4-6):

表 4-6 事件取样法观察记录表

幼儿姓名	年龄	性别	争执持续时间	发生背景	争执对象	行为性质	做什么说什么	结果	影响

(二) 注意事项

使用事件取样法进行观察记录时,需要注意以下四个方面。

第一,与时间取样法要求相同的是,应确定所要观察的行为,并赋予操作定义。根据观察的目标确定所要观察的行为,这也是进行观察的第一步,例如观察的行为是相互交往行为,还是依赖行为,抑或友好行为等。只有明确了观察的行为之后,才能在观察时等候所选择的行为或事件发生,并做记录。另外,在明确所要观察的行为以后,还需要赋予这些行为操作定义。

第二,要了解所要研究行为的一般特质,也就是要对所要观察的行为有充分的了解,以便知道应该在何时、何地进行观察,才能在行为发生时,立即辨认出这些行为。例如什么是互动交往行为,只有在充分了解后才能在这些行为发生时很快地观察到。又如,我们无法从幼儿的体育活动过程中了解许多幼儿的角色游戏,却可以在幼儿游戏区、自由活动时间获得这方面的资料。

第三,要决定应该记录哪些资料。事件取样法可以同时用文字描述和图表的方式进行记录,可以不受时距的限制,因此比时间取样法更具弹性,可以很自由地记录并描述事件发生的细节。例如,之前关于道维对儿童争执行为观察的案例中,他不仅对儿童争执行为发生与否进行了检核,而且还进一步记录了感兴趣的六种资料,对争吵行为持续多久,争执发生的背景、起因等信息做了比较全面的了解。

第四,在运用事件取样法时,记录表的设计应尽可能简便。在运用事件取样法时,常常会运用代码来代表某类行为,就如同时间取样法一样,可以利用英文字母或是缩写作代码,比较容易记住和记录。在运用代码记录时,代码的类别应清楚地标示出来,而且易于查看。同时,事件取样法因为需要文字描述,所以要留有足够的空间,以方便记录文字资料。

本章习题

1. 使用文字记录法的注意事项有哪些?
2. 当观察的对象较多、观察的时间较长时可以采取哪些观察记录方法?
3. 为"2 岁幼儿吮吸手指行为"设计观察记录表。
4. 使用时间取样观察记录法,记录"4 岁儿童与同伴间的交往"。
5. 事件取样观察记录法的注意事项有哪些?

第五章

儿童行为观察资料的分析与整理

学习目标

1. 知识：了解儿童行为观察分析资料、整理资料的重要性及注意事项。
2. 技能：掌握资料分析与整理的基本方法，能够对获得的各种观察资料进行分析与整理。
3. 情感：树立思考问题、分析问题的意识，养成分析与整理观察资料的习惯。

经典导学

得数据者得天下

信息爆炸的时代，大数据成为一个时髦词汇。大数据统计应用到商业、经济、政治等领域，成为备受推崇的决策工具。对海量数据的挖掘，有助于计算事情发生的概率。大数据似乎被其崇拜者推到不可触及的高度。大数据，到底有多牛？

10亿台电脑、40亿部手机、无数的互联网终端……一组组数字让我们生活的世界高速数字化，"信息爆炸"早已从抽象的概念变为现实的描述。或许你可能并不知晓这些数字，但你一定会感受到"数据"正在呈几何基数爆炸性增长。

第一节 观察资料的分析

儿童行为观察与指导是一个连续的活动，既要观察，还要分析，更要指导。观察是前提，没有观察就没有活动的开展，但没有分析，就无法开展对儿童行为的指导，所以，儿童行为观察是一个过程，分析是桥梁、是纽带，在整个活动中起着支持与支撑的作用，为最终对儿童行为进行指导提供全面服务。

一、儿童行为分析的意义

（一）从儿童的角度

1. 理解儿童行为背后的原因，满足儿童实际需要

儿童行为是一系列的活动过程，儿童本身是独立的个体，是有能力的主体，且儿童行为具有独

特的价值。如果没有分析,我们看到的只是儿童表面的行为,加入分析,才能获得对儿童行为的深层的理解。如果没有对儿童行为的分析,我们就发现不了儿童丰富的内心世界,就没有对儿童行为真正的理解,更不能满足儿童的实际需要。

2. 了解儿童现实水平,促进儿童发展

《指南》对3～4岁、4～5岁、5～6岁三个年龄阶段幼儿应该知道什么、能做什么、大致达到什么发展水平,提出了合理的期望,通过结合《指南》进行的分析,可以明确幼儿发展的现实水平是什么样的,对幼儿的进一步发展提出合理化的建议。

3. 发现儿童存在的问题,引导儿童正确行为

《纲要》指出:"幼儿教师是儿童行为的支持者、参与者、引导者。"如果没有分析,就发现不了儿童存在的问题,找不到引导的措施和方法,对儿童行为的"支持"和"引导"就会成为一句空话。

(二) 从教师的角度

1. 通过儿童行为分析,发现课程实施的契机

学前教育是为儿童终身学习和全面发展奠基的教育,幼儿园课程是实现幼儿全面发展的重要途径。课程实施是建立在对儿童全面认知基础上的,看懂儿童的行为,分析行为产生的原因,判断儿童行为的发展水平,并从对行为的分析中发现教育的契机,提出支持的策略,是课程开展的前提。

案例

爬 杆

幼儿园里新安装了两个爬杆,吸引了很多男孩的目光,大一班男孩一到户外活动时间,就聚集在这里,比赛看谁能爬上去,谁爬得高。大班的男孩子,喜欢具有一定挑战性的活动。几天时间,乐乐、明明、阿坤等男孩就能自如上下了,而琪琪、壮壮等小朋友还是爬不上去,虽然每次老师都使劲地向上推他们,但是他们还是不会在杆上协调运动,这几位小朋友每次从爬杆场地回来都很沮丧。小李老师看在心里,他把这几个孩子的活动,录成一段视频,在这周的集体教研时,作为教研的问题,呈现给大班学年组。大家通过分析孩子们爬杆的动作,提出了以下支持策略:

1. 在健康等活动课程的时候,播放几段爬杆的视频,并结合视频讲解动作要点。

2. 户外活动时间,把男孩集中在爬杆周围,先请几位爬得好的小朋友进行示范,引导其他幼儿进行观察。

3. 教师为爬杆活动的开展提供一些材料,如增加摩擦力的小手套、地面保护垫等。

4. 在爬杆附近设立指示牌,牌子上有爬杆的动作要领示范图。

果然,琪琪、壮壮等小朋友,不到一周的时间就学会了爬杆(见图5-1)。

图5-1 准备爬杆的儿童

2. 通过儿童行为分析,提升幼儿教师的专业化发展水平

《幼儿园教师专业标准》特别强调:幼儿园教师要具有观察分析幼儿、掌握不同年龄幼儿身心发展特点和个体差异的能力。虞永平教授指出:观察分析能力是幼儿教师六大基本专业能力中首

要的专业能力,是幼儿教师最重要的基本功。而行为观察分析与指导的基本路径是:准确观察—科学分析—有效支持。对儿童行为进行分析,是幼儿教师结合理论知识与丰富的实践经验进行的,是对儿童行为进行价值判断的过程,是提升幼儿教师分析问题的能力,促进幼儿园教师专业发展的有效途径。

3. 通过儿童行为分析,积累家园合作的素材

《幼儿园工作规程》指出:幼儿园的任务是实行保育与教育相结合的原则,对幼儿实施德、智、体、美全面发展的教育,促进其身心和谐发展;同时面向幼儿家长提供科学育儿指导。因此,对幼儿行为的观察分析也是幼儿教师开展家园共育工作的重要内容,指导家长科学育儿的保障。

4. 通过儿童行为分析,获得第一手研究资料

科研能力是幼儿教师成长为反思型教师、专家型教师的"催化剂",是幼儿教师专业素养的重要内容之一。幼儿教师要进行科研活动,就必须从教育现象中发现问题,从对现象的分析中凝练问题,进而确定解决问题的切入点,所以对儿童行为的观察分析,能够帮助教师获得丰富的第一手资料,是开展学前教育科学研究的基础。

二、儿童行为分析的基本内容

(一) 分析心理特点

儿童心理特点分析可以结合儿童在活动过程中的各种表现进行。

1. 心理过程

心理过程是心理活动的基本过程。教师通过观察资料,可以分析儿童的心理活动过程,如:感知觉发展水平;记忆表现出的特点;想象是否丰富、是否具有夸张性等特点;儿童的思维处于哪个阶段,具有直觉行动性、具体想象性还是抽象逻辑性;儿童的情绪、情感表现如何;意志力表现在哪些方面;等等。通过对儿童心理过程的分析,形成对儿童认识、情感、意志等心理发展水平的清晰认知,这是教师开展保教活动的基础。

2. 个性心理

心理活动人人都有,但在每一位儿童身上的表现各不相同,这是因为有个性心理。个性心理是一个庞大的系统,所以教师要对儿童的气质类型、性格特点、自我意识发展水平、能力差异以及兴趣、需要等方面的发展特点有全面的了解。《指南》指出"切忌用一把'尺子'衡量所有幼儿",对儿童个性差异的分析是尊重儿童个体差异的前提。

3. 社会性发展

人际交往和社会适应是儿童社会学习的主要内容,也是社会性发展的主要途径,良好的社会性发展对儿童的身心健康和各方面的发展具有重要影响。幼儿教师通过对儿童同伴关系、亲子关系、师幼关系等社会关系及亲社会行为与攻击性行为的分析,可以更深入地了解儿童的内心世界;通过分析儿童的行为特点,了解他们的所思、所想,真正成为他们的朋友,为他们的学习发展提供支持和引导。

(二) 分析领域发展水平

儿童行为分析也可以结合《指南》中儿童在领域活动中的表现进行。

1. 语言领域

分析内容可以包括:每个年龄阶段儿童语言发展的水平与其对应的年龄阶段是否一致?在语言领域活动中了解哪些问题儿童常常听不明白?什么情况下儿童爱说、敢说?儿童具有哪些语言表达的不良习惯?哪些绘本儿童喜欢阅读?在阅读的过程中常常遇到什么问题?等等。

2. 科学领域

分析内容可以包括：儿童是否亲近自然、喜欢探究，在哪些活动中容易产生探究的意识和行为？什么时候爱提问？愿意提哪些问题？喜欢使用哪些感觉器官进行探索？对生活中的"数""量"有没有感知？感知到什么程度？遇到了哪些问题？等等。

3. 社会领域

分析内容可以包括：班级中的儿童是否喜欢并适应集体生活？哪些儿童适应得好，哪些儿童适应得不足，存在的问题和原因是什么？班级中的各项规则是否合适，儿童遵守的情况如何？哪些规则容易不被遵守？哪些儿童愿意与他人进行分享？分享的是什么？自尊、自主性主要表现在哪些儿童身上，表现在哪些方面？教师如何进一步引领？等等。

4. 健康领域

分析内容可以包括：儿童身心发展水平是否达标？班级中儿童动作发展的水平怎么样？有哪些问题？集中在哪些儿童身上，出现问题的主要原因是什么？哪些儿童有不好的生活习惯？表现在哪些方面？哪些儿童的情绪稳定？哪些儿童情绪波动比较大？儿童哪方面的自主生活能力弱？每个年龄阶段是否具备了应有的安全知识与自我保护能力？等等。

5. 艺术领域

分析内容可以包括：幼儿对自然及生活中的美有没有感受能力，是怎样表现出来的？艺术活动中儿童参与情况怎样？哪些儿童不爱参加艺术活动？儿童对哪种艺术活动的兴致高？在艺术活动中儿童的创造性如何？等等。

（三）分析游戏活动表现

1. 儿童在游戏中的积极性与主动性

分析内容可以包括：儿童是否主动参与游戏，在游戏过程中能够起什么作用？能不能发起活动？在活动中是盲从别人，还是能够主导活动？儿童经常对哪些区域或游戏感兴趣？在不同的活动区域能够玩多长时间？有没有游戏进行不下去的情况？进行不下去的时候，儿童的表现如何？等等。

2. 儿童对游戏材料的使用情况

分析内容可以包括：儿童选择材料的行为是否复杂，是模仿还是创新？哪些游戏材料儿童使用的频率比较高？儿童对材料是怎样使用的，是简单的替代行为还是象征行为？游戏过程中材料的使用是否充分，是否按照要求收、放材料？等等。

3. 儿童在游戏中体现的合作意识及能力

分析内容可以包括：儿童在游戏过程中有没有出现合作行为？合作行为常常出现在哪些游戏中，在哪些儿童身上表现出来？具体在什么情况下容易出现合作行为？合作时，儿童处于什么位置，是领导者还是服从者？合作时间能够持续多久？当儿童之间发生冲突的时候是怎样解决的？等等。

4. 儿童在游戏中对规则的遵守情况

分析内容可以包括：游戏的过程中儿童对规则遵守的情况如何？哪些区域或游戏的规则容易被遵守，哪些区域或游戏的规则不容易被遵守？哪些儿童能够遵守活动的规则，哪些儿童不愿意遵守规则？不容易被遵守的规则是什么？儿童对规则的内容是否理解？等等。

5. 儿童在游戏中体现出的学习品质

《指南》要求"重视幼儿的学习品质"，在分析的过程中要注重幼儿在游戏过程中表现出的积极态度和良好行为倾向，如积极主动、认真专注、不怕困难、敢于探究和尝试、乐于想象和创造等学习品质。

(四)分析一日生活表现

幼儿园的生活活动是儿童在幼儿园每天都要进行的活动,是全面发展教育的重要途径。

一日生活主要包括入园、晨检、早操、进餐、饮水、盥洗、如厕、离园等环节。《纲要》指出:"幼儿园应为幼儿提供健康、丰富的生活和活动环境,满足他们多方面发展的需要,使他们在快乐的童年生活中获得有益于身心发展的经验。"在对这些活动进行分析时,主要把握各活动的安排是否有利于儿童身心发展。

1. 儿童生理成长和发育情况

儿童期是成长与发育的关键期,儿童各个器官机能还没有发育成熟,对环境的适应与承受能力都比较差,在一日生活中既需要合理的运动,又需要适当的休息,既需要一定的学习,又需要合理的营养。因此,合理、科学的一日活动是儿童身体健康发展的基本保障,要透过儿童活动的表现,分析一日活动的各环节是否有利于儿童发展。

2. 儿童心理素质发展情况

幼儿园合理有序的一日生活能够为儿童提供良好的心理氛围,引导儿童积极参加各种活动,帮助他们保持愉快的情绪。因此在分析的过程中,主要分析各活动对儿童自信心、自尊心的影响,儿童在各种活动中表现出来的克服困难的精神等,为儿童形成健康的心理素质打好基础。

3. 儿童生活习惯和自理能力的培养情况

学前期是儿童各种习惯养成的关键期,良好的行为习惯将使儿童受用无穷,也是我们进行行为观察分析的目标之一。要结合儿童表现,分析一日活动的开展是否有利于儿童良好行为习惯的养成,儿童在一日生活过程中是否按照进餐、盥洗、睡眠、如厕等基本要求开展活动,在活动过程中是否具有了一定的生活能力,养成了文明的生活方式,如果没有,问题出现在哪些方面等。

三、儿童行为分析的基本策略

(一)在儿童行为观察基础上分析

俗话说"耳听为虚,眼见为实",儿童行为观察是有目的、有计划的活动过程,由观察、记录、分析等环节构成,观察、记录是分析的前提和基础,对儿童行为的分析要建立在对儿童行为观察、记录的基础上,因此要填写观察记录分析表(见表5-1),观察到什么,主要分析什么。分析应该以观察到的具体现象为切入点,避免出现主观臆测的情况。

表5-1 儿童行为观察分析表

观察对象(代号):	性别:	年龄:
观察时间:	观察地点:	
行为描述(观察记录:是什么样)	行为分析(为什么这样)	行为指导(怎么办)

(二)紧扣《纲要》《指南》开展分析

分析要紧扣《纲要》和《指南》的核心要求进行。《指南》指出了幼儿学习与发展最重要、最基本的五个领域,在这些领域中,幼儿学习与发展最重要、最基本的11个子领域,并提出了32项幼儿个体学习与发展的方向,以及对幼儿合理的期望。它以"为幼儿后继学习和终身发展奠定良好素质基础为目标",以"促进幼儿体、智、德、美各方面的协调发展为核心",以"幼儿发展现实的、全面的、协同的发展和未来的可持续、终身发展为出发点和落脚点"建立了对幼儿的合理期望,结合3～4岁、4～5岁、5～6岁三个年龄阶段,对儿童"应该知道什么、能做什么、大致可以达到什么发展水平"进行了系统的说明,为儿童行为分析的开展提供了普适性的参照依据。

案例

依据《指南》的儿童行为分析

图5-2是依据《指南》对儿童行为分析的圆形图。从图中我们看到：该儿童有良好的身心发展状况、较好的生活习惯与生活能力，但由于不喜欢户外活动，所以动作发展不够灵活；在语言领域有良好的倾听能力，阅读与书写准备比较充分，但在口头表达与语言习惯上还存在一定的发展空间；在社会领域，该儿童社会适应较好，愿意与人交往，但由于在尊重他人方面做得不足，导致与他人友好相处方面出现一定的问题；在科学领域，他具备一定的探究能力，但不常去大自然中活动，对数的趣味性感知还存在较大的发展空间；在艺术领域，他感受能力发展得比较充分，但对艺术的欣赏、表现与创造能力还有待提高。所以，这是一位在这个年龄阶段，在每个活动领域，都有一定发展空间的幼儿。

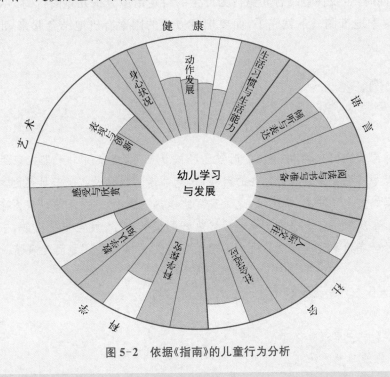

图5-2 依据《指南》的儿童行为分析

（三）娴熟运用学前教育理论进行分析

幼儿教师职业素质基本要求中明确规定：幼儿园教师必须具有扎实的专业理论知识，包括掌握幼儿卫生学、幼儿教育学和幼儿心理学的系统理论知识，掌握幼儿园课程领域的教学内容、教学设计、教学组织、教学方法等方面的基本知识，掌握幼儿游戏和日常生活等活动组织的有关知识。这些基本理论知识，不仅是幼儿教师专业发展的基石，是观察的基础，更是分析问题、解决问题的依据。所以，对儿童行为分析一定要建立在相应的理论基础上，才能有理可依、有据可查。

案例

触碰嘴唇数数的女孩

文文是一位4岁的小女孩，老师感觉她各方面发展要比同龄儿童弱一些。今天老师给每一位幼儿提供了一张 □＋□＝5 的作业卡，要求小朋友们在□里填上适当的数字，可是半天过去了,文文依然没有行动。我走过去,蹲在文文身边对她说:"这里边要填几才能得5啊?"文文摇摇头,看着文文茫然的样子,我就说:"那你伸出3个手指头,再伸出2个手指头,数一数,一共几个手指头?"文文按照我的要求,一只手伸出了3个手指头,另一只手伸出了2个手指头,我说:"你数一数,一共是几个手指头啊?"她看看我,又看看两只手,便用两只手的5个手指头,依次触碰了嘴唇,边触碰边数"1、2、3、4、5"。等文文在□里填完数字,我找到老师说:"文文的思维还处在动作思维发展的阶段,要通过直接感知和实际操作才能进行,所以,请以后再开展类似活动的时候,为她提供一些可以操作的工具或材料。"

（四）结合儿童的背景、行为产生的情境分析

影响儿童行为的因素有很多,因此在分析的时候,要结合儿童的家庭背景、自身特点、父母的教养方式进行,同时,也要注意结合儿童行为产生的特定情境分析儿童的行为。对儿童行为的分析,不能简单、草率地推测一下就完了,而要把各方面的因素有机地结合起来,形成一个完整的认识。

不吃早饭的宁宁

今天,我从园长室出来,到中一班的时候已经快9点了,宁宁一个人坐在班级前面的小凳子上,面前放着一碗疙瘩汤。我走过去的时候,朱老师连忙跟我说:"宁宁早晨因为穿衣服不听妈妈的话,和妈妈发生了冲突,来晚了,这饭我都给她热一遍了,还是不吃。"我对朱老师说:"再给宁宁热热吧,这次她一定会吃的。"朱老师把热好的饭端来了,放在宁宁面前,宁宁就像没看到一样,我轻轻坐在她身边对她说:"快吃了吧!一会儿又该凉了。"她面无表情。以下是我和宁宁的对话:

我:宁宁为什么不吃饭呢?

宁宁:不想吃。

我:哦,那是宁宁早饭吃多了。

宁宁:不是,我早晨没吃饭。

我:那你不饿吗?

宁宁:饿!

我:那为什么不吃饭呢?

宁宁:爸爸说晚上要带我下饭店。

这真是个让我哭笑不得的答案,我没想到,孩子为了晚上下饭店竟然要饿上一天。

我把宁宁揽在怀里,对她说:"宁宁啊,不是你要不要吃饭,而是我们的小肚子需要吃饭,你不吃饭小肚子就不愿意啦,因为它饿呀!它不愿意啦,就会肚子疼,你肚子疼过吗?"宁宁点点头。"嗯,那就是小肚子不高兴啦!如果肚子疼厉害了怎么办呢?"

宁宁:"去医院。"

我:"对了,肚子疼厉害了,就是生病了,要去医院,还要打针,你看不吃饭的害处有多大啊!"宁宁听完,立刻端起碗,把疙瘩汤喝得干干净净。

我们常常抱怨孩子不好教育,实质上是我们没有了解孩子的内心,我们常把"蹲下来与孩子说话"挂在嘴上,实质上,蹲下的不是身躯,而是与孩子息息相通的心灵。

四、儿童行为分析的注意事项

（一）要用发展的眼光看待儿童的行为

儿童是发展中的个体，儿童的行为也在不断地发展变化，要用发展的眼光看待儿童行为。在对儿童行为进行分析的过程中，难免会发现儿童身上存在的各种各样问题，也会产生一定的评价结论，但是，儿童的发展是永恒，要站在儿童发展的立场上，看待儿童表现出的各种问题，切忌在分析的过程中给儿童贴上不同的标签，用有色眼镜看待儿童以后的行为。

（二）要注意儿童行为分析的整体性

《指南》指出："儿童的发展是一个整体，要注重领域之间、目标之间的相互渗透和整合，促进幼儿身心全面协调发展，而不应片面追求某一方面或几方面的发展。"因此，分析儿童行为的时候，也要全面分析儿童发展的各方面情况，防止出现只注重分析儿童知识、智力发展情况，而忽视儿童情感、社会性发展的情况。

（三）要注意儿童行为分析的差异性

儿童的发展受遗传、教育、家庭环境、社会因素的影响，不同的儿童行为表现也不同，因此在对儿童行为进行分析的时候要注意差异性。虽然分析的可能是一组或一群儿童，也要把共性的特点与个性的差异进行有效区分，"充分理解和尊重幼儿发展进程中的个别差异，支持和引导他们从原有水平向更高水平发展，按照自身的速度和方式到达《指南》所呈现的发展'阶梯'"，避免"一刀切""一种结论"的现象出现。

（四）要注意对分析的结果妥善处理

儿童行为观察分析的结果是为对儿童行为进行指导，促进儿童全面发展服务的。所以，在对儿童行为分析结论的处理方面，教师应该坚守职业道德，妥善处理好儿童的基本信息，保护儿童的隐私。牢记儿童行为分析的目的是发现学前教育过程中存在的问题；反思儿童出现问题的原因，是为了促进儿童更好地成长，通过合理而科学的分析，在儿童自身发展基础上，建立合理的期望；通过实施科学的保育和教育，让每一位儿童度过快乐而有意义的童年。

（五）要给出指导性的建议

儿童行为观察分析的目的是更好地为幼儿提供指导。所以，要结合分析，对儿童的发展提出相应的指导性的建议，提出支持儿童后续发展的教育策略。建议可以围绕教育理念、活动目标、活动形式、活动材料、环境创设、儿童经验提供、教师介入方式等方面思考，在坚持"儿童为本"的理念下，在发现幼儿现有水平、经验、能力的基础上，给出积极有效的关注、支持、教育策略（见图5-3），促进幼儿在原有经验基础上的和谐、全面发展，同时注意参考《指南》每个子目标的相关建议。

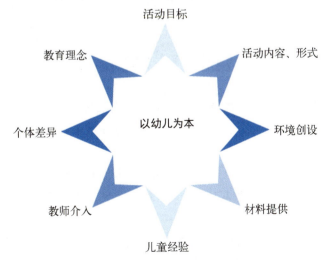

图5-3 儿童行为指导策略切入角度

视频：大班美工活动观察

案 例

幼儿园大班美工活动：模特

一、行为观察

（1）美工区域活动中，N在给模特做衣裳，他用手抚弄着模特身上的衣服，让它们贴身一些，可是衣服总是翘起来，他用两只手使劲握了握衣服，模特的肩膀从衣服中露了出来。

（2）老师对一位小朋友说："哇喔，你的腰带太好看了！"N转头看了看。老师说："扎带也可以用。"他立即举手说："老师，我用，我要。"

（3）N从老师手里接过扎带，在模特脖子上围了一下，接着坐到椅子上，要把扎带系到衣服上，扎带很硬，张开了。他站起来，一只手捏着扎带和衣裳，另一只手捏住扎带带孔的一边，要把扎带的一头穿进带孔的那头，没穿进去，扎带和衣服都张开了。

（4）N放下模特，拿起扎带，左手握住带孔的头，右手往扎带的孔里塞，穿进去了，扎带形成了一个圆圈。他左手捏住扎带的接头，右手扶着模特和衣服，要用扎带把衣服套住，左手没捏住，扎带又张开了。

（5）N用两只手掌夹着模特和衣服，左右手指互相配合，直接把扎带围在衣服上，把扎带的一头穿进了孔里。他一只手扶着模特和衣服，另一只手缠绕扎带，边绕边用力拽紧，他听到邻桌的小女孩赞美自己的作品漂亮，抬头看了看，接着低头继续缠绕扎带，还是没有扎住衣服。他把扎带拿下来，放到了桌子上，双手又拢了拢模特的衣服，离开了。

（6）N到材料区取了一块染布，坐到自己座位上，拎起染布看了看，把染布对折，拿起剪刀，抬头看了看模特，在染布上剪了一下，隔了一段，又剪了一下，接着把染布和剪刀调整了一下方向，中间的一块小布被剪了下来，大染布上出现了一个洞。

（7）N把带洞的布从上到下套在模特身上，一只手握着模特，另一只手把露出的部分都塞进了染布的洞里，挠挠头离开了。

（8）N来到一位小女孩的桌前，看了看女孩的作品，围着材料盒转了半圈，挠着头对老师说："我要皮筋。"老师说："皮筋在另一个房间里。"

（9）N绕过老师，跑到材料区，找到了装有皮筋的盒子，跑回自己的座位，拿出一根皮筋套到模特身上，这时候老师说："需要皮筋的，到对面那个地方取。"他连忙说："我这儿有。"

（10）N用手调整皮筋，皮筋把衣服套住了。他又拿了一根皮筋，套在了模特的脖子上，绕了一圈，把皮筋套紧，接着拿起剪刀，剪了一条彩纸，围在模特脖子上。

二、行为分析

（一）活动兴趣

N对给模特做衣服的手工活动有非常浓厚的兴趣。

（二）学习品质

N在美工区给模特制作衣服的过程中表现出比较专注的注意力以及坚持到底的意志品质。但N缺少使用扎带的经验，在使用过程中，遇到了许多困难，但是不善于向别人请教。

（三）领域分析

1. 艺术领域：N对模特衣服制作的美工活动表现出比较稳定的活动兴趣，能感受到其他小朋友作品中的美，也有比较强的表现美、创造美的愿望，希望通过不断尝试，制作出更美丽的衣裳。

2. 科学领域：N有一定的探究能力，能够通过观察、比较、分析，寻找解决问题的办法，能够开动脑筋寻找解决问题的办法。

3. 健康领域：N的情绪稳定，虽然在操作过程中遇到了扎带多次扎不住的烦恼，但他始终没有表现出不良情绪。

N的小肌肉发育良好，手指的精细动作灵活、准确，能够使用剪刀迅速剪出需要的图案，图案边线平滑、整齐。

4. 语言领域：N在集体活动中有良好的倾听能力，能够边操作边倾听老师和同伴的讲话，并捕捉到自己需要的信息，及时回复老师的话语，也能够清楚地表达自己的要求。（后调入该班的）

5. 社会领域：N有较强的活动自主性，自己的事情自己做，遇到困难能够坚持到底，不轻易求助别人。同时，N也有较好的行为规范，在活动中始终遵守美工活动规则，不干扰别人的活动，认真完成自己的工作。但N在人际交往的主动性上有些薄弱，缺少与同伴的主动沟通与互助，也不太愿意用语言寻求帮助和表达对别人的赞美。

三、行为指导建议

1. 丰富幼儿的生活经验：N缺乏使用扎带的生活经验，在运用扎带的过程中遇到了困难，最终不得不放弃对扎带的使用。教师应注意关注幼儿遇到的问题，在活动中，尝试用图纸或示范说明等方法，让幼儿认识材料的特点和操作要领，从而丰富幼儿的生活经验。

2. 提供丰富的活动材料：教师要为幼儿投放更加丰富的活动材料，为幼儿提供更多的选择机会，方便幼儿对活动作品进行充分的装饰，丰富幼儿游戏活动的情节，促进幼儿想象力、创造力进一步发展。

3. 为幼儿提供展示作品的机会：《指南》要求教师应鼓励幼儿展示自己的活动作品，通过幼儿之间相互分享活动中取得的经验、出现的问题、进一步改进建议等，帮助幼儿进一步提升对美工活动的兴趣。（提供展示的平台）

4. 创设合作游戏的情境：教师要为幼儿创设合作游戏的机会，如通过观察别人的活动、体察别人的需要、制定分工合作计划等，引导幼儿积极与同伴通过分工合作，共同完成作品的制作，让幼儿体验合作的重要性，学会帮助和寻求帮助，促进幼儿同伴交往和社会性发展。

第二节 观察资料的归纳与分类

物以类聚，人以群分，归纳分类自古以来就被广泛运用于我们的生活中。如，根据智力的发展水平，可以把儿童分为低常、中常和超常儿童，在低常儿童中，又分为三类：智商在50～85之间的为轻度低常；智商在25～50之间为中度低常；智商在25以下为重度低常。通过这样的划分就把低常儿童划分为具有一定从属关系的、不同等级的观察对象。在对儿童行为进行观察研究的过程中，对资料的整理是离不开归纳分类的。许多研究材料，只有进行了科学的归纳分类，才能在资料梳理的过程中获得更为准确的研究信息，使研究活动顺利进行。那么，如何进行归纳分类才能做到科学有效呢？首先，归纳和分类要按照一定的标准才能进行。

（一）归纳分类的标准

1. 以时间为标准

时间常常作为某种活动或现象的分类标准，如学前心理学把儿童分为胎儿期、新生儿期、婴儿期和幼儿期几个年龄段进行研究。

2. 以问题为标准

按照观察研究的问题类别进行分类,这种分类的方式有助于明确掌握各问题之间的隶属关系。如影响儿童心理发展的因素可分为遗传问题、社会问题、家庭问题、幼儿园教育问题等,当我们观察到孩子言语发展迟滞,首先就要判断是哪个方面出现了问题。

3. 以外部现象为标准

观察研究的过程中也常常根据事物的外部特征或现象进行分类,如,根据儿童入园的表现,可以把初入园的儿童分为适应性强、适应性一般和适应性差的几个类别,然后进一步分析每个类别后面可能存在的问题。

4. 以本质特征为标准

即根据事物内在的本质特点或内部关系而进行的分类。儿童行为观察研究的目的就是透过对儿童表面现象的观察,揭示儿童行为发展变化的基本规律,所以,以内部本质为标准的分类才是分类的根本。如儿童注意类别的划分:按照注意的目的性和是否需要意志努力分为有意注意和无意注意,那么,无论儿童年龄多大,只要具有了目的性且需要付出意志努力,就是一种有意注意。

在对儿童行为观察研究的过程中,对搜集到的资料进行归纳和分类,从而使材料进一步理论化、条理化、系统化,在此基础上再通过数学分析和统计分析,使所获得的材料变成真正的结论,从而对科学研究和教育实践发挥指导作用。如图5-4使用"结构树"整理和归纳材料,使获得的信息材料更直观具体。

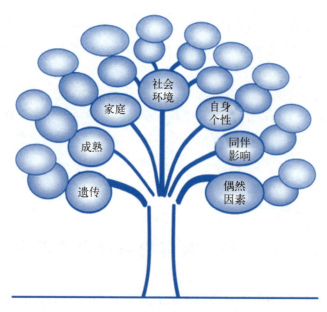

图5-4 影响儿童发展的因素

(二)归纳分类的注意事项

通过上面的叙述,我们知道归纳分类直接影响材料整理的效果,正确分类还要注意以下问题。

1. 归纳分类的标准要统一

无论是按照时间还是材料内在的本质特点,分类可能都要进行多次,有多重级别,但无论哪个级别的分类,都应该按照统一的标准进行,否则,就会出现逻辑关系混乱的情况,使分类无法进行。如:"我们幼儿园经常对男孩、女孩和学前班孩子的视力进行检查",这里对儿童分类的标准既有性别的,又有年龄的,就出现了分类标准混乱的情况。

2. 归纳分类要遵循逻辑顺序

在分类的过程中要按照一定的顺序逐级进行,或从大向小,或从小向大,不能跨越顺序级别进行分类。如生物学界对生物用界、门、纲、目、科、属、种加以分类。从最上层的"界"开始到"种",是按照从大到小的顺序进行的。而且分类后的各个小项目的外延之和,要与分类前的外延相等。

3. 归纳分类后的各项目之间要独立

即指归纳分类后的同级项目之间是相互独立的关系,各项之间不能重复。例如,可以把儿童分为男童、女童,不是男童就是女童;但是,如果说儿童可分为男童、女童、婴儿和幼儿,这就出现了小项之间相互包含的现象,因为婴儿、幼儿中也包含有男童和女童,他们是不能在同一分类等级内并存的。

综上所述,进行了恰当的分类归纳,使材料进一步清晰明确了,就为后面结论的总结奠定了基础。

学习拓展

教育心理学家本杰明·布鲁姆(Benjamin Bloom)发现,美国学校的测试题95%以上是在考学生的记忆。于是他提出了一个新的学问分类法,即影响了两代美国人的"布鲁姆学问分类法"(Bloom's Taxonomy of Learning)。

该分类将学问分为记忆、理解、应用、分析、评价、创造六个类别(见图5-5)。这个分类法在美国教育界,尤其是在中小学非常普及。很多学校的课程设置,就是以该分类法为依据。美国用两代人的时间,使其教育成功走出以"记忆"为主导的测试困境。即便在小学阶段,这些分类技能的培养也是齐头并进的。比如"应用"类别,一年级的孩子就有"访谈"作业,让他们问家里人喜欢香草冰激凌还是巧克力冰激凌,然后制成图表,这就是讲究多项认知技能的组合。

图5-5 布鲁姆认知层次

第三节 观察资料的统计整理

统计指对某一现象有关的数据的搜集、整理、计算和分析等。儿童行为观察和研究资料的整理也离不开统计。统计常见的类型如下。

一、统计表

统计表是用表格的形式来表示数量关系。用统计表可以把研究对象的特征、内部构成、相互关系等简明、形象地表达出来,便于比较分析。

(一) 统计表的构成

统计表由标题、横标目、纵标目、线条及数字资料构成,其基本格式见表5-2:

表5-2 ×××××××(表题)

总标目(或空白)	纵标目	合 计
横标目	数字资料	数字资料
合 计	数字资料	数字资料

(二) 统计表的编制基本要求

统计表的编制要结构简单,层次分明,内容安排合理,重点突出,数据准确,便于理解和比较分析,具体要求如下。

1. 统计表的内容

内容要简单明了,通常一个表只表达一个或两个内容。如:"2017年黑龙江省幼儿入园人数统计表",就只能体现3岁及以上幼儿入园的数量,其他内容不能在表内。

2. 统计表的标题

标题就是统计表的总名称,要进行简单而又确切的叙述。通常包括"表"所表达的中心内容、时间和地点,如"2017年黑龙江省幼儿入园人数统计表",要说的是"幼儿入园人数",采集的时间、地点是"2017年黑龙江省"。

3. 统计表的标目

统计表的标目有三种,即纵标目、横标目和总标目。纵标目位于表的上端,说明该表纵栏指标的含义及度量单位;横标目位于表的左侧,说明该表横栏数字的含义;当几个纵标目或横标目具有共同的性质时,可统称为总标目。标目的处理是影响统计表质量的关键因素,因此,在制表中必须充分利用纵横两个标目,妥善安排主要内容与次要内容的位置。此外,标目的层次不宜太多,通常1～2层较为合适,最多不宜超过3层。

4. 统计表的数字

统计表内的数字是表的基本语言和重要信息,要求准确无误。尤其是同种统计指标,各数值的准确度一致,书写时注意各个位数或小数点要上下对齐。表中数字暂缺时用"—"号代替。

5. 统计表的线条

构成表的基本线条有上下边线、表头与表体之间的横线、表头内总标目与纵标目之间的横线。外框横线要加粗,起到突出和醒目的作用。如有合计时,部分数字与合计数字之间也要用横线隔开。其他线条均可省略,线条以简单明了为好。

6. 统计表的备注

备注不是统计表的必需组成部分,但是,如有表内不能说明的情况时,可以以备注的形式书写在统计表的下面。

(三) 统计表的种类

根据纵、横标目的分组,可把统计表分为简单表和复合表两类。

简单表是由一组横标目和一组纵标目构成的统计表,纵、横标目都没有再进行分组,适合对简单资料的统计,见表 5-3。

表 5-3　某幼儿园儿童参加艺术类兴趣班情况统计表

项　目	人　数	百分比(%)
没参加	112	26.6
音乐类	106	25.2
美工类	86	20.4
舞蹈类	72	17.1
语言类	45	10.7
合　计	421	100

复合表是由一组横标目与两组或两组以上的纵标目结合而成,也可以由两组或两组以上的横标目与纵标目结合而成,适合统计比较复杂的数据资料,见表 5-4:

表 5-4　某幼儿园男女儿童参加艺术类兴趣班情况统计表

项　目	女　生			男　生		
	人　数	百分比(%)		人　数	百分比(%)	
		占女生数	占总人数		占男生数	占总人数
没参加	64	32.8	15.2	48	21.2	11.4
音乐类	31	15.9	7.4	75	33.1	17.8
美工类	52	26.7	12.4	34	15.0	8.1
舞蹈类	32	16.4	7.6	40	17.8	9.5
语言类	16	8.2	3.8	29	12.9	6.8
合　计	195	100	46.4	226	100	53.6

二、统计图

统计图是利用点、线、面、体绘制的,用以表示各种数量之间关系及其变化情况的几何图形。统计图可以使复杂的统计数字简单化、形象化,便于理解和比较各数量之间的关系。因此,统计图在统计、整理与分析资料的过程中得到广泛的应用。

(一)统计图的类型

常用的统计图有长条图、圆图、线图、直方图和折线图等。图形的选择取决于资料的性质,一般情况下,计量资料采用直方图和折线图,计数资料、质量性状资料、半定量(等级)资料常用长条图、线图或圆图。

(二)统计图绘制的基本要求

统计图的标题要简明扼要,列于图的下方;纵、横两轴应有刻度,注明单位;横轴由左至右、纵轴由下而上,数值由小到大;图形长宽比例约 5∶4 或 6∶5;图中需用不同颜色或线条代表不同事物时,应有图例说明。

(三)统计图的绘制方法

1. 条形统计图

条形统计图是用一个单位长度表示一定的数量,根据数量的多少画成长短不同的直条,然后把这些直条按一定的顺序排列起来。从条形统计图中很容易看出各种数量的多少。条形统计图一般简称条形图,也叫长条图或直条图。根据统计指标数量的多少可以分为单式条形统计图(见图5-6)和复式条形统计图(见图5-7)。

如果只涉及一项指标,则采用单式条形图。如表5-3某幼儿园儿童参加艺术类兴趣班情况只有一项指标,因此采用单式条图更为适合。如果涉及两个或两个以上的指标的,如表5-4某幼儿园男女儿童参加艺术类兴趣班情况,涉及男女儿童两项指标,则采用复式条形图较为合适。

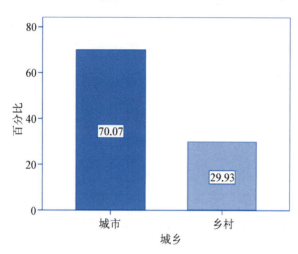

图5-6 某幼儿园儿童城乡人数百分比(单式条形图)

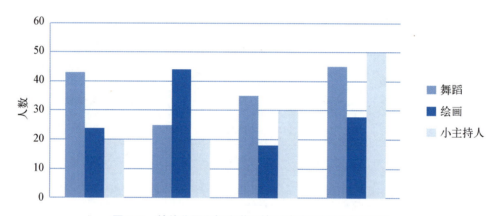

图5-7 某幼儿园兴趣班学习情况统计图(复式条形图)

条形图的绘制应注意以下三点。

(1)横轴是长条图的共同基线,应标明各长条的内容。长条的宽度要相等,间隔相同。间隔的宽度可与长条宽度相同或者是它的一半。

(2)纵轴从"0"开始,间隔相等,标明所表示指标的尺度及单位。

(3)复式条形图的绘制,要注意把同一属性的两个或两个以上指标的长条绘制在一起,中间不留间隔,并将不同长条所表示的指标用图例说明。

2. 圆形统计图

圆形统计图也叫扇形统计图,是用圆内面积大小来表示数据的一种统计图。绘制圆形统计图,首先要计算出不同类别成分所占的百分比,以每个圆的面积代表为100%,用圆的总度数360度分别乘以各部分的比例,计算出相应部分在圆内的圆心角度数,然后按照数据分割圆内总面积,同时要用图例进行说明。如图5-8某幼儿园家庭基本情况调查中的项目1:平时与

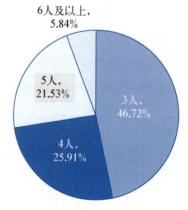

图5-8 家庭基本情况调查项目1:平时与孩子共同生活的人数统计

孩子共同生活的人数。

3. 线形统计图

线形统计图通常用来表示事物或现象随时间发生变化的情况。线形统计图有单式和复式两种。

(1) 单式线形统计图主要表示一种事物或现象随时间发生变化的趋势。如根据表5-5可制成单式线形图，如图5-9。

表 5-5 某人身高变化情况表

年龄(岁)	5	10	15	20	25	30
身高(cm)	90	136	165	172	176	176

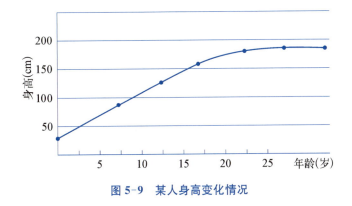

图 5-9 某人身高变化情况

(2) 复式线形图要在同一图上表示两种或两种以上事物或现象的发展趋势。可用实线"——"，断线"------"，点线"·····"，横点线"-·-·-·-"或不同颜色、形状的点线的标识进行区别。

本章习题

1. 简述儿童行为分析的意义。
2. 简述儿童行为分析的内容。
3. 简述儿童行为分析的策略。
4. 简述归纳分类的标准。
5. 请将下面文字中的数据分别制成统计表、方形统计图和扇形统计图。

2016年中国留守儿童大数据统计分析显示：不满16周岁的农村留守儿童数量为902万人。其中，由(外)祖父母监护的805万人，由亲戚朋友监护的30万人，一方外出务工另一方无监护能力的31万人，另有36万农村留守儿童无人监护。

第三篇

儿童行为观察指导与实践

第六章
幼儿园游戏活动观察与指导

学习目标

1. 认知：了解幼儿园游戏活动观察、指导的意义及在观察指导过程中应该注意的基本要求。
2. 技能：掌握幼儿园游戏观察指导的基本策略。
3. 情感：明确游戏在儿童身心发展中的重要性，树立科学的游戏观察、指导理念。

经典导学

爱尔兰诗人叶芝有句关于教育的名言："教育不是注满一桶水，而是点燃一把火焰。"如果问这把火应该什么时候点燃，唐太宗李世民早已给出了答案。唐太宗曾对臣下说，教育孩子要想取得良好的效果，就要善于"遇物而诲，择机而教"，指的是教育孩子要想取得良好的效果，在平时的生活中，可以随时随地抓住看到的、遇到的事和物，对孩子进行相应的教育。这种教育就是我们要谈的幼儿游戏活动的"观察和指导"，在幼儿活动的过程中进行观察和指导不仅是教师的职责，更能发挥幼儿游戏的最大化价值。

通过游戏不仅可以训练各种生活技能，还能协助幼儿内化价值观念、态度、行为方式等。幼儿在生活中受到的影响往往更加深刻，也更加深远。

第一节 户外游戏活动观察与指导

一、户外游戏活动概述

（一）户外游戏的基本含义

幼儿园户外游戏活动，简称户外活动，是指在教室外组织的幼儿活动，幼儿可以凭借自己的意愿，自由选择游戏材料或者游戏器械，教师可以适宜的方式组织和参与，是能够充分体现游戏精神的活动（见图6-1）。户外游戏活动能够促进幼儿身体和心理各方面的健康发展，是幼儿认识、体验和探索外界环境的重要途径,因此加强对幼儿的户外游戏活动的观察和指导是非常重要的。

(二)户外游戏的分类

1. 根据活动场地,可分为园内户外活动和园外户外活动

园内户外活动是指在幼儿园操场上进行的各类户外活动。很多幼儿园都把园内户外场地划分成不同的区域,配备不同的设施和材料,比如沙土区、玩水区、装卸区、攀岩区等。有的区域是联合区域,比如跑步区也可以是滚动区,动物区也可以是植物区。园外户外活动指幼儿在幼儿园之外进行的户外活动,活动场所可以是公园、动物园、展览馆、敬老院等。

2. 根据组织形式,可分为集体活动和自由活动

集体活动就是在教师的组织下,有纪律、有秩序进行的活动。集体活动中所有的幼儿都在同一个区域、同一个时间按照某种统一的游戏规则进行活动,比如幼儿园组织的拔河活动、赛跑活动,还有早操等都属于集体活动。自由活动主要是以幼儿为主体的活动,幼儿可以选择自己喜欢的任何一个区域,自由地选择材料和伙伴,进行自己喜欢的活动。在自由活动中,教师适时地对幼儿进行帮助,不干涉幼儿的个人选择。

图 6-1　幼儿园户外游戏

视频:户外游戏活动案例分析

3. 根据户外活动的内容,可分为户外体育活动和户外其他活动

户外体育活动指幼儿在户外进行的各种体育锻炼活动,除了常规的体育课,还包括早操等。户外其他活动包括的内容很广泛,如民间游戏,国庆节、"六一"儿童节等节日联欢演出活动和毕业典礼、春秋两季运动会等。

(三)户外游戏的意义

1. 户外活动可以增强幼儿体质

在户外活动中幼儿的肌肉和骨骼得到充分伸展,平衡感和协调感也得到锻炼,此外坚持进行户外活动的幼儿更能适应环境变化,抵御疾病的能力也更强。有研究证明,经常参加户外活动的幼儿患各种流行病的概率会小一些,即使患病也会比不常参加户外活动的幼儿康复得快。

2. 户外活动可以调节幼儿情绪

幼儿天性活泼好动,特别喜爱游戏,幼儿最开心的时刻就是参加户外活动的时候。活动室内空间狭小,并且放有桌椅,限制了幼儿的跳跃和奔跑等动作,长时间待在空气不流通的室内,幼儿情绪会压抑,也不利于幼儿的个性发展。幼儿来到户外,场地宽阔、景物繁多,可以转移幼儿的注意力,幼儿还能够跟其他幼儿进行交流,轻松愉快的环境能够缓解幼儿的紧张情绪,使幼儿心情变得愉快,精神得到放松,获得积极的情绪体验。

3. 户外活动可以培养幼儿良好品质

户外活动有利于发展幼儿独立自主性,幼儿能够根据自己的喜爱来选择自己的活动伙伴和活动器材,幼儿能够在活动中建立良好的同伴关系,学会与其他幼儿相处。幼儿在尝试不同活动内容和选择不同活动器材时,可以激发创造性思维能力。在户外活动中,幼儿遇到困难自己想办法,经过不断的尝试,最终获得成功,这无形中培养了幼儿不怕困难、勇于尝试的精神。特别是在一些难度较高的户外活动中,比如攀岩,有的幼儿由于害怕,不敢尝试,经过教师和其他幼儿的鼓励,最终能够克服恐惧,勇敢地攀岩。

4. 户外活动可以为幼儿提供学习机会

幼儿户外活动中通常有两个主体,分别是幼儿和幼儿教师。幼儿除了和教师学习经验知识外,还可以自己在户外活动中摸索,获得更多经验和知识。户外活动不是简单地玩乐,幼儿在户外活动中学到的知识,是课堂上无法获得的。户外活动为幼儿提供了广阔的学习天地。例如,幼儿在运用不同形状的材料时,渐渐学会分辨正方体、长方体、圆柱体和球体等。在沙土区幼儿用不同模型做成各种动物、植物、人物等,初步掌握了大小、多少、高低的概念。这些知识是幼儿通过自己探索获得的,探索过程中幼儿进行主动思考、研究,这些感知一旦获得,终生难忘。幼儿通过户外活动学得的技能,往往是终身都可以使用的技能。

二、户外活动的观察与指导策略

《纲要》中明确规定,幼儿园应"开展丰富多彩的户外游戏及体育活动,培养幼儿参加体育活动的兴趣和习惯,增强体质,提高对环境的适应能力"。为了帮助幼儿更好地适应环境,在开展户外活动时,教师的观察、指导尤为重要。

(一) 活动前

活动前教师要做好充分的准备工作,为幼儿创设良好的安全的游戏环境,提供充足的游戏器材,并认真检查这些设备、器材是否存在安全隐患,同时还要检查幼儿的衣服是否合体,鞋袜要合脚,鞋带要系牢。教师与幼儿共同集合整队,做简单的准备活动,如上肢运动、蹲起、跳跃等。此外,还必须考虑到活动中可能出现的危险和某些环节的预防保护措施,特别是在做竞争性游戏时,教师一定要做好保护指导工作,以保证幼儿活动时的安全与健康。

(二) 活动中

1. 保证幼儿的户外活动时间

幼儿在户外活动中充分接触大自然的阳光、空气和水,有利其身心健康,要适当延长户外活动时间。不要因为天气稍微变化随意取消户外活动计划。科学合理地安排作息时间,根据《指南》的要求,每天为幼儿安排不少于 2 小时的户外活动,其中体育活动时间不少于 1 小时,季节交替时要坚持;同时因地制宜,过热或过冷的地区可选择温度适当的时间段开展户外活动,保持幼儿的身心健康。

2. 开展丰富多彩的户外活动,放手让幼儿去玩

在户外体育活动中,幼儿玩什么玩具、器材,怎么玩,和谁一起玩,玩多久,都是幼儿的权利,常见的户外活动有如下种类。

(1) 锻炼幼儿身体适应能力的游戏:与幼儿玩拉手转圈、秋千、转椅等游戏活动,让幼儿适应轻微的摆动、颠簸、旋转,促进其平衡器官机能的发展。

(2) 锻炼幼儿动作协调、灵敏、平衡能力的游戏:走平衡木,或沿着地面直线、田埂行走;玩跳房子、踢毽子、蒙眼走路、踩小高跷等游戏活动。鼓励幼儿进行跑跳、钻爬、攀登、投掷、拍球等活动,以及跳竹竿、滚铁环等传统体育游戏,发展幼儿动作的协调性和灵活性。对于拍球、跳绳等技能性活动,不要过于要求数量,更不能机械训练。

(3) 锻炼幼儿具有一定的力量和耐力的游戏:走、跑、跳、攀、爬等,鼓励幼儿坚持,不怕累。

3. 提供不同操作难度的材料,鼓励幼儿玩出新花样

根据不同层次的教学要求,提供不同操作难度的材料,激发幼儿的兴趣和参与度。引导幼儿自主选择,自由操作;鼓励幼儿进行"五动":动眼、动脑、动手、动脚和动口;鼓励幼儿把自己的玩法玩给大家看;鼓励幼儿共同交流探索游戏中碰到的问题,一起动脑筋想出更多更好玩的玩法;与此同时教师要认真观察幼儿的表现并耐心地倾听他们的想法和感受,为他们提供表现和表达的机会。让幼儿从愉悦的体验中得到发展,从而进一步激发幼儿的兴趣与参与度。

4. 细致观察,加强个别指导

虞永平教授认为:"幼儿园内的教学活动是幼儿受教育的重要途径,教师的任务之重就要求教师要有目的、有计划开展户外活动教学。教师的指导方式和指导内容直接影响幼儿的发展。"幼儿户外活动时教师的细致观察是首要条件。户外活动时涉及的范围比较广,教师不容易了解幼儿的需求,难以实现因材施教。针对这一问题,最有效的解决方法是教师做好观察记录,为每一个幼儿建立活动档案。从幼儿个人档案中可以了解幼儿的发展水平并加以引导和鼓励,实现更高水平的发展。

(三)活动后

每次户外活动结束,整理游戏材料是锻炼幼儿的好机会。对于较小的幼儿,教师通常情况下要起模范带头作用,参与到整理工作当中,做好榜样。对于较大的幼儿,教师以鼓励为主。最后是教师对活动的评价,也就是我们通常所说的"活动反思"。户外活动的评价应从两个方面进行:一是教师对整个户外活动的过程进行评价;二是教师对幼儿在户外活动中的情况和活动结果进行评价。比如,要评价幼儿在自身基础上取得的进步、获得的发展;活动中,幼儿是否养成了自主学习、主动探索的习惯,是否从"学会"转向了"会学"。评价方式以幼儿自评、幼儿互评、教师评价为主。

幼儿的进步或发展是衡量活动效果最重要的标准。就活动过程而言,要体现幼儿"学习并快乐着"的原则;就活动效果而言,要体现活动的多层次、立体性、全面性、可持续性等特点。通过户外活动,幼儿在知识与技能方面,从不懂到懂,从懂得少到懂得多;在情感态度方面,幼儿从不喜欢到喜欢,从无兴趣到有兴趣,从不热爱到热爱;在过程与方法方面,幼儿从无序的逻辑思维到有序的逻辑思维,从单一的方法到多元开放灵活的方法。

对 不 起

行为观察:孩子们来到了户外,随着老师的一声令下,飞速地跑向滑梯区。晨晨在前进的过程中不小心撞到了旁边的璐璐,晨晨说:"对不起璐璐,我不是故意的。"然后准备走开,可是璐璐却不依不饶:"你撞我!你是坏孩子!"晨晨委屈极了:"我不是说对不起了吗?"老师走过来说:"别的小朋友都去玩了,你们两个别因为这点小事耽误玩的时间了,赶紧玩去吧。"

行为分析:虽说户外活动最初的目的是锻炼幼儿的身体,可只要是幼儿多的地方就会有交往,就会有矛盾。户外活动也是幼儿学习的好机会,更是老师施展德育的好机会。户外活动时身体运动幅度很大,常常发生类似案例中的碰撞,这样的争吵真要来评判,说谁对谁错,可真是难题。这里晨晨已经对璐璐很认真地道歉了,可璐璐偏不答应,那么问题出在哪里呢?晨晨在发生冲突之后,只是例行公事地道歉,并没有等到璐璐的回应就认为已经解决了冲突。然而璐璐却认为,面对晨晨的道歉,只有自己作出"没有关系"的回答后,才能算是解决了问题。

行为指导:晨晨和璐璐其实都没有错,错就错在他们受到的教育与他们的交往从根本上脱节了。为什么会出现这样的问题呢?原因就在平时教育中我们忽略了"对方回应"的环节,幼儿根本就没有"要等别人同意"的意识。他们不知道在道歉后或借东西后,必须等到对方有回应,才表示真正解决问题。我们几乎每天都在教育孩子要懂礼貌,可是扪心自省,孩子真能理解吗?遇到陌生人时,比如班里来了客人老师,如果老师不提醒、不示范,会有多少孩子能主动地发自内心地问好呢?如果只是为了模仿老师或者是为了完成某种任务,对幼儿自身的成长又有多大的意义呢?怎样将幼儿被动的行为转化为其内在的情感需求?怎样让幼儿短期的礼貌行为演化为一生的良好习惯?这些是每个幼儿教师需要深度思考的问题。

案例

冰激凌

行为观察： 连续下了一周的雨，好不容易迎来阳光明媚的一天。张老师带领小朋友们来到园里的自由活动区，小朋友们可开心坏了。张老师一声令下后，小朋友们以最快的速度进入了状态，瞬间自由活动区如同开锅一样热闹。有玩滑梯的，有追着到处跑的，有在塑胶跑道上打滚的……他们玩得热闹，我也忙坏了，我要对每个爬上滑梯的小朋友的挥手和呼唤表示回应，我还要解决小朋友间的矛盾，为了工作需要我还要给他们拍照……正当我忙得不亦乐乎的时候，二宝跑过来了，他的手小心地捧着"冰激凌"对我说："小孙老师，给你冰激凌，你吃完了告诉我，我再给你打。"当时我心里特别暖，接过"冰激凌"谢了二宝后我认真地吃起来，吃完后二宝问我："你喜欢吃什么口味的？""我喜欢吃草莓的。"瞬间二宝跑没影了。过了一会儿，二宝跑回来用手小心地捧着"草莓味的冰激凌"，我又认真地吃起来。二宝又问："你还喜欢吃什么口味的？"就这样二宝连续给我打了三杯"冰激凌"，我好奇地问二宝："二宝，你能带小孙老师去看看你打'冰激凌'的地方吗？"于是我和二宝来到了他打"冰激凌"的位置，原来滑梯的后侧有一个可以攀爬的装置，是旋转式的。我一下被小朋友们的想象力和天真感动了，幼儿的世界竟然可以如此简单美好。这下不得了了，小朋友们知道了二宝的宝地后，纷纷都要给我打"冰激凌"，于是我又吃了好几个"冰激凌"，后来我实在吃不下了："冰激凌太凉了，小孙老师不想吃了。"其中一名小朋友大声喊："那你喝什么口味的果汁？"于是我又喝了好多"果汁"……

行为分析： 不难看出案例中的二宝和小朋友们是将角色游戏迁移到了户外，但从二宝身上我看得出他需要的不仅仅是游戏更多是关爱。其实，就像二宝需要关爱一样，每个幼儿都需要建立与同伴或成人的情感联结，这其实就是心理学一直谈论的"依恋"。美国教育家劳伦斯·科恩用了一个这样的比喻形容儿童的依恋，他说："幼儿需要关爱和照顾，就好像有一个杯子，不断需要蓄水。当幼儿饿了、累了、寂寞了、伤心了，那么他就需要有人照顾、抚慰，就好像他那个水杯空了，需要加水一样。"

行为指导： 像二宝这样的幼儿很多，就像其他小朋友纷纷涌过来给我打"冰激凌"一样，他们宁可表现出"不礼貌的行为"，也不愿被忽略，以这样的方式获得与他人的情感联结。而大人常常会因此而被激怒，因为他们没有其他小朋友听话，因为他们扰乱了我们的教学秩序，因为他们增加了很多额外的工作……抑或是不予理睬，以至于"续杯"的愿望难以达成，相应的安全依恋也难以建立，无论在哪，他们都找不到安全感，即使最亲近的人在身边也是如此，没信心尝试新经验，即使去了，也可能只是鲁莽行事。当成人了解了幼儿的情感需要后，我们要做那个"大蓄水池"，正如我和二宝手牵手一起去探索他的"秘密宝地"一样。其实大人与幼儿的一次玩耍、一次交流谈心都能起到"蓄水"的作用。

案例

植物大战僵尸

行为观察： 今天上午中班的君君每次和我对话的时候总是用他掺杂着口水的口气做喷人的样子，第一次的时候已经告诉他了这样不礼貌，可他并没有理会我的意思，下次对话的时候还是这个样子,考虑到他就是个孩子我也没多说什么。下午的户外活动孩子们玩得不亦乐乎,由于我是来幼儿园搜集素材的,所以一直忙着观察记录拍摄等工作。其间君君邀请了我好几次和他们玩游戏,前几次我果断拒绝了,可最后一次不忍打击孩子的积极性,索性就答应了。我:"好,那我们玩什么呢?"君君:"植物大战僵尸。"我只是模糊地知道这个游戏,听说过"向日葵"这个角色,我:"那我就扮演向日葵吧。"君君:"不行,你扮演豌豆。"瞬间我懂得了君君上午的行为,原来那不是故意的冒犯,原来君君只是沉浸在游戏中,忽然对自己上午没说过激的语言感到庆幸。接下来的时光里我们沉浸在游戏的欢乐中。

行为分析: 幼儿阶段的游戏水平正处于"象征性游戏阶段",所以这个阶段的幼儿非常热衷于象征性游戏,比如角色游戏、表演游戏等。角色游戏前面的章节已经做了详细的讨论,幼儿依托的是现实生活经验;而表演游戏是幼儿以童话故事等幼儿文学作品为主要内容,通过扮演角色,运用动作、语言和表情再现文艺作品的一种创造性游戏。君君正是将电子游戏"植物大战僵尸"通过角色扮演的形式反映在幼儿园户外游戏活动中,是典型的表演游戏。

行为指导: 陈鹤琴提出:"小孩子生性好动,以游戏为生命。"可见游戏对孩子的重要性不容忽视,通过户外活动展开的各种类型的游戏可以让幼儿从小树立正确、科学的交往观和友谊观,使其在积极主动的交往过程中获取信息、沟通情感、增进了解。因此,幼儿教师要在户外活动中极力培养幼儿的同伴、师幼交往能力,使幼儿在与社会中的人交往的过程中形成积极的自我概念、认知和健全的个性品质。

抓 苍 蝇

行为观察: 户外活动中,有的孩子会对飘在空中的蒲公英兴趣盎然,边跑边吹;有的会对一根落在地上的小树枝感兴趣,独自摆弄;还有的会对树上飘落的树叶和小花瓣着迷,捡起来数一数,比比谁捡得多……今天我发现有一个小男孩在操场上踩来踩去,我心生好奇,走过去问他:"宝贝,你在做什么?""我在抓苍蝇,怎么一只都抓不到呢……"

行为分析: 幼儿时期,是天真好奇、主动探索的时期,案例中孩子们的表现都是"孩子天性的外露,童真的一面",我们要抓住这一时期幼儿的特点,注重激发幼儿活动和学习的愿望,调动幼儿的积极性和主动性。陈鹤琴教育思想中也指出,要以幼儿为主体,将活动的主动权交给幼儿。活动的主体是幼儿,活动的权利也在幼儿,我们要保证幼儿在活动中有充分的自由度。《纲要》同时指出,应该支持幼儿富有个性和创造性的表达。

行为指导:《纲要》指出:"幼儿园教育应充分尊重幼儿作为学习主体的经验和体验,尊重他们身心发展的规律和学习特点,以游戏为基本活动,引导他们在与环境的积极相互作用中得到发展。"无论是教师还是家长必须树立正确的指导思想,充分认识到幼儿在活动中的主体地位。给幼儿一个自主发展的空间,除了在物质环境上满足幼儿的需要,还要在精神上给予孩子支持,支持他们的想法和做法,帮助孩子建立自信心。尤其是教师要支持幼儿行为与周围环境之间积极地相互作用,不要约束他们,而是放手让他们去玩,发挥他们的想象力,不规定今天一定要玩什么,让他们尽情地想一想、玩一玩,对所有幼儿的想象、玩法都给予充分的肯定,鼓励他们,让他们体验玩的幸福和快乐。

案例

小 水 珠

行为观察： 雨后天气凉爽，下午我带孩子们到户外做游戏"老鹰捉小鸡"，绝大部分幼儿都非常感兴趣，跟着我兴致勃勃地玩耍。可西西和乐乐两名小朋友却跑到草地上，不知干什么去了。看到她们两个人乱跑，不跟着我做游戏，我非常生气，走过去气冲冲地说："你们俩干什么？"她俩头也不抬，说："我们在看草地上的小水珠。""为什么不跟着老师做游戏呢？"她俩看了看我说："我们不喜欢，不愿意做。"我听了这话很生气，但我强忍着心里的愤怒问："小水珠好玩吗？""老师，你看，这些小水珠都是亮晶晶的，用嘴巴一吹，它们就会跳起舞来，可好玩了。"顺着她们的动作一看，确实很美，小水珠在绿色的小草上跳起了欢快的舞蹈。看着她们这么感兴趣，我也不忍心劝她们回去了，于是，我说："你们好好观察，然后把你们观察到的有趣的事情，告诉老师和小朋友好吗？""好，好！"她们兴奋地回答，高高兴兴地做她们喜欢的事情。

行为分析： 在我们的日常教学中，组织全体幼儿玩同一个游戏时，是否每一位幼儿都会对教师事先预设好的活动感兴趣呢？当我们遇到以上类似的尴尬时，我们应该怎么做？是继续按老师的计划进行呢，还是尊重幼儿的兴趣和爱好呢？我们常常忘了：游戏是幼儿的权利。我们要给幼儿一个自主发展的空间，把游戏的权利真正还给幼儿。在以上案例中，教师及时发现了孩子的表现，采取征求鼓励的方式，让孩子自主活动，建立起了孩子的信心，最终获得了非常好的效果。要是教师按照先前的预设强制让孩子去参加教师组织的活动，孩子或许会参加，但是是被动的，孩子未必能发挥出自己的潜能。

行为指导：《纲要》指出："善于发现幼儿感兴趣的事物、游戏和偶发事件中所隐含的教育价值，把握时机，积极引导。"正因如此，教师要给予幼儿充分的自由，要在"无为"中成就幼儿的活动。在"无为"背景下，教师要做的就是对孩子进行观察，读懂孩子的行为，并及时地给予支持，正如案例中所描述的，大多数教师会制止孩子突发的行为，强加以教师的意图，让孩子回到原来活动场地，殊不知这样就错失了一次教育的时机。

案例

小 熊 送 花

行为观察： 今天体育游戏，老师带领孩子们玩起了"小熊送花"。老师首先给孩子们创设了情景，还给游戏活动加大了难度，需要通过不同的障碍物，第一个障碍物是要双脚跳过小山，第二个障碍是要穿过一片崎岖的小路，最后一个也是最难的要助跑跨跳过一条小河。游戏开始了，孩子们有秩序地进行着，轮到圆圆了，她很想快速地把小花送到同伴的手里，可是心急就做不好事情，她犯规了，没有双脚跳过小山，必须返回来重新开始，这难免会耽误一些时间。他们队自然也没有得冠军，她一下子情绪低落了，眼眶有些湿润，老师安慰说："没有关系，我们再来比赛一次，只要大家按照正确的游戏规则，你们一定会成功的。"

行为分析：《纲要》中提出："开展多种有趣的体育活动，特别是户外的、大自然的活动，培养幼儿参加体育锻炼的积极性，并提高其对环境的适应能力。"案例中的活动需要有一定的腿部力量和身体协调能力，幼儿本身就喜欢跳、爬、钻、绕等动作，由于老师创设了游戏情景，在熟悉了《小熊送花》这个故事后，孩子们参与的积极性很高。同时该活动还激发了幼儿的竞争意识和合作能力。

行为指导： 幼儿的求胜心很强，在遭遇失败挫折时，老师要及时与孩子交流，耐心引导，给予一定的语言鼓励，引导幼儿在游戏过程中获得快乐才是最重要的；提醒幼儿想想现在的自己比以前的自己哪个动作更灵活了；告知幼儿在游戏中掌握了哪些玩法和技巧，树立幼儿的自信心；在此基础上鼓励孩子要勇于挑战、勇于面对失败，培养幼儿良好的品质。

户外活动是通过丰富的活动材料、充足的场地空间、科学的项目设置来促进幼儿动作、思维、意志等方面发展的一种途径和方式，也是培养幼儿自主性、发挥幼儿创造性的一项自主活动。作为教育者，我们应当用先进的教育理念支撑我们的教育行为，转变观念，让幼儿成为活动发展的主人。

第二节　建构游戏活动观察与指导

一、建构游戏概述

（一）建构游戏的基本含义

建构游戏又称结构游戏，是幼儿利用各种建筑和结构材料（积木、积塑、金属结构材料、沙、雪等）进行各种建筑和构造活动，以及反映现实生活的游戏（见图6-2）。幼儿园常用的构造材料有积木、积塑、积竹、金属材料、泥、沙、水、雪等。

（二）建构游戏的种类

根据时间和地点的不同，幼儿园里的结构游戏可以分为两种不同形式：桌面结构游戏和地面结构游戏。根据游戏材料的不同，建构游戏主要包括以下七种。

（1）积木游戏：指用各种积木或其他替代品作为游戏材料进行的结构游戏。积木的样式很多，有大、中、小型积木，有空心或实心型积木，有动物拼图积木等。这种结构游戏在幼儿园开展较早，也较为普遍。

图6-2　幼儿园建构游戏

（2）积塑游戏：指用塑料制作的各种形状的片、块、粒、棒等部件，通过接插、镶嵌组成各种物体或建筑物模型的游戏。积塑游戏的材料具有轻便耐用、便于清洁的特点。

（3）积竹游戏：指将竹子制成各种大小、长短的竹片、竹筒等，利用它们进行构造物体的游戏，比如构造"坦克、火车、飞机、桥梁、公园"。

（4）金属构造游戏：以带孔眼的金属片为主的建造材料，用螺丝结合，建造成各种车辆及建筑物的模型。

（5）拼棒游戏：用火柴杆、塑料管、冰棒棍或用糖纸搓成纸棍等作为游戏材料，拼出各种图形的一种游戏。

（6）拼图游戏：用木板、纸板、塑料或其他材料制成不同形状的薄片并按规定方法进行拼摆的一种游戏，如可拼摆动物的房屋、故事情节等画面，传统的七巧板就属于这类游戏。

（7）玩沙、泥、水、雪的游戏：沙土、泥土均是一种不定型的结构材料，幼儿可以随意操作；玩水、玩雪简便易行，城市、农村都可以广泛开展。

(三)建构游戏的意义

1. 促进幼儿身体发展

建构游戏是以动手操作为前提的游戏活动。幼儿在对小型结构材料不停地抓握、堆积、放置、拼接以及整理的过程中锻炼了小肌肉,发展了手眼协调能力。在对大型结构材料的搬运、搭建中,感受身体重心的变化,促进大肌肉运动的协调发展。通过小肌肉和大肌肉的协调发展,促进身体感觉统合能力的提升。

2. 促进幼儿认知发展

建构游戏不仅需要幼儿直接感知,更需要记忆、思维、想象等复杂心理活动的参与,所以在对幼儿的认知发展中,对幼儿的形状知觉、空间关系、数量概念、分类、排序、配对、测量、模式、力的相互作用和引力、倾斜、平面、斜坡、系统、归纳等发展都起着重要的促进作用。例如幼儿在游戏中获得对材料颜色、形状、大小、空间比例等的知识,通过体会自己的动作与建构游戏材料相互作用的关系,积累有关空间方位的概念、组合、堆积和排列等感性知识,增强对数量和图形的理解和认识。

3. 促进幼儿美感发展

美感是幼儿情感的一种类型,也是幼儿情感发展的必要环节。建构游戏是一种创造性的、想象性的活动,幼儿在创造作品、想象作品的过程中,自然融入平衡、均衡、对称、型式、颜色搭配等美学方面的知识,美感不断得到锻炼和提升。

4. 促进幼儿意志发展

意志是无法通过说教培养起来的,活动才是促进幼儿意志发展的关键因素。抓握、堆积、放置、拼接、整理等每一个动作都需要幼儿付出努力,都在对孩子的意志力进行训练。在这个过程中,幼儿的耐心、信心、责任心、克服困难的勇气等品质也就自然培养起来。

5. 促进幼儿心理健康发展

幼儿的建构游戏不仅仅是在建构一个游戏作品,更是他们通过手中的材料对自然界和社会真实感受的表达。例如,幼儿假期跟随爸爸妈妈来到首都天安门参观,回到幼儿园后,幼儿跑到建构区就搭起来天安门。幼儿在游戏中表达自己对于周围世界的感受、理解、想象和情绪体验,释放着内心的冲动和愿望,保持身心的平衡。

二、建构游戏的观察与指导策略

(一)游戏前

教师需要引导幼儿做好游戏计划,逐渐增强建构游戏的目的性和计划性。教师应该为儿童提供游戏资源,创设游戏环境。在建构游戏之前,教师应通过平时的观察了解"幼儿最近去过哪些地方,幼儿关心的话题有哪些?幼儿目前建构游戏热衷的主题是什么?幼儿建构达到什么水平?遇到的瓶颈问题有哪些?"比如有的班级幼儿在一段时间对中国的桥类建筑很感兴趣,教师就在游戏区提前投放一些图书等游戏资源,创设游戏环境,激发幼儿的学习兴趣。在此基础上,教师应当制定好本次游戏活动的观察目的,准备观察工具,比如观察记录表、照相机等。

(二)游戏中

1. 观察幼儿的情绪状态

教师要留意幼儿在游戏中不同的情绪状态,因为情绪状态自然影响游戏状态。比如有的幼儿总是坐着发呆,或者反复搭建反复拆掉,始终不能明确自己想要搭建的作品。教师应该思考幼儿情绪产生的原因,教师通过观察和分析幼儿是没有兴趣、没有需求还是没有能力,可以寻找机会用加入游戏的方法参与进来,为幼儿设置问题,引导他们进一步思考和加工自己的建构作品,从而达到提升幼儿建构能力的目的。

2. 观察幼儿的建构技能

建构技能是支持幼儿建构作品最主要、核心的影响因素。要根据幼儿不同年龄，观察幼儿建构技能的发展水平。例如小班幼儿是否能运用平铺、延长、围合、堆高、加宽、盖顶等基本技能建构造型简单的物体形象；中班幼儿能否运用组合、拼插、排序、堆成等基本技能构建常见的物体形象；大班幼儿能否构建更复杂、精细、匀称的大型物体形象。在对幼儿的建构技能进行指导时，其方式应该是支持性和回应性的，而不是评判性和回避性的。

视频：建构游戏活动观察

3. 观察幼儿的思维发展

思维是大脑对客观现象概括的、间接的反映，思维的形式有概念、判断和推理。思维是智力的核心要素，是获得新知识的必经途径。幼儿在建构过程中会遇到各种问题，他们是如何发现这些问题的，又是如何思考、探索和解决这些问题的，这其中反映了幼儿思维的发展过程和水平。

4. 观察幼儿的社会性交往

建构游戏的过程是幼儿社会性交往的过程，社会性交往是幼儿的一种心理需要和实现个体社会化的重要途径。在幼儿游戏过程中，教师可以通过观察幼儿之间的交往互动情况，指导幼儿，促进幼儿的社会化。例如，有的幼儿总是独自游戏，有的幼儿在游戏中经常与其他幼儿发生矛盾，教师需要通过观察，了解掌握和认可幼儿内心的真实想法，用爱心、耐心、责任心对幼儿进行指导，帮助幼儿逐渐懂得人与人之间、个人与集体之间的关系，形成对人、对事、对集体的积极稳定的态度，提高社会适应能力。

（三）游戏后

游戏结束后，教师要引导和帮助幼儿反思。教师可以邀请幼儿"代入式"地去回顾建构现场，分享经验，发现幼儿的需求与想法，并提出疑问，促进幼儿搭建技能的提升、经验的迁移、计划的调整，进而发挥结构游戏的教育功能。切记，不要把自己的猜测强加给幼儿的建构物。

 案　例

建构游戏区之"失落的瀚瀚"

行为观察：老师今天带领幼儿搭积木，今天的主题是"我的幼儿园"，幼儿搭建的过程中，李老师在教室流动观察时发现幼儿的搭建热情并不是很高。突然李老师被瀚瀚搭建的半成品所吸引，她蹲下来问瀚瀚："你搭建的是什么呀？""羊圈。"本来李老师就因为孩子们的热情不高正在气头上，瀚瀚还搭建了一个跟今天主题完全无关的内容。"哪来的羊圈，看看其他小朋友都在做什么？"李老师说完，随即走向了下一位小朋友。

行为分析：幼儿的游戏源于社会生活，是对现实生活的反映。游戏能够将幼儿带入假想的成人世界，幼儿在游戏中可以尽情地重演成人世界的活动。他们不受成人的约束，不受时间和具体条件的限制。任何一种游戏材料都可以赋予其无限的想象，并根据游戏的需要和游戏材料的特征改变其原有的用途而运用到游戏中去。通过了解，案例中的瀚瀚原来是将最近跟爸爸妈妈去农村爷爷奶奶家的经历迁移到游戏中，通过搭建的作品将事物进行还原。其实不论是区角的积木区还是角色区等其他游戏区，你会发现幼儿总会探索出很多不在教师想象范围内的游戏。这就需要教师通过观察、交流关注幼儿的兴趣，及时调整活动内容，形成正确的游戏观、教育观。

行为指导：《纲要》指出"教育活动的组织形式应根据需要合理安排，因时、因地、因内容、因材料灵活地运用"。教师可蹲下来问瀚瀚："你搭建的是什么呀？""羊圈。"继续询问："你为什么搭羊圈

呢?""我之前跟爸爸妈妈去农村看到羊圈,有很多羊在里面……"李老师就会恍然大悟,不会再继续要求幼儿搭建"幼儿园",而是和瀚瀚一起商讨羊圈搭建的技巧和要点。

第三节 角色游戏活动观察与指导

一、角色游戏概述

(一)角色游戏的基本含义

角色游戏是幼儿通过扮演角色,运用想象,创造性地反映个人生活印象的一种游戏。角色游戏常都有一定的主题,如娃娃家、商店、医院等,所以又称为主题角色游戏(见图6-3)。角色游戏是幼儿期最典型、最有特色的一种游戏。

图6-3 幼儿园角色游戏

对幼儿而言,角色游戏是一种开放性的、低结构性的活动,幼儿可以以自己的兴趣、需要、意志为导向自主活动,活动的内容、时间、节奏、顺序以及活动的伙伴、规则等都可由幼儿自己决定或与同伴商量、协调,在摆弄与操作、探索与发现、交流与询问等过程中实现和生成活动。

对教师而言,角色游戏是教师基于对幼儿兴趣与需要的了解,并能反映一定教育价值而组织的活动。教师将自己的主导作用通过环境创设、材料投放、活动内容与形式的建议、伙伴间的影响等来加以渗透。与过去那种灌入式的计划活动不同,它需要教师时刻追随幼儿,通过观察幼儿活动过程,了解活动结果,调整活动方案,使角色游戏的内容和材料更好地定位在幼儿的最近发展区上,进而更有效地推动幼儿的自主学习和经验提升。

(二)角色游戏的特点

1. 自主性

区域活动一般采用自选游戏的组织形式,注重让幼儿自选、自由地开展游戏活动,充分发挥游戏的自主性特点,不论是主题的确定、玩具的选择、玩伴的选择、语言的运用、动作的展示等游戏过程的各个环节都自主地进行。

2. 教育性

区域活动虽然有其自主性,但并不是幼儿完全自由自在、不受控制的活动区域,它有其鲜明的教育性,这种教育性比较隐蔽,主要体现在幼儿在游戏的过程中对材料的操作,对区域规则的遵守,以及在与伙伴们的相互交往中产生的积极体验,通过轻松愉快的活动过程,促进其身心发展,实现游戏本身的教育价值。例如,角色游戏区(娃娃家、小餐厅等)最重要的教育性在于它有助于幼儿学习社会性行为,发展交往能力;结构游戏区的教育性主要在于能够促进幼儿的创造性思维和手部动作的发展,培养幼儿的手脑并用等。

3. 实践性

不管是哪种类型的区域活动,都要通过幼儿的具体实践活动才能实现它的教育性。区域活动是非常具体的活动,有角色、有动作、有语言、有玩具材料,幼儿在活动中只有身体力行,实际练习才能发展自身的各种能力。

(三)角色游戏的意义

1. 为幼儿认知发展提供良好的心理环境

角色游戏为孩子提供了自由开放的空间,孩子们在属于自己的世界里感受、发现和创新。好动是幼儿的天性,心理学研究证明,手的动作和思维活动有直接关系,人在动手时有关信息从手传到大脑,又由大脑传到手,动手是动脑的外化,动手又能支持脑的积极活动,手巧心灵,心灵手巧,在玩玩做做中幼儿智力得到了开发。在角色游戏中,幼儿在不断地主动地操作材料的过程中获得信息、积累经验和发展能力。实践证明:幼儿都是从物品通常的使用方法基础上发现其特性和功能,甚至创造出新的作品,孩子们在自己的小天地里探索、求知、操作的欲望得到满足。通过角色游戏,幼儿的观察力、动手操作能力、语言表达能力、想象创造力、独立思考并解决问题的能力都得到很大程度的提高。

2. 为幼儿体验不同的情绪情感提供条件

幼儿对社会现实生活的印象是角色游戏的源泉,在角色游戏中,孩子们可以通过商讨和按自己的意愿选择角色,在扮演角色的过程中体验快乐和满足,在反映社会生活的同时,表达、体会着不同的情感。在"照顾娃娃"时想象表现并体验父母对孩子的呵护;"做医生"时细心照顾病人;"做服务员"时耐心热情地接待顾客;"做爸爸"时礼貌接待客人,学习做菜打扫卫生等,角色游戏无形中使孩子增强了自我意识和群体意识。

3. 为培养幼儿良好的个性品质提供机会

角色游戏是自由但有规则的活动,"自己的事情自己做",看似简单,但对于家庭的小皇帝们小公主们却是一次不小的考验。在角色区,孩子们学习自己做饭、整理家务……每次角色游戏结束,都由孩子们自己整理,经过锻炼,孩子们学会了生活,学会了学习,学会了自我服务和服务他人等。如,在理发店游戏中,有三个孩子都想当理发师,可是理发师只能有两个,怎么办呢?孩子们只好自己商量,或者改变角色,当理发师的小助手等;或者采用轮流当理发师的方法解决矛盾,在这个过程中,孩子学会了等待,学会了合作,学会了相互协调。他们借助于游戏营造一种类同于社会的氛围来解决需要与现实之间的矛盾,以达到对现实生活的体验和感悟,消除紧张,满足好奇心。通过互相交往,互相合作,共同商讨,提高孩子处理问题、解决问题的能力,同时还有效促进了孩子良好个性的发展。

二、角色游戏的观察与指导要点

角色游戏是幼儿自愿自发的游戏活动,活动的目的不指向外部,不指向结果,幼儿在游戏过程中获得需要和愿望的满足,这才是幼儿追求游戏的根本目的之所在。因此教师介入指导的前提是观察解读幼儿的游戏行为、游戏主题与情节的创造性、角色意识的清晰度、主题的稳定性、扮演时的积极性、社会交往能力水平等方面,但每个年龄段的幼儿在游戏水平上存在差异,所以针对每个年龄段的幼儿观察重点应有不同侧重。

(一)各年龄班观察和指导要点

小班幼儿进入幼儿园时间较短,适应幼儿园的集体活动和生活的能力还需提高,教育重点放在情感培养、动作发展、规则养成,在角色游戏区的内容选择应以娃娃家、超市为主,宜开设"娃娃家"主题的区角游戏。例如,教师可以在教室中单独划分出一块相对封闭的区域,营造一种"家"的空间感,更重要的是"娃娃家"中相关设备的摆放与排列应尽量符合家庭生活的日常习惯。游戏中的小班幼儿主要处于平行游戏阶段,多表现在独立操作、摆弄物品,因此教师应特别注意观察还没找到感兴趣活动的幼儿,或者幼儿是如何进入某一个主题角色区的。只有认真地观察幼儿在活动中的一言一行,教师才会有新的发现,才能为指导提供素材,才能为幼儿创设一个宽松、自由、探索的活动环境。在观察过程中,不仅要注意幼儿做了什么,还要了解幼儿是怎么做的。另外,幼儿常常对其他幼儿手里物品特别渴望,主要的矛盾是幼儿物品的占有或抢夺上,教师要观察幼儿是如何解决问题的,有需要的话要给予适当的引导。

中班幼儿自身社会经验比较丰富,教育重点转向幼儿的探究能力、思维能力、解决问题的能力、社会交往能力、合作能力,角色游戏区的内容可以设置为医院、美发店、练歌房等场所。随着幼儿认知能力的发展、生活经验的丰富以及游戏情节的丰富性,幼儿游戏中的互动意愿越来越凸显,但也因此会出现矛盾。例如,幼儿想参与多个角色或主题游戏,但又缺乏成熟的交往技能,容易与其他幼儿发生冲突。因此,教师应重点观察幼儿的交往水平,例如规则是如何建立的,如何解决冲突、如何分配角色等。

大班幼儿随着生活经验的不断扩大,以及各项综合能力不断增强,对角色游戏区内容的难度要求越来越高。例如可以选择银行、邮局一类的主题内容,发展幼儿分类、数理逻辑方面的能力。通过观察幼儿当前游戏水平,难度由低到高不断变化。大班幼儿的游戏主题丰富、创新性更强,但因新主题与原有经验之间的不和谐而产生冲突,运用已有经验在现有的基础上创新,成为游戏观察的重点。同时,交往、合作、分享、解决矛盾也成为游戏观察的另一个重点。

(二)教师介入的方法和技巧

角色游戏是幼儿自主自愿的游戏活动,所有的介入都应在细致地观察后,以幼儿的需要为指导契机,提出有针对性的建议和指导。在指导的过程中教师的定位应该是信息的导航者、兴趣的激发者、愿望的支持者、关系的协调者。常用的介入游戏的方式有:平行式介入法、交叉式介入法、垂直式介入法。

平行式介入是指教师在幼儿四周,和幼儿玩相同的或不同的游戏材料,目的在于引导儿童模仿,教师起着暗示指导的作用。当幼儿对新玩具材料不感兴趣、不会玩,不喜欢玩时,或只喜欢玩某一类游戏,而不喜欢玩其他游戏时,教师可以用这种平行介入的方式进行指导。教师一般以平行角色的身份或教师的身份来参加游戏。

交叉式介入是指当幼儿有教师参与的需要或教师认为有指导的必要时,由幼儿邀请教师作为游戏中某一角色或教师自己扮演一个角色进入幼儿的游戏,通过教师与幼儿、角色与角色间的互动,起到指导幼儿游戏的作用。当幼儿处于主动地位时,教师则扮演配角,根据幼儿的游戏行为做出反应。如果教师认为有必要对幼儿游戏加以直接指导,则可以根据游戏情节的发展,采用提问、建议、启发等游戏指导的方法来介入。例如,提问:"我想做一顶假发,可以用什么东西来做呢?"(引导幼儿使用替代性材料)"可以用什么办法和你的邻居打招呼?"(发展游戏情节)游戏中的"提问"尽量使用开放式问题,目的是培养幼儿发散性思维。建议:"娃娃生病了,你们带他去看医生了吗?"(帮助幼儿解决困难)"超市的饼干卖完了,你们可不可以开个食品加工厂?"(协助幼儿提出新的游戏主题)"你今天要当师父了,我带来一个实习医生,给你当助手好不好?"(协助分配角色)教师在"建议"时,一定要使用协商式的语气。启发:"要是有什么办法使你们两个人都可以留在果果家玩就好了。"(启发幼儿思考)幼儿在区角游戏中会出现上述各种各样的问题,这些都是下一步发展新的游戏主题和游戏情节的契机,教师要耐心细致地观察幼儿扮演角色的进展情况,敏锐地捕捉教师介入的时机。

垂直式介入是指在幼儿游戏中如果出现严重违反规则、攻击等危险行为时,教师则以教师的身份直接进入游戏,对幼儿的行为进行直接干预。主要表现在约束纪律、提出要求、解决矛盾,其中也包括制止幼儿在使用材料上出现的一些不当做法。

(三)游戏结束与评价

在愉快自然的状态下结束角色游戏是游戏后不可忽略的重要环节,良好的结束有利于保持幼儿下次继续游戏的积极性。通常在两种情况下结束游戏：第一种是游戏情节开展得比较顺利，幼儿情绪尚未低落时；第二种是游戏情节再往下发展有困难时，提醒幼儿结束游戏，以免产生倦怠感，可以设置一定的信号，如一段优美的音乐，让孩子听到音乐时按照制定的整理规则，主动、合作收拾游戏区的工具和玩具。

角色游戏结束时，教师需组织幼儿的游戏进行活动评价，评价能够有效地提升幼儿的主观意识，加强体验和感受，并且学会分享，促进幼儿学习愿望和兴趣的激发，并且明确行为的规范性以及活动的规则，帮助幼儿的个性更好地发展。教师可以对幼儿执行游戏规则的情况作小结，对积极的行为予以肯定和表扬，对游戏活动的质量予以评价鼓励，如幼儿有哪些新玩法新创意等。教师还要注意进一步提出下一次深入开展游戏的新要求，激发幼儿对下次游戏的欲望和兴趣。同时对于幼儿在游戏中出现的一些问题，如规则方面的问题，教师可正面引导，明确认识以寻求改进的措施。对于中、大班幼儿，教师可以鼓励幼儿介绍游戏过程，进行自我评价，发展幼儿的自我意识，教师还可以鼓励幼儿互评，相互交流游戏的经验体会。

角色游戏是幼儿特别喜爱的游戏类型之一，教师应多关注幼儿开展角色游戏的水平，通过有效的指导提升幼儿游戏水平的同时，促使幼儿更快乐幸福。

 **案　例**

角色游戏区之"厨房学徒"

行为观察： 以"餐厅厨房"为主题的角色游戏正如火如荼地进行着，茗茗用期待的眼神一直站在"插卡处"望着，难过得想哭。"茗茗，你是不是也想当厨师？""嗯。""可厨房的人已经满了，明天茗茗早点来插卡好吗？""可妈妈今天过生日，我想为她学做她喜欢的饭菜。"看来，无论如何都不能拒绝茗茗了，我牵着茗茗走到正在做菜的辰辰旁："辰辰，你现在都是大厨了，我今天给你带来一个学徒，让你充分发挥大厨的功能好不好？"辰辰听了这话欣然答应了，连忙把茗茗拉到身边："来，我教你，这个是胡椒粉，这个是……"看到他们忙得不亦乐乎，我默默地走开了。

行为分析： 幼儿园角色游戏开展时，常常会规定各区角的人数，旨在让幼儿有序地开展游戏并培养幼儿的规则意识，但人数的限制也会无法满足个别幼儿游戏的愿望。本案例中，教师通过观察及时发现问题，找准介入时机，巧妙地设计角色和情节化解矛盾，既合理地满足了孩子的游戏愿望，又通过丰富游戏的内容和情节，提高了幼儿的游戏水平。

行为指导： 在幼儿角色游戏过程中，需要在尊重幼儿的主体性原则的基础上进行科学指导。"角色的分配"问题是幼儿角色游戏常见问题之一，当遇到这类问题时教师可在观察的基础上采用建议的方法协商解决问题，如案例中教师的做法就很合理。通常为了让每个幼儿达到均衡发展，除了常规分配角色的方法，如自主选择、猜拳、轮流等外，在幼儿开始游戏之前，教师可以利用一些小技巧，让游戏具有针对性和公平性。例如对于性格安静内向的幼儿，教师可鼓励他们去扮演活泼的、活动性强的角色，如警察、医生、厨师等；而对于外向的、活动性过强的幼儿则建议他们扮演一些需要耐心的角色，如门卫、收银员等。如此，不同性格的幼儿可以通过角色的互换发展良好的个性。

案 例

准备卖冰糖葫芦的"芊芊和笑笑"

行为观察：冬天到了，小一班的芊芊想起了路旁卖糖葫芦的场景，今天的角色游戏时间她制作起了"冰糖葫芦"。她先在手工区找到一根筷子大小的小棍子，然后穿起珠子来。她先穿了一颗红色的珠子，然后随手拿起一颗黄色的珠子穿了起来，接着又穿了一颗蓝色的方形珠……

笑笑也是小一班的，她是一个非常喜欢黄色的小女孩。在用珠子给自己制作发饰的过程中，她先选了一颗黄色的圆形珠子，又选了一颗黄色的方形珠子，接着又选了一颗黄色的三角形珠子……她一直挑选黄色的珠子，不管珠子的形状是什么样的。

行为分析：随着幼儿的生活经验和游戏水平的提高，常常会遇到游戏区的材料不能满足游戏需求的情况，幼儿自己制作游戏道具也是游戏区常出现的场景。此案例就是一个角色游戏和智力游戏交叉的活动。芊芊随意地选取一颗颗珠子，将它们穿成一串冰糖葫芦，她注重的不是穿出什么样的冰糖葫芦，而是注重穿冰糖葫芦的过程，并乐在其中。可以看出孩子们是因为游戏而游戏，在"随意"动作间表现出了无目的性和无意识性。幼儿的自我意识渐渐地形成，就像笑笑那样，知道自己喜欢什么，不喜欢什么。因为笑笑喜欢黄色，所以她一直挑选黄色的珠子穿。幼儿从一开始的"碰到什么选什么"到"喜欢什么选什么"再到后期的"需要什么选什么"，从幼儿选材的过程可以看出经历了一个有层次的发展过程：渐渐具有了目的意识，即经历了从无意识到意识萌芽的过程，又从泛泛的目的意识到初步构想再到清晰的构想。

行为指导：虽然小班幼儿的手工操作从大人的角度看往往"不尽如人意"，但随着幼儿年龄的增长，幼儿运用材料创造作品的水平逐步升高。如大班幼儿可运用串珠材料创造出不同形式的作品（线状、面状和体状），我们要相信幼儿操作和创造的潜能。无论是纯粹的幼儿手工活动的开展还是其他游戏需要道具而开展的手工活动都离不开教师的支持与引导：教师要常常提供幼儿活动过程图片、作品图片和作品实物，激发幼儿继续创造的热情；同时有序地提供适宜的手工材料和辅助材料，创设活动条件、营造活动氛围；开展自主性区域活动、生成性集体教学活动和互动性亲子活动，丰富幼儿经验。

第四节　智力游戏活动观察与指导

一、智力游戏概述

（一）智力游戏的基本含义

智力游戏是幼儿以完成一定的智力活动任务为目的的一种规则游戏。智力是一种以思维和心智策略为主要竞争手段的游戏，需要幼儿开动脑筋、认真思考，因此这类游戏经常用作开发幼儿智力，锻炼幼儿思维的手段（见图6-4）。幼儿常玩的智力游戏有：猜谜语、编故事、图片配对、拼几何图形、搭火柴棒、接龙、听声音、尝味道、猜一猜、摸奇妙的口袋、打数学牌，以及各种棋类游戏等。

(二)智力游戏的意义

1. 激发学习兴趣,提高认知能力

随着幼儿身心快速成长,幼儿对新鲜事物有着极强的好奇心,对周围世界的认知愿望越来越强烈。但幼儿心智发展不够成熟,加上认知能力的限制和认知经验缺乏,如果单纯地通过知识讲解让他们了解大千世界,有很大的局限性。教育家苏霍姆林斯基认为"游戏犹如火焰,点燃了探索求知的火焰"。智力游戏有动作、规则、逻辑性,幼儿通过听、看、摸等各种感觉体验感知环境,他们将自己的认知与智力游戏进行连接整合,从而获得

图6-4 幼儿园智力游戏

更高认知水平的发展。如中班语言游戏"说相反",老师说左,幼儿答右,老师说上,幼儿答下;老师说大树高,幼儿答小树矮;老师说我在前面,幼儿答他在后面。这个游戏不仅要求幼儿集中精力听清老师说的每一句话,而且锻炼了幼儿的思维能力和反应能力。

2. 培养注意稳定性,提高注意力

由于幼儿身心发育水平的限制,幼儿的注意力还不够稳定,容易分散,常常不能根据要求及时将注意力集中在应该注意的事物上。适当的智力游戏是提高幼儿注意力的有效手段,幼儿在面对智力游戏所设置的问题情境时,能充分调动身体感知觉、记忆、想象、思维等心理活动过程,集中注意力解决问题。

3. 愉悦情绪,促进身心发展

好动是幼儿的天性,并不是大人眼中是"调皮",这是因为幼儿的身体和神经系统正处于快速成长阶段,需要和环境有更多的联结,智力游戏恰恰提供了最有效的途径。幼儿身体器官和神经系统对智力游戏的渴望,如同植物需要水。智力游戏不仅能促进幼儿身体器官的成熟,更能促进幼儿神经系统的发育和成熟,让幼儿自由自在、快乐地享受其中,释放天性。

4. 加强合作,拓宽交往范围

智力游戏的开展时间、空间比较灵活,而且可以合作或者竞猜的形式展开,为幼儿互相交流合作提供了广阔的平台,不仅锻炼了社会交往能力,同时帮助促进幼儿道德水平的提高。

二、智力游戏的观察与指导策略

智力游戏还需要教师指导吗?答案是肯定的。因为幼儿身心还在持续发展中。幼儿的每一次进步,都需要被发自内心的肯定和鼓励。只有在教师的有效指导下,智力游戏的价值才能充分发挥出来。但如果我们总是试图教给幼儿游戏的正确玩法,把指导的重点放在玩法和规则上,那么游戏的价值也就不值一提了。

(一)幼儿是否对智力游戏感兴趣

教师要在智力游戏过程中观察幼儿参与游戏的积极性,是否能激发幼儿兴趣,适时投放智力游戏材料。智力游戏材料的投放要提前考虑很多因素,包括班级的教育任务和要求,幼儿的身心发展水平、幼儿的生活经验、幼儿的接受能力、游戏的难度、游戏的性质等。小班幼儿的智力游戏要选择那些规则简单,玩起来比较新奇,趣味性较强的游戏,对少数发展水平较高的幼儿,可以选择给他们一些难度较大的游戏。中班幼儿智力游戏的选择和编制难易要适中,游戏的设计要循序渐进,由易到难。大班幼儿智力游戏的选择和编制除了要注意游戏本身的趣味性和吸引力,还应有一定的难度。

(二)幼儿是否能够构建规则意识

智力游戏是一种规则性游戏,包括玩法和规则,随着低龄幼儿年龄的增长,有必要对玩法和规则逐步掌握。玩法是需要不断试错和学习的,规则意识也不是一下子就建立起来的。在帮助幼儿建立规则意识的时候要讲究策略和方法。一般情况下,我们要先和幼儿建立连接,了解幼儿没能遵守游戏规则是因为不了解游戏规则,还是幼儿有其他想法和需求;然后和幼儿一起探讨规则,这个步骤可以发展幼儿接受责任和负起责任的能力。到了中大班阶段,幼儿除了遵守规则,同时允许幼儿制定新规则,帮助幼儿对规则有更深更全面的理解。

(三)幼儿的游戏策略意识是否清晰

针对小班幼儿的智力游戏活动,教师首先要熟悉智力游戏的目的、难点、重点、规则和游戏中的相关知识,以便顺利地组织幼儿智力游戏活动的开展,发挥其开发智力的作用。中班幼儿的智力游戏活动要求教师能够促使幼儿情绪愉快,激发积极性,培养坚持性,思维的敏捷和灵活性;注意培养幼儿动手动脑的习惯,以发展幼儿智力为最终目的。大班幼儿的游戏活动要求教师不要参与过多,引导幼儿独立完成,注意教师对幼儿游戏的引导要多于指导。例如,可以用启发式问题帮助孩子探究游戏策略,当幼儿遇到游戏"卡"点的时候,我们可以这样试着问:"你当时想要完成什么?你认为是什么原因导致了这种情况的发生?你从这件事中学到了什么?你现在对解决这一问题有什么想法?"通过启发式问题让幼儿自己思考和实践,"悟出"游戏策略。游戏策略的"发明"才标志着幼儿认知和社会性方面的真正发展。

智力游戏相较于其他种类的游戏活动更加考验教师的观察和指导能力。教师在幼儿智力游戏活动的过程中要随时随地抓住看到的、遇到的问题进行及时恰当的引导和启发。

益智游戏区之"滚落的小球"

行为观察: 益智区的孩子们把小球放在轨道的最高点,看着小球按照既定的轨道快速地滚到地上的盒子里,他们特别高兴,他们在反复的操作中感知和体会着球体能滚动的特性。我和美工区的幼儿在玩泥,一会儿工夫,听到歆歆的声音:"小韩老师你看,我们玩不了了!都是仔仔弄的。"我走过去发现轨道中已经堵满了大大小小的塑料球、小桃核,我看到玩具不能玩儿了,虽然有些生气,但还是忍住心中的不悦对孩子们说:"你们看,老师辛苦为你们做的玩具,现在玩不了了,你们怎么就不能好好地玩玩具呢?"

行为分析: 我们常常把儿童的探究行为误解为"不好好玩"。轨道中因为堵满了大大小小的塑料球、小桃核,正是幼儿喜欢探究的表现,他们想知道哪些物品能够顺利通过轨道,教师应该给予肯定和支持。在活动区中,这样类似的情况经常发生,幼儿往往不按照教师认可的方式方法操作玩具材料,甚至出现教师认为的"破坏行为",教师应从积极的方面解读幼儿的行为,给予更多的鼓励。只有这样,教师后续的指导才可能有效。

行为指导: 教师要善于观察,适时提出问题,例如本案例中教师可借机引发幼儿思考"你们看看为什么会堵住呢?什么样的材料能顺利通过现有轨道?"接着引发幼儿思考材料和轨道粗细的关系。游戏过后及时调整材料,支持、引发幼儿的学习和活动。例如为幼儿提供粗细不同的轨道支持幼儿进一步探究,激发幼儿探究的兴趣,使探究不断深入。

科学游戏区之"神奇的纸屑"

行为观察： 今天，科学区里来的小朋友有一诺、心怡、鑫鑫、栎栎、乐乐，在科学区里，教师投放了神奇的纸屑。在选择区角的时候因为是新投放的材料，大部分孩子都非常喜欢，这些孩子一来到科学区就开始讨论这些纸屑和尺子是用来做什么的，栎栎说："尺子是用来量纸的大小的，大的纸长度更长，小的更短。"乐乐说："不对，这个尺子是用来划线用的，老师就经常用尺子这么做。"两人都觉得自己有道理就开始争论起来了，栎栎说："我们去问问老师吧。"很快两个孩子找到了教师。在教师的指导下，孩子们知道了尺子和纸是用来做实验的，而且这个实验非常神奇。说干就干，他俩很快就默契地点点头，可是实验下来尺子没有像老师说的那么神奇，没有吸住纸呀。乐乐查看了下纸屑，说："这个纸屑太大了，又大又重，尺子怎么吸得起来？"栎栎说："把它撕得再小一点。"很快，两个孩子又开始撕起了纸屑，这次纸屑撕得又细又多，孩子们又开始实验了，这几个小朋友一起做实验，有的用尺子擦自己的皮肤，有的擦头发，擦皮肤的鑫鑫小胳膊变得红红的，可是还是不能够吸住纸屑。很快乐乐说："哈哈，我成功了！"鑫鑫说："教教我呢！"乐乐说："尺子要多擦几下头发，这样就可以了。"很快大家再次尝试，哈哈，奇迹发生了，纸屑居然像着了魔似的都立起来了，吸在了尺子上面，孩子们别提有多开心了！

行为分析：《纲要》中提到"小班幼儿的科学教育的价值在于注重儿童的情感态度和儿童探究问题、解决问题的能力"。"尺子吸纸"是个有趣的科学实验，孩子们通过实验了解到了摩擦生电的原理，知道了怎样通过摩擦让原本没有电的尺子产生静电从而吸住纸屑。在本次区域活动中，孩子们之所以对这个活动感兴趣，首先是因为对尺子能够吸住纸屑这一神奇的现象产生兴趣，但是为什么会这样呢？这是需要探索的，虽然孩子们探索了多次都以失败告终，可孩子们不放弃。其次是因为科学探索类的游戏有挑战的难度，孩子们一旦获得成功就会充满喜悦，这种喜悦是对自己的高度肯定，也是将来信心确立的源泉。

行为指导： 作为教师在活动中应及时了解幼儿真实、已有的相关经验，从而设计适合孩子最近发展区的实验。本次实验能真实有效地解决幼儿理解方面的问题，促进幼儿在原有基础上科学探究的兴趣和能力的提高。在开放的探索活动过程中，教师要关注幼儿的游戏过程和游戏行为，解读幼儿行为背后的思维特质和个体风格，把握教育的契机，适当的时候给予幼儿帮助，建立与幼儿的良好互动，从而实现区角游戏的价值。

本章习题

1. 阐述户外活动在活动前、活动中、活动后的指导要点。
2. 说一说常见的建构游戏的种类有哪些。
3. 有人说"角色游戏就是幼儿自己玩"，请你谈谈角色游戏过程中，是否需要教师指导？如果需要，教师需要做的工作有哪些？
4. 简述智力游戏的指导策略。

第七章 幼儿园一日生活观察与指导

学习目标

1. 认知：了解幼儿园一日生活观察、指导的意义及在观察指导过程中应该注意的基本问题。
2. 技能：掌握幼儿园一日生活观察与指导的基本策略。
3. 情感：明确一日生活在儿童身心发展中的重要性，树立科学的一日生活观察、指导理念。

经典导学

美国乔治·福门博士认为，儿童的大部分时间以及成长不是在被命名为"学习"的活动中度过与取得的，而是由一个个细微的生活片段联结而成。《纲要》也明确提出，"幼儿园应为幼儿提供健康、丰富的生活和活动环境，满足他们多方面发展的需要，使他们在快乐的童年生活中获得有益于身心发展的经验"。由此可见，我们应重视生活活动的教育契机和教育价值。

一日生活活动是满足幼儿基本的生理需要、帮助幼儿养成良好生活习惯、提高自我服务能力的活动。保教人员对幼儿的生活活动安排合理、有序，才能满足幼儿的基本生理和心理需要，才能帮助幼儿建立良好的生活秩序，增强自我意识、自信心，进而获得安全感、认同感和成就感。在一日生活活动中实施观察可以获取丰富的幼儿发展信息，同时也是教师获得设计、调整教育计划的有利契机，为指导幼儿生活活动提供具体依据。

第一节 入园行为观察与指导

入园是幼儿在园生活的第一个环节，也是一天集体生活的开始，更是幼儿园和家庭进行良好对接的第一步。所谓"一年之计在于春，一天之计在于晨"，入园环节若组织得当，可以为幼儿每天在园的生活开一个好头，也是培养幼儿独立自理、文明礼仪等良好生活习惯的有效途径。与此同时，如果教师能够充分利用这一时机，细心观察幼儿的行为表现，可以为接下来的其他活动做好铺垫。

一、幼儿入园活动概述

（一）活动内涵

入园是幼儿从家庭到幼儿园的环境转换环节。做好入园工作，有助于增进家园沟通，帮助幼儿适应环境转换，让幼儿感受到幼儿园的亲切，感受到自己是幼儿园的主人，从而以愉快的情绪开始和结束一天的园内生活。

入园活动主要包括晨检、晨间活动和晨谈环节。晨谈是在班级幼儿基本到齐后，成人组织的集体谈话活动。话题可能会来自多方面，如教师有计划的主题活动讨论、当天即将进行的活动介绍、晨间活动时观察了解到的幼儿关注点或幼儿引发的事件等。

（二）入园环节对幼儿身心发展的意义

1. 入园环节是培养幼儿良好行为习惯的重要途径

良好习惯的养成并非一日之功，它是循序渐进的，所以日常生活中也是非常重要的。幼儿良好的行为习惯需要日复一日、年复一年的反复练习，入园环节是幼儿每天来幼儿园经历的第一个环节，让幼儿能够在每天的同一个时间重复生活和卫生自理的程序，自然而然地为幼儿养成良好的行为习惯提供了反复练习和实践的机会。

2. 入园环节是培养幼儿社会性的有效途径

《指南》中提出"幼儿的社会性主要是在生活和游戏中通过观察和模仿潜移默化地发展起来的"。入园环节看似比较短暂，但是能够承载丰富的社会性教育内容，从教师和小朋友见面、进入班级、到如厕盥洗和小朋友交流，都涉及礼貌教育和人际交往的方面，都是潜移默化地发展幼儿社会性的途径。

3. 入园环节是家园沟通形成教育合力的基本互动途径

入园环节中，教师、幼儿、家长三方面都有互动，在这个互动的基础上教师能够充分地把握这个机会来了解幼儿在家庭中的情况、与家长反映幼儿近期在幼儿园的情况，在此环节教师更容易与家长进行沟通，赢得家长对自己的理解、支持与信任。

二、入园活动的观察与指导策略

（一）要创设温馨自然又充满挑战的人文环境

《纲要》中指出："幼儿园应为幼儿提供健康、丰富的生活和活动环境，满足他们多方面的需要，使他们在快乐的童年中获得有益于身心发展的经验。"

1. 创设温馨的心理氛围

幼儿期是情感体验迅速发展的时期，在宽松和谐的氛围中，幼儿会有一种安全感，继而产生自信心。因此教师要真挚地关心幼儿，充分地与幼儿进行沟通，理解幼儿的想法与感受，为他们营造温馨的心理氛围，对于刚入幼儿园的幼儿来说尤为重要，它能使幼儿尽快地适应幼儿园的生活。

2. 让幼儿成为环境的主人

教师在环境创设中应做到以幼儿为主体，充分尊重幼儿的生理、心理特点和需要，积极引导幼儿参与环境创设，要把静止不动的环境陈设变成幼儿的学习伙伴，形成环境和幼儿间的互动，这才能充分挖掘环境在幼儿教育中的作用。幼儿是环境的主人，应该让他们按照自己的意愿和想法来设计创设幼儿园的物质环境，这样的环境对幼儿来说也更具有教育意义。

3. 提供丰富的材料与作品

教师投放材料丰富程度直接关系到幼儿入园环节的活动质量，能使幼儿尽兴尽情地"研究"他们的世界，活动区材料投放应该是丰富多彩的。但幼儿注意力具有不稳定性，过多过杂的材料投放，也易造成幼儿玩得分心，所以材料要丰富但避免杂乱。

(二)要支持鼓励幼儿自主性活动的养成与发展

入园是幼儿来园的第一个环节,幼儿能积极主动来园开始一天的活动,是自主性培养良好的开始。为此,要积极创设自主氛围,开展晨间来园三部曲:

第一步,幼儿先进班插卡,表示"我"来了,有自我意识;

第二步,主动向老师问好,跟爸妈说再见,表示"我"在园可以,有自强意识;

第三步,根据自己的实际情况自主安排搬椅子、洗手、吃早点,玩区域游戏或照顾自然角等,表示"我"是班级小主人,有自立意识……

(三)要认真观察幼儿的个性化需求和教育契机

每个幼儿都是一个个不同的生命个体,因为他们来自不同的家庭,有着不同的成长背景,接受着不同的家庭教育;他们有着不同的性格特征和不同的气质类型,面对未知的世界其认知也存在着很大的差异性。即使面对同样的学习内容,每个孩子的学习速度和接受程度也不尽相同;男孩和女孩在学习和发展上也存在着很大的性别差异和阶段性差异。入园环节就是这些生活片段中的第一个片段,教师应该充分利用好这个教育契机,为幼儿一天、一生的学习和生活打下良好的基础。

(四)要根据幼儿身心发展特点有针对性地开展指导

不同年龄阶段的幼儿,在入园环节表现出的情绪和状态各不相同,教师对他们的常规要求也不尽相同。因此,教师要准确把握幼儿身心发展的特点与规律,为幼儿营造温馨舒适、丰富有趣的入园环境,不断吸引幼儿投入活动,让其从心理、身体及能力等方面都得到一定的发展,使入园环节真正成为幼儿一天美好生活的开始。为此,教师要针对不同年龄段的幼儿,依据其心理发展特点和认知发展水平的不同,有侧重点地指导。

入园环节的实况详录

行为观察: 每天早晨老师都面带微笑地迎接每一位小朋友的到来,大部分小朋友都能在家长的陪同下兴高采烈地进入班级内,能热情地与父母告别,并积极地与教师和同伴打招呼,开始自己的晨间自由活动。但瑞瑞这段时间来园时的表现却引起了老师的注意。一般情况下送瑞瑞来园的都是爸爸或妈妈,但这段时间变成了瑞瑞的奶奶。每次走进幼儿园,瑞瑞都是低着头,不说话,当奶奶提醒他向老师问好时,瑞瑞也只是很小声地说句"老师好",头也不抬一下。在老师给他做晨检的时候,瑞瑞的身体一直很僵直,他紧紧地抓着奶奶的手。老师尝试着用很多方法让瑞瑞放松,但收效甚微。每次当老师提醒他把书包放好时,瑞瑞总是一动不动。这时多半由奶奶代劳,放好书包。奶奶和瑞瑞告别时,瑞瑞还是抓着奶奶的手不放,并且开始抽泣,这时奶奶会蹲下来跟瑞瑞说些什么,说完后瑞瑞才会非常不情愿地和奶奶说再见。奶奶走后,瑞瑞进入班级活动室,找到自己的位置坐下来,然后开始发呆,情绪一直很低落,眼睛看着窗外或门外。他不主动与其他小朋友交流,也不到活动区或游戏区活动。

行为分析: 案例中的瑞瑞在最近一段时间表现出了明显的来园适应困难现象,首先在来园的情绪上就表现出了一种消极的状态,情绪比较低落。行为上也表现出了强烈的不适应,如不主动与老师打招呼,不愿与家长告别,不主动配合老师的晨间检查。在社交活动方面,瑞瑞也表现出明显的交往困难,不主动与其他同伴交流和活动。

行为指导:

(1)要及时了解引发幼儿行为表现的原因。幼儿的很多行为并不是一蹴而就的,我们只有了解了这种行为产生的原因,才能对症下药。比如案例中的瑞瑞之所以会有这样的表现,是因为最近父母在闹离婚,这对他的影响和打击很大。

(2)要为幼儿营造温馨的幼儿园环境,宽松接纳的环境氛围有助于打消孩子的焦虑。

(3)多开展活动,帮助幼儿融入集体活动中,在老师和同伴互相交流、互相帮助的过程中,建立起幼儿自身的信任感和安全感。

(4)要家园配合。教师在了解幼儿行为产生的原因后要及时与家长进行沟通,共同努力帮助幼儿度过这段"特殊"的时期。

入园礼仪的观察实录

观察目的:1. 观察幼儿早上入园时的情绪状况。
2. 记录幼儿早上入园时是否与园长和老师主动问好。

观察时间:×年×月×日早晨

观察地点:幼儿园一楼大厅

观察背景:在幼儿园一楼大厅每天都会有老师和园长来迎接入园的小朋友。

分析评价:由于本班幼儿是这个学期新入园的小朋友,对早上来园应该主动问好、回礼还不是很熟悉,只有6人能主动和园长、老师打招呼,22人在家长或老师的提醒下问好,有8位小朋友在提醒下仍不和园长、老师问好(见表7-1)。所以本班幼儿在早上问好礼仪这方面还应该继续强调和加强培养。

表7-1 幼儿入园礼仪观察情况统计表

基本情况	班级:小二班 人数:36人		
入园礼仪的 具体情况统计	主动和园长、老师打招呼	在家长或老师的帮助 提醒下问好	在提醒下仍不和园长、 老师问好
	6	22	8

教育对策:针对幼儿入园礼仪方面进行统计,对于本班大部分幼儿不能主动和老师、园长问好这一情况,老师研讨之后采取了以下教育策略。

1. 在氛围中学习

幼儿具有较高的模仿能力,科学研究表明:在幼儿智力发育的早期阶段,观察和模仿是幼儿学习外界知识的主要途径。因此,要想保证幼儿晨间问候礼仪教育取得成效,首先要营造良好的礼仪学习氛围,让幼儿沉浸在这种环境中,自然而然地学习晨间问候礼仪。这种氛围的构建主要分为两部分:一是家庭氛围,主要是要求家长在日常生活中,规范自身的言谈举止,克制自身生活中的不文明习惯,在家里来客人或是外出活动时,主动向他人问好。通过上述一系列措施,为幼儿树立晨间问候的榜样,引导幼儿向家长学习晨间问候礼仪。二是幼儿园氛围主要是以教师为主体,开展多种形式、内容丰富的晨间问候礼仪教育,教授幼儿基本的问候用语。幼儿教师还可以组织相应的角色扮演活动,让幼儿在活动中扮演不同的角色,分别向他人进行晨间问候,帮助幼儿提高文明礼仪常识。

2. 在实践中巩固

一是利用"礼仪值日岗",进行晨间问候礼仪教育。每天早上7:50,班上的礼仪小天使身披红色绸带(上面写有"礼仪小天使"的字样)和教师一起站在教室门口,以饱满热情的态度有礼貌地问候迎接小朋友的到来。通过反复的练习,让幼儿知道对进班的老师、家长、小朋友,要以礼相待、热情迎接,懂得尊重他人从而习得良好的问候礼仪。二是通过"餐前十分钟"进行晨间问候礼仪教育,以有趣的儿歌、游戏、故事为训练的主要手段,让幼儿在其中受到潜移默化的影响和教育。三是利用"礼仪之星"进行晨间问候礼仪教育。和孩子们商量并制订"礼仪之星"评选条件。班级每周评选一次,树立文明礼仪榜样,发挥先进典型的示范和辐射作用,激励幼儿积极参与学习礼仪、实践礼仪、展示礼仪和宣传礼仪。

3. 教师从自身做起,注重言传身教

教师的态度和管理方式应有助于形成安全、温馨的心理环境;教师的言谈举止应成为幼儿学习的良好榜样。那么,在早晨的问候过程中,我们不妨放下老师的架子,蹲下来先向幼儿问候,从实际行动上让孩子感受到他人对自己的尊重。尤其针对一些性格内向、胆小、孤僻的幼儿,我们的主动问候,有助于孩子对老师产生信任、依恋和温馨的感觉。早晨的问候是新一天的开始,幼儿在每一天开始时有一个良好的心情,将有助于他们一天都保持心情愉悦。在幼儿园里,教师就是幼儿的镜子。只有教师有良好的礼仪行为表现,才能更好地影响和教育孩子们。在晨间接待中,教师温暖的一声问候、一个微笑最能打动孩子的心。教师的言传身教,不仅仅是一种培养幼儿礼仪的教学方式,更是现代教育要求的一种教学态度,充分发挥幼儿教师的榜样作用,才能使幼儿礼仪教育发挥实效。

第二节 进餐行为观察与指导

幼儿期是一个人生长发育最为迅速的阶段之一,通过科学合理地安排饮食,可以保证幼儿的身体健康发育,是幼儿生活学习的物质前提。但是,随着生活水平的提高,家庭教养方式的改变,幼儿进餐中的问题也层出不穷。《纲要》指出:"幼儿园健康教育应树立正确的健康观念,在重视幼儿身体健康的同时,高度重视幼儿的心理健康。"心理健康是提高整体素质的基础,教师应将身心和谐发展的健康观渗透到幼儿一日生活中。因此,针对幼儿进餐活动的各个方面进行观察、分析,了解其中的问题和原因,从而有的放矢地调整教育策略,对促进幼儿身体及心理的健康发展具有不可替代的作用。

一、进餐活动概述

(一) 活动内涵

"聪明的大脑、健康的身体,是吃出来的。"进餐为幼儿身体发育提供了充足的营养,是幼儿生活学习的物质前提。进餐环节的教育引导主要体现在以下四个方面:

(1) 引导幼儿在洁净、安全的环境中进餐,培养其自觉维护进餐环境的安静、有序的品德。

(2) 培养幼儿进餐时的愉快心境,培养其独立进餐的意识和能力。

(3) 引导幼儿科学就餐,使之饭量适中,营养均衡。

(4) 培养幼儿逐步建立安静进餐、细嚼慢咽,餐后有序整理等良好的进餐行为和习惯。

(二)培养良好进餐行为的重要意义

(1) 纠正不良饮食行为,增进儿童身心健康。儿童早期是个体心理行为形成发展的开端,未来生活方式与饮食心理也由此形成,此时正是挑食、偏食、嗜零食、嗜甜食、不规律饮食等儿童常见饮食不良行为的早期预防和纠正的敏感窗口期。注重幼儿期健康饮食行为习惯的教育与培养,对有效预防早期不良饮食行为,从源头上规避成年后慢性疾病风险,增进儿童身心健康,具有重要的营养学意义。

(2) 良好的进餐行为有助于幼儿社会化的进程,好的行为习惯必须从小养成,幼儿的思维具有直觉行动性和具体形象性,易受外界的影响和支配。这时对幼儿进行良好进餐行为的培养,通过让幼儿亲身感知、实践,有助于幼儿社会化的进程,对幼儿今后的学习和整个人生的发展将产生积极的影响。

视频：早餐活动观察

二、进餐活动的观察与指导策略

不同的幼儿园对餐点环节有着不同的规定,或是两餐一点,或是一餐两点。具体来说,幼儿园的进餐活动包括进餐前的心理准备、餐前盥洗;进餐技能的掌握、习惯的养成;进餐后的整理、盥洗等。多数幼儿在园要吃两餐、两点,即早点、午餐、下午午点和晚餐。因此,幼儿的营养摄入、进餐技能的提高、习惯的养成等都与幼儿园的教育引导关系密切。

教师可以根据自己班级幼儿进餐中的问题,选择恰当的方法进行观察(见表7-2)。

表7-2 进餐活动观察要点

	小 班	中 班	大 班
进餐环境	在哪里进餐(活动室、餐厅还是其他),进餐环境是安静、轻松还是嘈杂、忙乱		
情绪状态	对食物表现为接受/期盼/抗拒/挑剔,进餐时认真/随意/放松		
餐具使用情况	是否能用勺子熟练地吃饭	是否会用筷子吃饭	是否能够熟练地使用筷子
进餐习惯	是否能在引导下,不偏食、不挑食。喜欢吃瓜果、蔬菜等新鲜食品	是否能做到不偏食、不挑食,不暴饮暴食,喜欢吃瓜果、蔬菜等新鲜食品	是否能做到不偏食、不挑食,不暴饮暴食,喜欢吃瓜果、蔬菜等新鲜食品。吃东西时细嚼慢咽

以下三个案例分别选择了轶事记录法和检核法对个别幼儿的进餐情况进行观察。

案 例

西红柿不好吃

观察目的：幼儿的进餐行为

观察观察对象：桃桃,女,3岁

观察时间：×年×月×日中午

观察地点：幼儿园活动室

观察方法：轶事记录法

观察实录：

今天午餐,孩子喝的汤是西红柿豆腐汤。桃桃已经吃完饭菜,今天的菜里有肉圆,肉是桃桃的最爱。桃桃此时正用小勺拨弄着汤碗里的西红柿,拨弄了好一会,桃桃还是没有将汤舀进嘴里。老师走过去对桃桃说:"桃桃今天本领好大,饭菜这么快就吃完了,赶快把汤喝完,就能得第一名了。"桃桃抬头看着老师说:"吃饱了,汤不喝了。"想到桃桃外婆之前说的桃桃在家和妈妈一样不吃西红柿和青菜的情况,老师对桃桃说:"是不是不喜欢吃西红柿?那么这样吧,老师帮帮忙,把西红柿拿掉,我们桃桃把豆腐和汤吃完。""好的。在家时,奶奶也帮我把西红柿和青菜拿掉。"老师帮桃桃去掉了汤里的西红柿,随后又舀了一勺汤送进桃桃的口中。汤刚进口,桃桃露出想要呕吐的样子,老师赶紧说:"咽下去,桃桃以后就可以少生病。"听到老师的话,桃桃赶紧咽了下去。"桃桃,汤是什么味道?"桃桃看着老师不吭声。"有点酸。"坐在桃桃旁边的丽丽开口说。"是呀,有点酸,可是蛮好喝的,对吧?"老师对丽丽说。"对的,很好喝的。""桃桃,味道还可以吧?桃桃以前没吃过,喝喝就习惯了,老师也最喜欢喝西红柿汤了。"在老师的鼓励和帮助下,桃桃终于将汤喝完了。

分析评价:

1. 大人的"榜样"作用。由于家人有挑食的习惯,婴幼儿产生了模仿学习。佐证记录:桃桃妈在家中进餐时也是非常挑食的。

2. 家长过分迁就。家长的过分迁就造成孩子进餐困难。

佐证记录:家人对桃桃比较溺爱,当桃桃排斥自己不喜欢吃的东西时,怕桃桃呕吐或吵闹,于是迁就他。

教育对策:

1. 将食物拼搭成趣味图案,吸引幼儿的注意。有时候婴幼儿爱吃一个食物,是因为受到它们外表的吸引。如果幼儿不爱吃蔬菜水果,不妨尝试将蔬菜或水果摆成好看的图案,或者幼儿最近喜欢的动画形象。

2. 让幼儿参与到食物的制作过程中。幼儿园经常会举办一些亲子活动,让家长和孩子一起动手制作美食,家长会发现,在家各种挑食的孩子居然把饭吃光了。这是因为食物是孩子自己动手制作的,他们很有成就感,吃起来自然就香了。而且让孩子一起制作美食,还可提高孩子的动手能力。

3. 养成饭前不吃零食的习惯。现在很多幼儿经常吃零食,影响了正常饮食。所以一定要让幼儿养成饭前不吃零食的好习惯。当然如果实在饿了,不妨给他们少量吃一些水果、全麦饼干等比较健康的食物。

4. 父母的榜样示范作用。父母是孩子最好的老师,很多孩子都会不自觉地模仿父母的动作。所以,想让孩子多吃蔬菜和水果,父母平时也得多吃。很多孩子看父母吃得很香,他们就会不自觉地想吃。

案 例

你爱吃大虾吗?

观察对象: 天天,男,中班

观察时间: ×年×月×日中午

观察目的: 观察幼儿进餐环节中的说话行为

观察方法: 轶事记录法

观察实录: 天天取完餐盘后,坐在小椅子上,并没有拿勺子吃饭,而是将头偏向一侧,开始和旁边的小朋友说话:"你爱吃大虾吗?今天的大虾有点小,我家里做的大虾比这个大多了!"旁边的幼儿不理他,拿着筷子夹起自己的大虾。但天天仍然不停地和旁边的幼儿讨论这个问题。忽然,天天离开座位,对教师说要去厕所小便。如厕后,他一蹦一跳地回到座位上,开始吃饭,刚吃了两口,又开始和另一边的小朋友说话了……

分析评价:从观察中能够看出,在天天进餐的20分钟内,同周围幼儿说话4次,每次说话的时间为30秒至1分钟不等。该幼儿这种行为表现的原因主要有:天天是这学期刚刚从其他幼儿园转来的,以前的幼儿园教师没有这方面要求,所以他觉得想说什么就能够说什么;天天对同伴的习惯、特点有强烈的好奇心,寻求主动交往,想以此获得同伴的认可。

教育建议:通过个别教育,协助天天尽快学会遵守班级规则;在晨间体育活动及游戏活动中,增强天天的规则意识;与天天家长取得联系,交流他在园中的情况,争取家长的配合,如建议家长在家庭生活中协助天天养成良好的进餐习惯。

案 例

幼儿进餐活动观察记录(见表7-3)

观察对象:五位中班幼儿
观察地点:幼儿园中班活动室
观察目的:观察五位幼儿进餐的情况及存在的问题
观察情景:幼儿进餐时间
观察方法:检核法

表7-3 幼儿进餐活动观察记录表

观察内容	C1	C2	C3	C4	C5
一、幼儿进餐形式					
1. 独立完成	√	√	√	√	√
2. 需要在他人帮助下完成					
二、幼儿使用餐具情况					
1. 筷子	√	√	√	√	√
2. 勺子					
三、幼儿对食物的态度					
1. 期盼					
2. 接受	√	√	√	√	√
3. 挑剔					
四、幼儿进餐方式					
1. 菜与饭就着吃	√	√	√	√	√
2. 只吃菜或只吃饭					

续 表

观 察 内 容	C1	C2	C3	C4	C5
五、幼儿进餐速度					
1. 适宜（13分钟左右）	✓	✓			
2. 偏快或偏慢			✓	✓	✓
六、幼儿进餐时是否掉米粒或食物					
1. 不掉	✓		✓		✓
2. 偶尔一点			✓	✓	
3. 比较多					
七、幼儿进餐时是否挑食、偏食					
1. 不挑食、不偏食	✓	✓			
2. 对某些食物挑剔			✓	✓	✓
3. 非常挑剔					
八、幼儿用餐时坐姿					
1. 坐姿端正，不随意		✓		✓	
2. 大多数情况坐姿端正			✓		✓
3. 坐姿不端正较随意	✓				
九、幼儿进餐时的注意力情况					
1. 安静专注地独立进餐					
2. 偶尔与他人互动或东张西望		✓	✓	✓	
3. 经常东张西望或被周围其他事物吸引	✓				✓
十、幼儿进餐时的状态					
1. 能够咽下去一口后主动再吃一口	✓	✓			
2. 偶尔发呆走神导致食物留在口中			✓	✓	
3. 经常发呆走神，玩食物					✓
十一、幼儿进餐饭量对其来说能否吃完（后三名幼儿未能观察到）					
1. 饭量适宜，能吃完	✓	✓			
2. 饭量稍多，不太能吃完					
总分（满分30分）	25	27	24	23	22

注：1记为3分，2记为2分，3记为1分
C1：小雨，C2：璐璐，C3：小红，C4：小羊，C5：小涛

分析评价：

1. 《指南》健康领域中，生活习惯与生活能力子领域目标2"具有基本的生活自理能力"，对于5~6岁的孩子，要求吃东西时细嚼慢咽。从记录中我们可以看出，这五位幼儿在进餐时做到了细嚼慢咽；在动作发展子领域，目标3"手的动作灵活协调"中对5~6岁的孩子，要求能熟练使用筷子，这五位幼儿也全部做到了。

2. C1作为五名幼儿中进餐较有效率的一位，他能在嚼完咽下去后主动再吃一口，并能在13分钟以内吃完自己的那份餐，不挑食不偏食，乐意吃饭。但他进餐时坐姿较为随意懒散，不符合文明用餐的习惯，经常乱动，且注意力不集中，经常东张西望，容易受周围幼儿和其他事物的影响。

3. C2作为五名幼儿中得分最高的一位，进餐同样较有效率，吃饭时身体坐直，双脚并拢，不挑食不偏食，乐意吃饭，安静不吵闹。但她也存在注意力不集中的问题，偶尔会受周围环境的影响从而东张西望，并且她在进餐过程中由于是低头扒着餐盘吃饭，经常会把米粒掉在桌子上，第一次米粒掉在桌子上时，她先下意识看了看老师的方向，随后用手指捏起米粒塞进了口中，后来几次米粒掉在了桌子上时，她能很好地将米粒捡起来放进扔垃圾的餐盘中。

4. C3与C4两位女孩在进餐时速度都较慢，进餐兴致不高，虽然能够做到独立安静用餐，但她俩在进餐过程中偶尔会出现发呆走神的情况，导致口中的食物一直不咽下去，很难再吃下一口。C3在进餐过程中小动作较多较随意，如吃着吃着，突然放下筷子，开始挠头或抓手臂，双脚总是岔开坐。C4在一开始进餐时，就把一块自己不喜欢的食物放进了扔垃圾的餐盘中，有一小段时间内，她每次夹起来的都不是块状食物，而是一些碎末或是什么都没有，由此推断她可能并不喜欢午餐的食物。

5. C5是个进餐效率较低的男孩子，他吃得较慢，且容易走神，东张西望，经常一口食物在嘴里要待很久，而且他在进餐过程中经常出现玩食物或餐具的情况，在老师的提醒下，他才开始慢慢吃起来。

教育建议：

1. 环境创设

（1）开展安静的餐前活动。目的是让幼儿带着一个愉悦的心情去用餐，安静的餐前活动可以使幼儿原本兴奋的情绪逐渐恢复到平静，通过注意的转移使心情不好的孩子降低负面情绪。

（2）酝酿愉快的用餐气氛。老师在幼儿进餐前后不宜处理批评幼儿，影响幼儿吃饭时的良好情绪。可以通过播放一些优美舒缓的音乐，使幼儿的心情平静下来，安静愉快地用餐。进餐阶段时，避免让幼儿大喊大叫，防止食物进入气管。

2. 教育指导

（1）在日常生活和游戏中培养良好习惯，比如通过一些儿歌素材，帮助幼儿养成吃饭时的文明习惯"身体坐直，双脚并拢，右手拿筷，左手扶碗，一口菜一口饭，宝宝吃得好，干净又安静"等。

（2）通过多种形式巩固培养良好习惯。如老师可以通过运用音乐节奏认知古诗《悯农》引导幼儿吃饭不掉米粒；还可以通过绘本故事《大公鸡和漏嘴巴》使幼儿懂得吃饭时如果东张西望，注意力不集中，那么桌面、地面、身上就会被弄脏等。

3. 家园共育

（1）家庭中父母与爷爷奶奶的教育观念要一致，爷爷奶奶比较溺爱孩子，而父母的教育观念相对理性。所以父母要和爷爷奶奶一起把良好进餐习惯的观念传输给幼儿。

（2）在家庭与在幼儿园的要求要一致，有的幼儿在幼儿园能自己吃饭，但一回到家就不肯好好吃了，因此家园要在培养幼儿良好习惯方面协同配合，父母要督促幼儿养成独立用餐的习惯。

（3）了解幼儿进餐的心理特点，幼儿好奇心强，喜欢吃花样多变和色彩鲜明的食物，喜欢吃形状规则的食物，特别是针对挑食的幼儿，家长在烹饪时可以尽量满足幼儿的心理特点，使幼儿乐意吃饭，喜欢吃饭。

第三节　盥洗行为观察与指导

养成和习得良好的盥洗习惯，是保障幼儿身体健康的第一道防线。医学研究表明，养成用肥皂洗手的良好习惯是帮助孩子远离细菌，预防儿童腹泻和肺炎的较为经济高效的方法之一。盥洗不仅可以保证幼儿的身体健康，也可以帮助幼儿建立良好的生活习惯。通过观察，可以了解幼儿盥洗行为的具体情况，为培养幼儿良好的生活习惯提供支持。

一、盥洗活动概述

（一）活动含义

幼儿园的盥洗活动具体包含三方面含义：第一，让幼儿懂得盥洗对身体健康的重要性，对盥洗活动感兴趣，能够积极参与盥洗活动；第二，在充满趣味的活动中，引导幼儿轻松学习并掌握洗手、洗脸、漱口和梳头的正确方法，让幼儿感受盥洗带来的愉悦；第三，培养幼儿形成良好的盥洗习惯，在成人的提示下能做到饭前便后洗手、餐后漱口，保持仪表整洁。

如果按照盥洗内容划分，在园幼儿需要在不同环节中达到以下要求。

1. 洗手环节

（1）学习用七步洗手法（内、外、夹、弓、大、立、腕）洗干净双手。

（2）洗手时不湿衣袖、不玩水、不嬉戏、不打闹，节约用水。

（3）知道洗手对身体健康的好处，饭前饭后、便前便后、活动前后、手脏时能及时洗手。

（4）养成认真有序洗手的良好习惯。

2. 漱口环节

（1）知道漱口能清洁口腔，保持口气清新，喜欢漱口。

（2）会用鼓漱的方法漱口。

（3）知道饭前饭后、睡前睡后要漱口，坚持用正确的方法漱口。

（4）知道不漱口会导致龋齿。

3. 洗脸环节

（1）学习用正确的方法（从下到上、从里到外，依次为额头、鼻子、嘴巴、脸颊、耳朵、脖子）洗脸。

（2）洗脸时懂得把衣袖挽起来，不湿衣袖、衣襟，不玩水，不嬉戏，不打闹。

（3）知道起床后、脸脏时要及时洗脸。

（4）知道如何洗毛巾和把毛巾拧干。

4. 梳头环节

(1) 学习梳头发的基本方法。

(2) 梳头结束后,学习清洁梳子和地面。

(3) 知道梳理头发前后要洗净双手。

(4) 知道起床后,头发凌乱时要及时梳头。

(二) 盥洗活动的重要性

1. 有效预防经手传播的疾病

许多常见传染病,如感染性腹泻、急性呼吸道传染病、肠道寄生虫病皮肤感染、沙眼等疾病都能经手传播。国际洗手日是世界卫生组织在 2005 年提倡并在该年的 10 月 13 日设立的,目的是呼吁全世界通过洗手这个简单但重要的动作,加强卫生意识,以防止感染传染病。在此之前世界卫生组织研究报告指出,养成洗手的良好习惯,可以减少儿童患腹泻等病症的概率。

2. 有利于培养幼儿的好品德

"习惯决定孩子的命运。"好习惯会让人终身受益。人一旦养成一个习惯,就会不自觉地在这个轨道上运行,幼儿期则是培养习惯的最佳时期。如:掌握正确的洗手、擦手方法,培养幼儿的基本生活能力。知道节约用水培养幼儿的环保意识。有序洗手则体现了幼儿逐步形成秩序意识和规则意识。盥洗习惯是良好习惯的一部分,自觉保持干净、卫生、整洁,也是衡量一个人是否具备良好品格的标准之一。

二、盥洗活动观察与指导策略

(一) 盥洗活动的观察要点

幼儿在园的盥洗活动主要包括洗手、漱口、洗脸、梳头四个环节,在幼儿一日生活中各盥洗环节所占的时间各不相同。洗手是最频繁的一项活动,如幼儿饭前饭后、便前便后、活动前后等,都需要将手清洗干净;漱口活动在幼儿每餐点后进行,一般每天要进行四次左右;洗脸和梳头活动一般在幼儿每天午睡起床后进行。盥洗活动观察要点见表 7-4:

表 7-4 盥洗活动观察要点

	小 班	中、大班
洗手	1. 是否有在饭前便后及手脏时洗手的意识 2. 是否知道洗手前要挽袖子 3. 是否能在保教人员的提醒和帮助下洗净双手	1. 洗手前会是否挽袖子 2. 洗手时能否做到不玩水、不玩香皂,节约用水 3. 饭前便后及手脏时能否主动洗手,中班洗手方法是否基本正确,大班洗手方法是否完全正确 4. 洗手时能否有序排队,谦恭礼让,不争抢 5. 能否做到节约用水
漱口	1. 是否在餐后能在保教人员提醒下漱口 2. 是否初步掌握用鼓漱的方法漱口	1. 是否能在餐后主动漱口 2. 漱口方法是否正确
洗脸	1. 是否知道起床后或脸脏时要把脸洗干净,保证仪表整洁 2. 是否能在老师帮助下把脸洗干净	1. 是否懂得在起床后或脸脏时要及时把脸洗干净 2. 是否能够依次把嘴巴、鼻子、额头、脸颊、耳朵、脖子洗干净 3. 幼儿是否能在洗完脸后,独立将水迹擦干,适量涂抹护肤霜 4. 是否养成良好的洗脸习惯

续　表

	小　班	中、大班
梳头	1. 是否知道起床后把头发梳起来,保证仪表整洁 2. 是否能在老师帮助下把头发梳整齐	1. 是否能够学习梳头发的正确方法 2. 能否欣赏梳理后的整齐发型,感受仪表整洁的美 3. 是否能将掉落在肩部、地上及残留在梳子上的头发收进垃圾桶,将梳子放回原处

(二) 盥洗活动的指导策略

1. 创设自主的盥洗室环境

环境是无声的老师,教师要善于将环境发挥最大效能。墙面上要有明确的洗手示范标记,让幼儿从中观察学习,有利于习惯的养成。设计时,教师要考虑幼儿年龄特点、实效性、童趣、美观等因素,适当调整洗手要求。如小班可用具体形象、立体的步骤示范图,让幼儿便于观察。中班在每一个步骤中,对于关键步骤用不同形式呈现,吸引幼儿注意。大班的幼儿已初步掌握洗手方法,老师可以只将重点步骤呈现。需注意的是,提供的示范图要在幼儿洗手视线范围之内,不能过高或过低,影响幼儿观察。

2. 形成生活课程

根据盥洗发现的问题、幼儿的原有生活经验、认知水平,对于普遍存在的盥洗问题,教师可设计集体教学活动来解决。教师也可以把洗手程序编成一些朗朗上口的儿歌,让幼儿一边念一边洗手,有自我提醒的作用。

3. 发挥榜样力量

教师是幼儿模仿的重要对象,一举一动都对幼儿发展产生潜移默化的影响。因此,我们要做有心人,平时要善于抓住一切有利机会为幼儿做好行为示范,用自己良好的盥洗习惯去影响他们。同伴是幼儿观摩学习的榜样,可在幼儿中树立良好的典型让其他幼儿学习,可采用结对子、一帮一的形式,相互交流观摩,取长补短,以此激发幼儿去模仿和学习。

4. 发起家园互动

经常与家长沟通,了解幼儿在家中的盥洗情况,引进家庭教育中的经验,使幼儿园的教育更具针对性。同时让家长了解幼儿园盥洗习惯培养的要求及方法,使家园教育保持同步,形成合力。建议家长在家中为幼儿创设良好、便利的盥洗环境,给孩子准备专用的洗手液和肥皂、毛巾、润肤油等用品,这些用品最好放在幼儿可以自由取放的地方。

　案　例

幼儿盥洗行为检核

检核目的: 为了更好地了解幼儿盥洗行为的发生与表现以及盥洗过程中幼儿可能出现的问题,设计此检核表(见表7-5)。

填答方式:

1. 当确定幼儿表现出以下行为时,予以检核。
2. 请以打"√"的方式圈选。

表 7-5 幼儿盥洗行为检核表

幼儿姓名：东东	班级：小班	性别：男	
幼儿年龄：3 岁 4 个月	检核日期：×年×月×日	检核者：张老师	
盥洗动机		是	否
1. 自身需求			
2. 模仿他人			
3. 老师要求盥洗		✓	
盥洗时的情绪状态		是	否
1. 积极主动			
2. 抗拒拖延			
3. 慢吞吞			
4. 心不在焉		✓	
5. 匆匆忙忙			
6. 高兴、轻松			
盥洗行为的具体表现		是	否
1. 能做到饭前、便后、手脏时主动洗手			
2. 吃完东西能主动漱口			
3. 起床或脸脏后能主动洗脸			
4. 清洗方法和步骤是否正确			
5. 洗手、洗脸或漱口时是否经常弄湿衣服		✓	
6. 洗手、洗脸或漱口时是否会嬉笑打闹		✓	
7. 盥洗时如果人多能否有序排队，谦恭礼让，不争抢			
8. 能否帮助他人完成盥洗行为			
9. 能否自觉关闭水龙头，节约用水			

分析评价： 案例中的幼儿处在小班刚来园的阶段，对于小班幼儿来说，从熟悉的家庭环境过渡到陌生的幼儿园环境，开始过集体生活，要学习基本的生活自理能力，对他们来说是一个不小的挑战。比如案例中的幼儿在盥洗环节中的表现是大部分刚来园幼儿都会有的表现：一般不能主动或自觉地进行盥洗活动，吃完东西后需要老师不断的提醒，他们才能去漱口，盥洗时经常会弄湿衣袖、地面，无法控制水龙头的大小，不懂得正确的洗手方法，等等。另外，如果没有教师引导就会出现拥挤、争抢、嬉戏打闹等一系列情况，所以对幼儿来说，盥洗环节适宜、有效的指导是非常必要的。

教育建议：
1. 首先需要消除幼儿的紧张和抵触心理，不要让盥洗成为他们的一种负担；也可以利用一些有趣的标志,创设优美整洁的盥洗室环境。

2. 教师可以和幼儿一起练习正确的洗手姿势,洗手时手放低,指尖向下垂,防止水流向衣袖。教师还可以和幼儿一起讨论袖子弄湿的原因和解决的方法。案例中的小朋友是由于水龙头开得太大,水比较急。那么教师就要引导幼儿注意把水龙头开得小一点,洗手时手不要离水龙头太近。如果是由于袖子挽得不好滑下来的,则让幼儿在洗手前互相帮助,把袖子卷得更高、更紧些。这样一来,不但能节约水,而且避免了弄湿衣服。

3. 针对经常弄湿衣袖的现象,教师可以尝试引导孩子们模仿长颈鹿弯着脖子、模仿小猴子伸长手臂、语言提示弯腰。这样一来,不但不会弄湿衣服,而且让洗手、漱口都变成了一件很快乐的事,孩子们不仅乐于洗手,并且掌握了正确的姿势,衣服再也不湿了。

第四节 午睡行为观察与指导

午睡是幼儿一日生活中不可或缺的环节。对环境、教师是否信任,在家里是否有午睡的习惯,心里是否焦虑,是否由于某些原因而对午睡产生了恐惧等都会影响幼儿的午睡状况。对于不同幼儿的不同需求,教师要通过耐心、细致、科学的观察记录,了解幼儿的睡眠状况、存在的问题及原因等,保证幼儿得到充分的休息,促进其健康成长。

一、午睡活动概述

（一）活动内涵

保证学前儿童充足的睡眠时间对他们的生长发育至关重要。在幼儿园一般是午餐后,大约12:30～14:30组织幼儿进行午睡,这样有利于幼儿恢复上午消耗的体力,为下午开展活动提供动力。

（二）午睡活动的意义

从医学保健的角度讲,幼儿睡眠时,呼吸变得深长,心跳也缓慢下来,全身肌肉得到放松,氧和能量的消耗最少。睡眠状态下的内分泌系统释放的生长激素大大高于平时。因此,睡眠问题直接影响着幼儿的身体健康、生长发育、学习状况。

从幼儿的生理特点上讲,在幼儿园一日生活中,在长时间的学习游戏过程中,安排午睡对补充精力是非常必要的。

从幼儿独立成长的角度讲,在幼儿园独立入睡以及午睡前后穿脱整理,不仅满足了幼儿手眼协调、精细化动作发展的需要,更为其生活自理能力的养成提供了良好的锻炼机会,帮助他们形成自我服务意识,体验到了成功感,增强了独立性。

二、午睡活动观察与指导策略

（一）午睡活动观察要点

午睡活动的常规主要包括：喜欢在幼儿园午睡,能独立入睡；懂得午睡对身体有益,养成按时午睡的习惯；做好情绪、如厕、物品等方面的睡前准备；知道脱衣服睡舒服,能正确穿脱衣服、鞋袜；入睡时盖好被子、避免着凉,保持安静,尽快入睡；知道正确的睡姿有益健康,入睡时保持睡姿正确；睡醒后不打扰同伴,有便意、身体不适或发现同伴有异常情况时及时告诉教师；按时起床,不拖拉,不等待,学习整理床铺。不同年龄段的幼儿在睡前、睡中、睡后的状态是不同的,教师应根据其特点给予具体、细致的指导(见表7-6)。

表7-6 午睡活动观察要点

	小 班	中 班	大 班
睡眠习惯	能否在成人的提醒下,按时睡觉和起床,并能坚持午睡	能否每天按时睡觉和起床,并能坚持午睡	是否养成每天按时睡觉和起床的习惯
衣物整理	能否在成人的帮助下,有主动穿脱衣服、鞋袜的意愿和行为,并知道衣物应有固定的放置地点	能否自己穿脱衣服、鞋袜,扣纽扣,并把自己的物品整理整齐	能否根据冷热增减衣服,会自己系鞋带,并能按类别整理好自己的物品
社交情况	能否在午睡时保持安静,有如厕及其他要求时能主动表达意愿并及时如厕	能否安静就寝,同伴间有相互协作的愿望和行为	是否能指导和帮助能力弱、年龄小的同伴穿脱衣物

(二)午睡活动指导策略

1. 睡前环节

(1)鼓励独立午睡。做好睡前准备,拉好窗帘,调节好室温、光线,营造温馨的午睡环境。幼儿上床前,将其随身携带的小物件(皮筋、发夹等)集中摆放,避免发生意外。指导幼儿睡前如厕、洗手,脱换衣裤鞋,并放在指定位置,动作紧凑,避免着凉,教师播放轻柔的音乐或优美的文学作品等,使幼儿感受午睡带来的舒适感和放松感。

(2)培养午睡习惯。指导幼儿穿脱衣裤、鞋袜,并摆放在固定位置,上床后盖好被子,保持安静,尽快入睡。引导幼儿右侧卧或仰卧入睡,保持正确睡姿,培养幼儿的自我管理能力。

(3)关注个别教育。对个别哭闹厉害、入睡困难或者有恋物习惯的幼儿,教师用多种方法安抚情绪,也可采取陪伴、延缓上床的方式,逐步改善其不良的午睡习惯。

2. 睡中环节

(1)及时巡查午睡。坚持做好每15分钟一次的巡查工作,并及时做好午睡记录反映幼儿情绪状况,如是否有咳嗽、流鼻血、睡眠异常等,便于离园时及时向家长反馈情况,引起重视。教育幼儿有便意、身体不适或发现同伴有异常情况时及时告诉保教人员。提醒常尿床的幼儿如厕,发现尿床及时换洗、晾晒寝具。保教人员的注意力要集中,动作轻柔,说话轻声,不离岗、不会客、不睡觉等。

(2)关注午睡环境。午睡室要适当开窗通风,保持寝室内空气新鲜,避免对流风吹在幼儿身上。夏天酷热时可使用空调,室温保持在23～26℃,冬季严寒时室温保持在18℃左右。午睡时间一般应达到2小时左右,可根据幼儿的年龄、季节的变化和个体差异适当增减。

(3)关注特殊儿童。个别幼儿做噩梦时,教师要抚慰或者帮其调整睡姿,使其恢复平静继续入睡。对幼儿出现高热、惊厥、腹痛等紧急情况,要及时通知保健医生或相关人员,立即采取恰当的方式处理,并带幼儿去医院就诊。

3. 睡后环节

(1)关注弹性午睡。幼儿起床时间可以根据季节、年龄等及时调整,实行弹性午睡。起床时播放轻松欢快的音乐,组织幼儿按时起床,可做3分钟左右的起床苏醒操,唤醒幼儿身心。教师全面观察幼儿的精神状态,发现异常,及时关注、抚慰。不要强制唤醒幼儿,尤其是小班的孩子,可以根据个体差异早睡晚起,或晚睡早起。

(2)指导整理衣物。指导和帮助小班幼儿穿好衣服,掌握穿衣顺序。教师检查幼儿衣服穿戴是否整齐、鞋子是否穿反,并帮助调整。指导中、大班幼儿独立有序地穿好衣服、鞋袜等,帮助幼儿学习梳头发、系鞋带,指导幼儿学习整理床铺。

(3)做好生活服务。起床后开窗通风,整理床铺,保持寝室整洁、美观,提醒幼儿如厕、盥洗、喝水等。将起床后发现的特殊情况及时补充到午睡巡视记录表中。

案 例

我能自己睡了

观察对象: 小鱼儿 女 三岁五个月

观察目的: 午睡时对玩具的依赖

观察记录片段1

观察时间: ×年×月×日

观察背景: 幼儿刚入园不久 情绪还没有完全稳定

观察记录:

午睡时间,小鱼儿抱着每天陪她睡觉的玩具小熊走向午睡室。老师这时用商量的口吻问:"小鱼儿,今天我们睡觉不抱小熊,好吗?""不嘛!"小鱼儿默不作声,好像快要哭了的样子。老师赶紧说:"那好吧,你今天还是抱着小熊睡觉吧。"

观察记录片段2

观察时间: ×年×月×日

观察背景:

今天,小鱼儿早上来园时忘了带她的玩具小熊,她爸爸在上午10点50分将玩具小熊送到幼儿园交给老师,并特别交代睡觉时一定给她,否则她会哭闹。

老师考虑试一试,先放在柜中,等小鱼儿哭闹时再拿出来给她。

观察记录:

小鱼儿吃好午饭,漱了口,上过厕所,走进午睡室。她请老师帮助她脱了衣服,并认真地将衣服叠放整齐,就上床钻进了被子。

老师过去拍拍她,她说:"我能自己睡了。"同时坚持不让老师拍,也没有吵着要小熊,12点20分安静入睡。

分析评价:

小鱼儿入园时家长就交代,她睡觉离不开陪了她三年的玩具小熊。因刚入园,幼儿还没有建立起足够的安全感和信任感,老师最初同意她抱着小熊,这有利于幼儿建立对幼儿园的安全感。入园一段时间后,小鱼儿在游戏等活动中表现出良好的状态,这次利用她忘记带玩具小熊来幼儿园的契机,成功帮助她第一次在没有小熊的陪伴下安静入睡。

教育建议:

1. 采用"循序渐进"的方式促进其形成良好的睡眠习惯。在幼儿逐步建立了对幼儿园的安全感和信任感之后,教师开始想办法帮助幼儿摆脱对一些特定物品的依恋,切记不可操之过急,更不可采用强硬的手段。

2. 家园配合,共同培养其良好午睡习惯。教师和其家长联系,要求家长在家中也帮助孩子养成不依赖玩具午睡的习惯,通过不间断地进行培养、教育,慢慢达到预期的目的。

 **案 例**

实况详录——不愿睡觉的小米

观察记录：午睡时，其他小朋友都已经安静地躺下，开始入睡。4岁的小米却一直无法安静入睡。他在床上翻来覆去，偶尔玩弄他的手和脚。他在头的旁边放了一只小玩偶，时不时地拿起玩偶，将其抛向空中，并努力用手去接，但没有接住。有教师穿过房间，小米便会伸着脑袋想看看老师在干什么。然后他又重新躺回床铺上，重复开始时的动作——玩手和脚，同时心不在焉地环视着教室里的椅子和床。突然，他开始大声地拍手。这时老师发出警告，轻声对他说："现在是午休时间，别吵，大家都在睡觉。"他盯着老师看了一会儿，然后一声不响地躺了回去，直到午休结束。

分析评价：案例中的幼儿表现出了两个比较突出的午睡问题：一是入睡困难，当别的小朋友都已经安静入睡时，这位小朋友却一直呈现出比较亢奋的状态，辗转反侧，难以入睡；二是出现了捣乱行为，比如在床上翻来覆去，发出异常声音，甚至还打扰其他小朋友午休等，虽然他也表现出了疲劳的状态，但仍然很难安然入睡。

教育建议：

1. 合理地安排睡眠时间，提高幼儿的睡眠质量，可根据幼儿的具体发展情况来灵活调整午睡时间。

2. 巧用策略，帮助幼儿尽快入睡，比如睡前安排讲一些小故事、听柔和的乐曲、玩一些小游戏等。

3. 帮助幼儿养成良好的睡眠习惯，比如养成正确的睡眠姿势、建立午睡的生物钟等。

4. 利用教学活动帮助幼儿认识午睡的好处，养成按时入睡的好习惯。

5. 家园合作，向家长了解幼儿在家睡眠的一些情况，也向家长宣传一些午睡知识，帮助家长提高认识，改变教养态度，达到家园协调一致，以促进幼儿养成良好的睡眠习惯。

6. 对幼儿影响他人午睡的行为，予以引导和教育。

 **案 例**

嘈杂的寝室

观察记录：又到了午睡时间，也是上午班教师和下午班教师的交接时间。两位教师正在谈论一个幼儿的情况，没注意到说话声音越来越大，于是班上的小朋友们也开始你一言我一语地躺在床上聊起天来。接班老师突然意识到这个问题，于是大声对孩子们说："眼睛闭起来，嘴巴闭起来，赶快睡！"上午班老师走后，有个小朋友突然对教师说："老师，我觉得灯好照人。你能把我上面的灯关掉吗？"就在教师准备回答时，右边的小朋友也赶紧说："我也觉得好照人，不要开我这边的灯。"教师听后果断地把灯都关掉，然后孩子们终于安静了。

分析评价：午睡质量直接影响着孩子的一日生活、学习，乃至身心健康。教师不仅要为幼儿上好课、组织好活动，同时，也要帮助幼儿养成良好的睡眠习惯。许多教师在孩子午睡时有和班上其他教师闲聊的习惯，对于刚要入睡的幼儿，这种嘈杂会使他们兴奋，更为那些平时就不容易入睡、喜欢午睡时说话的幼儿提供了说话的机会。所以，要求孩子入睡，教师自己首先要做到不打扰孩子入睡，确保孩子有良好的午睡环境。此外，案例中的教师还忽略光线对幼儿午睡的影响，导致幼儿入睡困难。

教育建议： 午睡环境的营造对幼儿午睡习惯的养成具有非常重要的作用，这就要求教师注意以下几点：

1. 睡前，教师要记得拉上窗帘、关灯，为幼儿入睡创造一个安静、柔和、舒适、宽松、空气流通的睡眠环境，从而提高幼儿的睡眠质量。

2. 有效地运用口头表扬策略。率先表扬几个睡眠习惯好的幼儿，提醒孩子们赶紧入睡。尽量少用命令式的语言提示幼儿入睡。

3. 教师以身作则，午睡时讲话轻、动作轻，给孩子树立榜样。

4. 教师可根据幼儿的年龄特点，在寝室内粘贴一些处于睡眠中的动物的图案，或者在墙上布置一些星星、月亮等符合睡眠环境的图案，以营造睡眠的气氛。

第五节　离园行为观察与指导

离园是幼儿园一日生活的最后一个环节，是幼儿一天生活的结束，是让幼儿身心放松进行整理的阶段。由于不同年龄段的幼儿身心发展的特点不同，来园时间又长短不一，在"离园"这个环节的表现和需求就不尽相同。作为教师，我们要细心观察，抓住有价值的教育契机，实施有效的指导和帮助，以满足幼儿各方面的需要，使幼儿的离园状态既兴奋愉悦又稳定放松，使幼儿的离园活动既充实有趣也体现一定的价值。

一、离园活动概述

（一）活动内涵

离园活动是指幼儿在园一日生活结束后，离开幼儿园或在家人的陪伴下回归自己家庭前的活动。教师在幼儿离园之前，首先引导、帮助幼儿做好清洁、整理工作。活动室应整整齐齐，幼儿仪表应干干净净，并提醒幼儿收拾好自己的小书包，带好回家物品。其次，要对一日生活进行简单总结，提醒到家后需要幼儿和自己父母互动合作的事项；表扬鼓励幼儿每天一点点的进步。最后，讲个故事或播放点轻快的音乐或让幼儿自由选择区域角游戏，提高幼儿的情绪，从而开开心心地回家。

幼儿离园时，根据需要向家长介绍幼儿在园的情况和听取家长的意见，并可适当地提点建议，为了孩子共同的教育恳请家长的合作。对暂时不能回家的幼儿要个别照顾、妥善安排，消除幼儿因久候家长不至而产生的急躁不安的情绪。

（二）离园活动的意义

经过一天丰富多彩的生活，幼儿获得了诸多的感受和体验，教师利用离园短暂的时光，有计划地组织幼儿进行离园整理，包括情绪情感的整理、仪容仪表的整理和离园物品的整理等，可以帮助幼儿梳理一天的活动和收获，对幼儿获得情感认知和情绪体验，提高自我服务技能和生活能力都具有重要的意义。

（1）组织好离园活动，能直接影响幼儿思想情绪及回家后的表现，对发展幼儿的身心健康起到促进作用。

（2）安排好离园活动是总结幼儿在园的生活表现、温习所学知识、施展各种能力的黄金时间。

（3）科学地组织离园活动对培养幼儿的独立性、提高自控力，发挥其主动性、创造性，创设了良好的氛围和提供了锻炼的机会。

(4) 离园活动是家长唯一能经常看到的幼儿园活动,它从一个侧面向家长反映了幼儿园的教育工作,是家园互动的一个窗口。组织指导得当,不仅能够提高幼儿一日活动的质量,发展幼儿的各种技能,也能使家长对幼儿园活动形成大致的了解和评价。

二、离园活动观察与指导策略

(一)离园活动的观察要点

离园活动的常规要求:幼儿能够保持一种稳定、愉悦的情绪等待家长来接,乐于自己整理仪表,喜欢干净和整洁;幼儿要学习管理自己的物品,并能有顺序地整理和摆放,根据自己的意愿选择离园活动,遵守活动规则;幼儿要尝试解决自主交往中的问题和冲突,与同伴友好相处,在离园时,会将玩具、材料、椅子等收放整齐、归位,保持环境的整洁和有序;幼儿要主动与教师、小朋友道别,约好明天愉快地来园,跟随家人离园,不独自离开,不跟陌生人走。结合离园活动幼儿的常规要求,教师要根据不同年龄段幼儿的实际表现,有重点地观察和引导(见表7-7)。

表 7-7 离园活动观察要点

	小班	中班	大班
物品整理	幼儿的个人物品是否带整齐	幼儿能否将自己的物品带回家	幼儿能否将自己的物品整理好
行为习惯	幼儿是否不随意奔跑,安静等待	幼儿能否安静等待,不随意奔跑	幼儿能否安静离园,不做危险的动作
文明礼仪	幼儿是否能在家长提醒下礼貌地与老师道别	幼儿是否能主动礼貌地与老师道别	幼儿是否能主动礼貌地与老师道别

(二)离园活动的指导策略

(1)离园前的物品整理。离园前帮助幼儿将玩具、衣物以及需要分发的书籍或物品提前放置好,指导幼儿收拾好相关物品,必要时对家长进行书面温馨提示。

(2)离园前的仪表整理。离园前帮助每个幼儿整理仪表,让家长看到的是衣着干净、整齐的孩子。

(3)离园前的家长沟通。离园活动是家园联系的重要枢纽,老师要利用这个环节,针对不同年龄段的孩子,就家长所关心的问题,以简单明了的形式告知家长,让家长清楚地了解孩子在园一天的情况,加强家园合作。

(4)离园活动的组织。离园环节作为一日生活不可或缺的部分,老师要有计划地组织好每天的离园活动,可选择一些受空间、时间、材料、人数等因素限制较小的游戏,老师容易组织,孩子们又乐意参与。

案 例

焦急的静静

观察对象:静静 女 三岁五个月
观察目的:离园时的情绪问题
观察时间:×年×月×日

观察背景： 幼儿刚入园不久，存在一定的分离焦虑。

观察记录： 离园的时间快到了，只见静静显得特别焦急，眼睛不时地瞟向门口。10分钟后，来接孩子的家长陆续站在了教室门口，孩子们也开心地迎向了自己的爸爸、妈妈、爷爷、奶奶。静静在看到妈妈的一瞬间，就扑了上去，眼泪汪汪地说："妈妈为什么不早点来接我？我要回家。"

分析评价： 幼儿入园初期、幼儿离园时会经常看到：幼儿一见到家长，就立刻扑到家长怀里；有的幼儿一见家长就大哭起来。这主要是由于幼儿刚到幼儿园，对幼儿园的环境还比较陌生，缺乏安全感，因此会感到陌生和无助，甚至出现心理焦虑。一旦见到家长，幼儿的这种情绪就有机会得到了释放，必然会影响到幼儿的离园。

教育建议： 在幼儿园的一日活动中，教师要多与幼儿进行肢体互动，如抱一抱、亲一亲、摸一摸，拉一拉幼儿的手等，同时还要创设有趣的游戏，营造快乐有趣的情绪氛围，使幼儿保持身心愉悦。此外，还要耐心安抚幼儿的情绪，在幼儿离园前做一些有趣的游戏。

丢三落四的小力

观察对象： 小力 男 四岁五个月

观察目的： 离园时的行为习惯

观察时间： ×年×月×日

观察记录： 离园时间，所有小朋友已经离园后，小力和爸爸又返回教室，教师询问原因得知是因为落下了今天做的手工作品。爸爸责怪小力粗心大意、丢三落四，小力不高兴地撅着嘴，皱着眉。

分析评价： 有时候，幼儿明明已经随着家长离园了，可是过了一会又返回来了，原来是有东西落在幼儿园了。出现这种情况，主要是由于幼儿的自制力正处在发展阶段，做事情常常缺乏计划性，有时很难坚持下来。日常生活中，家长把幼儿的一切事情全部包办，致使幼儿自理能力弱，在离园环节中，幼儿的整理活动一旦缺乏教师的提醒和指导就会有疏漏。

教育建议：

1. 在日常生活中，创设情境，利用故事、儿歌等形式，让幼儿知道：整理物品是良好的行为习惯，能够受到大家的赞扬。

2. 对于能够将自己物品整理整齐的幼儿，教师应及时给予肯定和表扬，给其他幼儿树立良好的榜样，使其他幼儿能够自觉地进行模仿。

3. 在幼儿整理物品的过程中，教师应该给予帮助，教其整理的方法。

 本章习题

1. 简述一日生活观察的基本内容。
2. 论述开展一日生活观察分析的意义。
3. 简述入园活动的观察、分析、指导要点。
4. 简述进餐活动的观察、分析、指导要点。
5. 简述离园活动的观察、分析、指导要点。

第八章

幼儿园集体活动观察与指导

学习目标

1. 认知：了解集体活动中对儿童行为观察的重要意义，明确社会、语言、健康、科学、艺术领域集体活动中儿童行为观察的基本要点。

2. 技能：掌握集体活动中儿童行为观察的基本要求及指导策略，能在集体活动中有效地观察、指导儿童活动的开展。

3. 情感：对集体活动中的儿童行为观察指导的责任有正确的认识，树立做好观察指导工作的决心。

经典导学

重新发现孩子的世界——"孩子王"池亦洋

池亦洋在伙伴们的心目中，比园长更有权威。池亦洋一段时间没来幼儿园了，当他兴致勃勃地回来的时候，却感受到了小朋友们的冷遇，他决定重新树立自己的权威。一场一个孩子和整个幼儿园的较量就此拉开帷幕……

镜头一：我要我的棍子

5岁的池亦洋是一个控制欲非常强的孩子，他抢走了刘柄栋的棍子，刘柄栋害怕池亦洋会打他，不敢跟他要回棍子，只好哭着请求老师帮忙。老师却鼓励他自己开口问池亦洋要，小男孩开始依然害怕而不敢开口，但老师却坚持鼓励他自己当面向池亦洋要回棍子，最后，小男孩终于勇敢地开口了。在这期间，另一个"讲义气"的小男孩站出来帮忙讨要棍子，小男孩先是威胁池亦洋，如果不还给人家就不和你做朋友了；可是这招并不奏效，小男孩又来软的，如果还给人家我就送给你一个玩具。然而，池亦洋却蛮不讲理地拒绝，还扬言要打人，甚至真的举着棍子朝老师打去……

镜头二：足球场上的"手球事件"

幼儿园组织了一场足球比赛，并安排两名教师与池亦洋对垒。池亦洋问：谁想当罗纳尔多？谁当罗纳尔多？他继续问："罗纳尔多踢球最厉害，谁想当？"池亦洋自言自语地说："佳佳当罗纳尔多。"这时旁边的小朋友问："那我当谁啊？"池亦洋回答："我们不守门，你也过去。"有一个小朋友反问道："那你怎么不过去呢？"他回答："我是守门员。"大李老师说："好了！现在开球。"……"啊，我们又得了一分，"大李老师说："我们得了两分了。"老师和其他小朋友正在踢球,而池亦洋却和陈炳栋发生了争执,栋栋说:"王丽老师,他让我当守门员。"

王丽老师只好安抚着陈炳栋,他哭着说:"我不想当守门员,我只想当踢球的。"池亦洋说:"我让他守门,必须有一个守门员。"陈炳栋摇摇头说:"我不想。"这时大李老师说:"我从来没有看过运动员哭过,除了输了球哭,噢你们是输了。"站在旁边的池亦洋说:"我才不哭呢,输了就输了,咋了?"其他小朋友说"对呀!"……

王丽和大李老师分别提醒池亦洋不能随意指挥别人的队员……进了一个球,结果不算数,因为比赛还没有开始,大李老师告诉他应该把球交给裁判。大李老师重新开球,有小朋友手球犯规了,要罚点球,池亦洋问谁手球了,大李老师回答:"你手球了。"而他不承认,老师说:"我知道你很伤心,但你必须要遵守规则。"只见很多小朋友都说"我不踢了",大李老师说:"对方球员也都走了。"池亦洋:"混蛋,我不踢了!"而大李老师耐心教导:"你又骂我混蛋了,我们在做事,在一起踢球,不管说什么,我们在讲规则,你不可以骂人,你这是进行人身攻击,……裁判就是权威啊!"

镜头三:"谁是领导谁说了算"

故事课上,大李老师在讲《牛郎织女》的故事,小朋友们都聚精会神地听着,只有池亦洋神情漠然,无精打采。但是一下课,池亦洋立刻来了精神,在沙坑中像是一个小将军,开始组织小朋友游戏,居然对站在一旁的大李老师也下起了命令:"我给你分配一个任务……"

池亦洋:"我让你把那些……"

大李老师不服:"你凭什么给我分配任务啊?"

池亦洋振振有词:"我可以给你分配任务!"

大李老师:"你为什么可以给我分配任务?"

池亦洋:"因为我是这儿的领导!"

大李老师:"你是谁的领导?谁任命你是领导?"

池亦洋:"大家!"

大李老师闻言立刻向周围的小朋友们进行求证:"栋栋,阿秋,云迪还有佳佳,你们过来!你们任命他当领导是吗?"

问了一圈,大家都没有明确的表态(谁也没说话)。

大李转向池亦洋两手一摊:"他们都没说。"

池亦洋见大家都没有出面拥护他,开始面露不悦:"他们不说,不想告诉你!"

大李老师将了他一军:"那没说,我就不能证明你是领导!"

自尊和权威受到了挑战,这是池亦洋最不能容忍的,他冲口就骂:"混蛋!"

大李老师严肃地说:"你骂我,我非常生气,你不可以骂人,我在跟你讲理,你如果再骂我,我请你坐反思角。"

池亦洋左手一挥:"出去!"

大李老师还在讲理:"我没有骂你,对吧,我骂你了吗?我没骂你,你也不可以骂我!"

池亦洋自知理亏,转头叫住身边的一个小朋友:"蔡云迪,我是不是领导?"

大李老师问蔡云迪:"我可以不听他的话,因为你们没有说他是你们的领导,是大家的领导。"

池亦洋赶紧向蔡云迪施压:"你现在问问他。"

蔡云迪赶紧说:"是!"

这一声"是"给池亦洋送来了救命稻草,他立刻骄傲地把脑袋抬起老高,很得意。

大李老师有点儿泄气:"但是我不喜欢一个骂我的领导,你刚刚骂我混蛋了!"

池亦洋以一个胜利者的姿态对大李老师说:"对不起,那你走吧,干自己的去吧!"

大李老师苦笑了一声:"好吧!"只好走开了。

三个镜头描述了北京郊区一所名为巴学园的幼儿园日常生活中不同的交往场景,为我们勾勒出一个霸气冲天的"孩子王"池亦洋的形象,从中我们领悟到孩子有他们自己的世界。面对一个充满阳刚之气的小男子汉,幼儿园的大李老师却始终坚持以"孩子是脚,教育是鞋"为教育的基本理念,开展以尊重培养尊重的教育、用生命培育生命的教育。同时,尊重幼儿的选择和决定,保护并引导着幼儿的天性,留给幼儿反思的时间和认识自己的错误,从而促进每个幼儿人际交往和语言表达能力的发展,为其社会化奠定了基础。由此可见,在社会活动中,教师如何引导儿童形成良好师幼关系、同伴关系,关键在于引导和沟通。那么,什么是社会活动?社会活动包括哪些种类?教师如何观察儿童在社会活动中的行为呢?

第一节　社会活动观察与指导

一、社会活动概述

(一) 社会活动基本含义

幼儿园的社会活动主要指幼儿园的一日生活中的各种人际交往活动,强调以幼儿为主体,建构良好的师幼关系、同伴关系、亲子关系,帮助幼儿形成良好的习惯,进一步促进其社会行为的发展。社会行为既是社会心理的外部表现,又是社会化的结果。根据社会行为所起作用的不同,可分为积极和消极两种,积极的社会行为被称作亲社会行为;消极的社会行为被称作攻击性行为(或反社会行为)。

(二) 社会活动分类

1. 亲社会行为

每个人作为社会的一员,需要与他人进行交流与合作,而亲社会行为正是我们与他人形成良好人际关系的前提。亲社会行为泛指对他人、集体和社会有积极意义的行为,助人、分享、安慰等都是亲社会行为的具体表现。幼儿在1~2周岁时就表现出亲社会行为的萌芽,此后随年龄的增长,儿童的亲社会性将不断得到发展。

(1) 从产生动机的角度来看:根据引发亲社会行为的动机,可以把它分为由利他主义引起的亲社会行为和非利他主义引起的亲社会行为两类。

(2) 从表现形式的角度来看:亲社会行为具有多种表现形式,如谦让、分享、助人、合作、忠诚、安慰、尊重别人的权利及感情、捐赠、援助、无畏、牺牲、保卫等,但主要表现为分享、助人、合作、安慰四种典型的亲社会行为。见表8-1。

表8-1　幼儿亲社会行为的表现形式及含义

表现形式	含　　义
分享行为	幼儿愿意将自己拥有的东西与其他个体之间分享、使用或馈赠给他人等的行为
助人行为	助人行为是指任何一种帮助有困难的他人的行为,以促进有困难的个体增强能力,克服所遇到的困难或做出有效决定以及改善他人幸福的行为
合作行为	合作行为主要指两个人或多个人为实现共同目标而结合在一起,他们相互配合、调整自己的情感和行为,寻求一种既有利于他人又有利于自己的行为结果

续　表

表现形式	含　　义
安慰行为	安慰行为指个体觉察到他人的消极情绪状态，如烦恼、悲伤、哭泣等，试图通过语言或行动使他人消除消极情绪状态，变得高兴起来的亲社会行为

2. 攻击性行为

又称侵犯性行为，指幼儿有意伤害他人身体或心理、争抢或破坏他人物品的行为或倾向，如踢、咬、揪、扯、骂、夺等。这与幼儿的生理、认知、情绪情感和社会环境等内在和外在的因素密切相关。在幼儿、青少年中攻击性行为是一种普遍存在的行为，在幼儿社会化过程中，由于社会的要求，才逐步学会控制攻击性行为。幼儿的攻击性行为是一种不受欢迎的却经常发生的行为，其发展状况对儿童人格、个性品德、社会化的发展具有重要的影响。

幼儿攻击行为可以分为以下四个维度：敌意性攻击（身体攻击）、言语攻击、工具性攻击（财物攻击）和关系攻击，具体见表8-2。

表8-2　幼儿攻击性行为的表现形式及含义

表现形式	含　　义
敌意攻击	攻击者利用身体动作直接对受攻击者一方实施攻击，如打人、踢人、咬人、推搡等；由于看到别人身体或心理受到了伤害，攻击者攻击会体验到满足、兴奋
言语攻击	通过口头语言对受攻击者实施的行为，如骂人、嘲笑、讽刺、造谣污蔑、说坏话等
工具攻击	儿童为了争夺物体、领土或权利，霸占他人的物品或空间而发生的身体上的冲突，且使被攻击对象受伤的一种行为，如抢玩具、抢座位、抢占食物、图片等
关系攻击	通过他人对受攻击者实施的行为（游戏排斥、造谣离间等），如替好朋友打抱不平或受人指使霸凌他人

（三）社会活动的特点

1. 亲社会活动的特点

（1）存在性别的差异。通常女孩的亲社会行为明显好于男孩，一般社会文化期待女孩比男孩更具亲社会的特点，如富有同情心、友好、更为合作、乐于助人等，往往决定了女孩比男孩的亲社会行为多一些，更容易帮助别人。

（2）随着年龄的增长而增多。中班、大班幼儿的亲社会行为通常好于小班幼儿，即幼儿亲社会行为随着幼儿年龄的增长而增加，而且年龄越大的幼儿越能以较适当的方式协助他人，这是因为年龄大比年龄小的幼儿会拥有更多的特定知识和技能。

2. 攻击性行为的特点

（1）攻击性行为的方式随年龄的增长而变化。首先，从攻击性行为表现形式来看。随着幼儿年龄的增长，幼儿的攻击性行为也会有不同方面的表现。年龄小的幼儿倾向于更多地采用工具性攻击，仅仅是为了自己的玩具、吃的或游戏等，但随着年龄的增长，儿童具有了推测对方行为的意向和动机，因此以使用工具为主的攻击性方式逐渐转变为更多使用以人为中心的敌意性和报复性攻击。

其次，从攻击性行为发生原因或前提条件来看。对年龄较小的幼儿来说，攻击性行为的发生多以工具性攻击表现形式为主，是由于争夺物品或空间；而随着年龄的增长，生活常规、游戏规则、行为规范等社会性问题慢慢地成为引起幼儿攻击性行为的主要原因。

（2）攻击性行为的方式随年龄的增长而减少。从发生频率上看，一般中班儿童的攻击性行为明显多于小班和大班的。4岁前随着年龄的增长呈线性下降。尤其是幼儿身上常见的无缘无故发脾气、抓人、踢人、乱扔东西、推人的行为会逐渐减少,这主要由于年龄的增长,儿童逐渐"社会化",认知水平不断提高,判断是非对错的能力也有所增强,比以往时候能够清楚什么行为是可以接受的,还能体会到被别人欺辱的"感受"。

(3) 幼儿的攻击行为存在性别差异。攻击性行为倾向与雄性激素水平相关,男女两性在攻击性行为方面的差异可以概括为两个方面:一是攻击倾向的差异,男性比女性具有更强的攻击倾向,在生命早期,男孩的攻击性就高于女孩;二是反映性的差异,男女两性在攻击的整体水平上并不存在差异,男性使用较多的直接身体攻击,如男孩在受到攻击后容易采取报复行为,而女性则使用间接攻击多于男孩,表现为哭泣、退让、或报告老师,通常使用言语攻击,女性对攻击的抑制性强。较大的男孩在与同伴发生冲突时,如果对方为男孩,则容易发生攻击行为,但如果对方是女孩,则可能减少一些。

(四) 社会活动的意义

1. 亲社会行为的价值

儿童的亲社会行为,是其个性和社会性发展的重要表现。亲社会行为是个体在社会化过程中形成的,早期的亲社会行为有助于儿童将来的学业和社会功能成就,可以防止儿童抑郁情绪和犯罪倾向的生成,促使儿童自我提升、自我接纳和自我满足,也有助于更好地进行人际交往并适应社会,从而为幼儿的一生发展奠定基础。

首先,对幼儿个体而言,亲社会行为的发展有助于其融入周围环境。人与人之间的团结友爱行为是友善和联盟的信号,能引发交往对象的积极情感,有利于在交往过程中形成更为密切的人际关系。儿童表现出的合作、分享、帮助等亲社会行为,会帮助他们在社交活动中获得成功。幼儿因帮助等亲社会行为而获得他人的感谢和赞美,可以使他们在能力感与价值感上获得满足,从而形成积极的自我意识。

3~6岁儿童在人际交往中容易做出积极的行为,可以说3~6岁是培养亲社会行为的最佳时期。周围的人每次出现的亲社会行为都会成为幼儿学习的榜样。当幼儿自己成为亲社会行为的受益者时,他们通常会更加仔细地观察和思考这种行为是如何实施的,以此作为自己身体力行的样板。儿童年幼时在亲社会行为方面受到的良好影响会一直持续到成年,那些具备亲社会态度与行为的儿童成年后也会表现出积极的生活态度。

其次,亲社会行为的出现还有助于形成具有积极意义的群体,进而影响整个社会文化氛围。一般来说,注重实践亲社会行为的群体,其成员之间的互动更加友好,而且群体行动的效率更高。同时,儿童若在群体活动中能关注他人的感受,群体成员之间经常出现互助、合作、分享等行为,这对群体归属感的产生具有积极的作用。在这样的群体中形成积极的群体意识的儿童,无论到了怎样的新环境中,都能成为其群体关系的"润滑剂"。

2. 攻击性行为的危害

这一行为不但会对他人或集体造成危害,对个体的健康发展也是很不利的,而且也阻碍幼儿社会性、个性和认知等方面的发展。大量研究表明,有攻击性行为的孩子,其同伴关系一般较差。大多数同龄孩子会对其避而远之。在小班,由于一些攻击性行为较强幼儿的影响,往往导致受其欺负的小朋友产生心理恐惧,甚至不愿去幼儿园。由于攻击性幼儿惹是生非,常常影响正常的生活和教学秩序,使得老师需要花费大量时间和精力去解决矛盾、冲突或纠纷,故而大部分老师对这样的儿童时常感到头疼甚至是束手无措。

攻击性行为还会延续至青年和成年,会造成人际关系紧张、社交困难等问题。更要引起人们重视的是,如果对幼儿的攻击性行为不及时加以干预、矫治,那么这种儿童长大后很容易走上违法犯罪的道路。据资料表明,在青少年暴力犯罪的犯罪行为中,70%的暴力少年犯在早年儿童期就被认定为有攻击性行为。由此可见,幼儿的可塑性是很强的,广大幼教工作者和家长更应加强这方面的认识,及早干预,进一步对幼儿攻击性行为的控制与矫治。

二、社会活动中的观察指导策略

(一)理解尊重幼儿,立足于幼儿的长远发展

《纲要》明确指出:"幼儿园教育应尊重幼儿的人格和权利,尊重幼儿身心发展的规律和学习特点,以游戏为基本活动,保教并重,关注个别差异,促进每个幼儿富有个性地发展。"可以说尊重幼儿对幼儿来说意义重大,尊重是建构良好师友关系的前提。尊重幼儿也就是让幼儿对自己充满自信,相信自己有能力做出正确的选择和判断,更不能把成人的要求强加于幼儿,而是鼓励幼儿敢于发表自己的意见与看法,相信幼儿有自己的见解。教师既要尊重幼儿的感受,建立平等师幼关系;又要尊重幼儿的想法,给予幼儿心理自由。教师既要尊重幼儿的需要,保护幼儿的自尊心;又要尊重幼儿的差异,增强幼儿的自信心。总之,教师应本着"教育面向未来"的态度,坚持"育人为本"的儿童观,注意个体差异,我们更要注重幼儿健康心理的培养,把培养自尊、自信、自主、独立性、社会交往能力与创造性等,渗透于幼儿园的一日生活活动之中,发挥其主体性作用,从而促进每一个幼儿富有个性化的发展。

(二)把握幼儿指导的时机

在幼儿园日常教育活动中,常常出现一些情况会让教师处于介入和不介入的两难境地,在介入时机的选择上往往也会出现不能适时介入或总是提早介入的情况。可以说把握好介入的时机,是教师专业成长的必修课,针对不同情况应做到心中有数。

1. 当幼儿反复操作没有进展时

在现实生活世界中,幼儿满眼都是有趣的事情,他们会以自己的方式来尝试认识和理解这个世界。但由于幼儿的能力各不相同,他们所表现出来的行为方式自然也会不同。比如在科学活动(数学操作或角色游戏中),有的幼儿会出现重复性的行为。这些重复性行为在成人的眼中有时会被理解为缺乏创造性或者是低效活动,这时教师就会忍不住对幼儿的行为加以阻止或者提供帮助。其实这是教师对幼儿学习能力的低估,是以成人的眼光来看待和判断幼儿的行为或表现。

2. 当幼儿遇到困难或出现认知偏差时

幼儿的探索兴趣无穷无尽,他们经常会遇到一些难以解决的困难,教师这时要"学会等待"。只有当幼儿的探索兴趣即将消失时,教师的干预才是积极的。在教学或游戏中,教师如果不耐心等待,过早介入幼儿的活动,就可能导致幼儿原本富有创造性的想象活动因一个标准答案的出现而告终。面对幼儿的困境,教师需了解幼儿的困难所在。适时介入但不是急于给出问题的答案,而是要通过投放材料或是提出有价值的问题,为幼儿搭建起认知的桥梁,帮助幼儿自己解决问题。

3. 当幼儿之间冲突出现时

比如在角色游戏中,经常会出现都要做娃娃家的妈妈或者是争抢新玩具的现象。一旦出现类似事件,有的教师会担心幼儿不能很好解决而马上介入,进行阻止和规劝,这就使幼儿丧失了一次自己解决冲突、体验情绪、达成理解的机会,甚至会造成幼儿社会化过程中某些方面的缺失。在这样的情况下,教师只是冷静观察和等待幼儿解决问题是不够的,而应该在等待的过程中,不急于判断,留给幼儿更多的真实的交际空间。同时,针对不同年龄阶段的幼儿,给予不同的帮助和支持,促使幼儿在冲突中获得更多的体验,尝试自己解决问题。

4. 当幼儿不遵守某些规则时

"无规则不成方圆",幼儿一日生活有常规、游戏中有规则,然而幼儿在幼儿园发生不遵守规则的事情时有发生,因为幼儿正处于一个对世界认识和探索的初级阶段,对许多事情都充满了好奇,同时自我约束能力又十分有限。面对幼儿出现的一些行为,许多教师会依据心中早有的好坏标准

去判断,予以制止或批评。例如幼儿园的阅读区,一般规定不让幼儿乱动,但有的幼儿还是会抓准时机去动一动,随便翻书或者乱扔乱放。此时教师如果去制止或批评,可能就会扼杀幼儿今后探索世界的勇气,或者打消对阅读的兴趣。当然,如果发生危险情况,教师必须立即介入。

(三)公平地对待每个儿童

处于幼儿期的孩子虽然年龄较小,但是他们也有感觉,可以从教师的一些日常生活中的行为、语言中了解教师所表达的意思,可能不经意间的一句话、一个小动作已经深深地伤害到了幼儿,所以教师的每一句话、每一个动作都应该经过深思熟虑后再进行,这样能避免一些对儿童情感上的伤害。爱幼儿,平等地对待每一个儿童,把可以体验成功、体会快乐的机会公平无私地分给每一个幼儿,作为幼儿教师应当像天平称物一样均分给每一个幼儿,这样才能给每个孩子平等的机会。教师不应该拒绝很多幼儿想表现自己的请求,如对那些不善言谈,看起来似乎是不够大胆的幼儿,应该让他们从心里感到教师是信任他们的,认为他们是有能力的,还应该努力创造条件,平等地给他们充分表现的机会。只要用真心对待每一个幼儿,遇到事情能够多思考,多一分理解与宽容,这样"偏爱"和"不公平"的现象也就会渐渐减少甚至是不会发生,每一个幼儿也能快乐、全面地成长。

案例

分享行为之"它们都是我的,你不许动"

行为观察:今天上午开展户外搭建活动,就在大家玩得不亦乐乎时,第一组的小朋友传来了一阵吵闹声,高老师走过去,看到亮亮正抱着很多积木,而且还正要拿更多的积木,嘴里还说着:"这些都是我的,谁都不能拿!"乐乐十分困惑地站在旁边,说:"我也想玩。"亮亮回答说:"你不能玩,我需要这些积木,你一个都不能拿!"老师把手放在亮亮的背上,然后小声对他说:"过来,亮亮,这有这么多的积木呢,给乐乐一些。"亮亮:"不行,这些我都要用的,给了他,我就无法玩了"。

乐乐决定自己采取措施,他捡起亮亮没有拿到的散落在四周的几个积木就开始玩了起来。结果被亮亮发现了,一脚踢飞了乐乐正在搭建的积木,大叫道:"它们都是我的,你不许动!"高老师很生气,开始教导亮亮要懂得分享,几分钟后,强行从他那里拿了一些积木给了乐乐,并把他们拉开了一定的距离。没想到亮亮突然站了起来,跺脚哭着说:"我讨厌你们!你们拿走了我的积木!"老师不再理会亮亮,而是有意识地开始防备亮亮的不良举动……

行为分析:在幼儿园的社会活动中,老师经常要求幼儿分享。如每个小朋友只能拿几个,那就会要求"跟其他小朋友一起玩不能自己一个人玩""有好吃的可以和大家一同分享,老师帮你分给大家吃""你不能拿这么多,这是不对的……"等。在成人的眼里玩具和食物不是什么重要的东西,是应该并可以分享的。但是对于幼儿来说玩具和食物可能是他们最珍贵的所有物。本案例中,高老师的这一要求不太合理,也不太符合幼儿的心理需求,所以分享要求被亮亮拒绝了。由此可见,幼儿不愿意分享的行为是正常的,作为教师我们不能断然评价幼儿小气、霸道,而采取强制的处理方法。

行为指导:《指南》中明确指出:"要充分认识生活和游戏对幼儿成长的教育价值,把握蕴含其中的教育契机,让幼儿在一日生活中,在与同伴和成人的交往中感知体验、分享合作、享受快乐。"因此,教师应接纳孩子的情绪,做好疏导,充分尊重儿童的心理需求,理解幼儿的行为需要,更要了解他们的年龄特点和个体差异,营造适宜的环境引导幼儿分享,如提供充足的玩具、操作材料,而非强制与纯粹的说教。

在一日生活中体验分享,让幼儿在交往中去感知体验和学习,可以允许幼儿适度不分享,如寻找一位愿意与之合作,性格温和的儿童,带他主动寻找一起玩的机会:"我们可以和你一起玩吗?我们想和你一起玩你的玩具。"在游戏中要求分享:要求分享不等同于强制分享,老师可创设一个情境,让亮亮参与其中,谨慎选择方式来鼓励亮亮学会分享物品,并让他知道你是多么欣赏他和你一起分享。如亮亮不愿意,可简单地说:"好吧,也许等一下,我们可以一起玩。"然后走开,让幼儿知道分享是积极的活动,不是被强迫的活动。在同伴中学习分享:慢慢减少教师的参与度,支持鼓励分享的小朋友一起讨论游戏的细节,通过老师的关注和表扬对他们进行间歇性强化。之后在幼儿愿意分享的时候才进行分享,真正感受分享带来的乐趣,从而让分享行为得以正强化。

助人行为之"尿裤子后,谁能借我备用裤"

行为观察:一天中午我值班,起床后发现涛涛小朋友尿床了,但他没带备用裤子,班上的备用裤子还没干,我想趁机培养幼儿助人为乐的良好品质,就问:"孩子们,我们班有一位小朋友不小心把裤子尿湿了,谁愿意帮助他?能借一条裤子给他吗?"孩子们都说没有(的确,大班的孩子很少尿裤子,家长一般都没为孩子准备备用裤)。我突然记起,马一鸣带有备用裤,就对他说:"你书包里不是有裤子吗?请借来用一下,好吗?"但他磨磨蹭蹭,极不情愿。我本想,孩子实在不愿意就算了,不用勉强,但找遍了全班,只有马一鸣带了备用裤子,我就说:"马一鸣,我们要做一个助人为乐的孩子,你把裤子借给尿裤子的小伙伴穿一下吧!"虽然犹豫不决,但在老师一再要求下他还是把裤子借给了同伴,但我分明看到孩子心里的不情愿,甚至还有点小小的委屈……

在休息时,我把马一鸣请到身边,想和他好好聊聊,可还没等我开口,他的眼泪就吧嗒吧嗒掉,那委屈伤心样让我好心疼,也让我意识到自己让他借裤子的事有些鲁莽欠妥。我把他抱在怀里,在交谈中,我才得知,今天一鸣带在包里的裤子是妈妈从外地旅游时新买的生日礼物,平时格外珍惜,所以他怕把新裤子弄脏,所以不愿意借,而老师非要借走,自己就觉得非常难过……马一鸣的伤心让我对他很有些歉意,愧疚之情无法言表。

行为分析:《纲要》指出要培养幼儿"乐意与人交往,学习互助、合作和分享,有同情心"。可见,助人行为是中华民族的传统美德,也是幼儿园重要的教育内容。6~12岁是助人行为发展最快速的时期,但受道德水平发展的影响,幼儿的助人行为多数为个人意图,只有少部分的才属于利他行为。在本案例中,虽然教师最后时刻幡然醒悟,认识到自身的错误,却为我们敲响了警钟,平常我们总是理所当然地要求幼儿之间要互相帮助,却很少顾及幼儿的心理,甚至在无形中异化了幼儿助人为乐的动机,这样的助人怎会有"乐"?怎会有成效呢?

行为指导:问题的根源在于教师没有征求幼儿的意见,擅作主张把裤子借给他人。因此,教师可以把涛涛叫到一边,告诉他马一鸣借他新裤子的事,并提示他要感谢,还要爱惜,洗净后再归还。同时,幼儿的可塑性强,最善于模仿,耳濡目染对孩子的影响深远。可以以这一事件为教育契机,面向全班幼儿讲讲马一鸣把新裤子借给同伴的故事,夸奖马一鸣的助人行为,鼓励大家要向他学习。从关心他人入手,注重同情心的培养,如帮助同伴盖被子;给有困难的小朋友扣纽扣、搬凳子、端饭、整理玩具;不自觉地爱护小动物等。

合作行为之"幼儿园小班不愿意分享奥特曼的超超"

行为观察： 又到了星期三，这是幼儿自带玩具来园的时间，别的孩子都找到了朋友，把自己喜欢的玩具的性能和玩法介绍给同伴，与同伴分享交往的乐趣，然而，超超却蹲在桌脚，低头摆弄着自己带来的奥特曼，这时鹏鹏走了过去，想和他交换自己带来的小汽车，可他不理睬，仍旧专心地摆弄着他的奥特曼。不时嘴里还发出"哈、哈"等听不懂的话，鹏鹏又在那儿看了一会儿，用恳求的语气说："让我们换着玩玩吧。"说着用手摸了一下奥特曼，这下不得了了，一声声歇斯底里的哭叫声打破了平静的气氛，孩子们纷纷停下了手中的玩具，一个个跑了过来，只见他一把眼泪一把鼻涕，指着鹏鹏大声说："谁让你动我的东西，这是我的……"由于超超的父母忙于工作，平时由爷爷奶奶照看，老两口对孙子宠爱有加，凡是孙子开口要的都满足他，而且是马上要做到，久而久之孩子变得很任性。

行为分析： 虽然经过了托班一年和小班半年的集体生活，大部分幼儿已经萌发了合作的意识，但其认知和行为严重脱节，幼儿在行为中还很难做到真正意义上的合作。亲子关系疏远，隔代教养埋隐患，容易过度溺爱，大人的"给予"，没有了他的"付出"，有的是"唯我"，缺少了"平等的合作"，长此以往养成了超超自私、孤僻的性格，与同龄人交往的缺失导致个性发展受到影响，慢慢地产生了交往障碍。

行为指导： 无论是在游戏，还是在学习、生活中，如果能主动配合、分工合作，协商解决问题，协调关系，就可以确保活动顺利进行，同时每个人都从相互配合中实现了目标，这就需要合作。首先，教给超超与同伴合作的态度——愉快的合作。让他明白：如果你不好好地和别人玩（合作），别人也就不会和你玩（合作）。其次，教给幼儿与同伴合作的语言——友善的语言。如："你愿意和我玩吗？""我们一起玩，好吗？"等。再次，教给他与同伴合作的方法——恰当的方法。如：让幼儿轮流担当某一普遍喜欢的角色。当然这种合作意识、合作技能，不可能在一两次的合作教育活动中就产生、形成。因此，需要教师耐心地传授方法和技能，还必须贯穿于整个教学活动中，当幼儿稍有进步时就施以表扬和鼓励，从而让他们体验成功的快乐。

具有攻击性行为的亮亮

行为观察： 亮亮，男，5岁，脾气暴躁，是一个特别淘气的孩子，经常有意无意地打伤和撞伤同伴，在班上有着很高的"知名度"，就连班级从未谋面的家长通过自己孩子也知道了他。与同龄人相比，亮亮情绪变化快，高兴了就会大喊大叫，不如意了就会乱扔玩具、摔东西，自控力较差，对自己喜欢的东西常表现出强烈的占有欲，如看到其他幼儿有好玩的玩具，伸手就拿，甚至使用武力抢夺。另外，亮亮在中班虽然个子较矮，但力气很大，经常欺负其他小朋友，如突然跑过去把别的小朋友推倒在地，有时会有意去拧其他小朋友的脸，有时模仿动画片或电视剧里的武打动作，指手画脚，向其他小朋友操练一番，有时冷不丁地突然撞到老师的身上，要你抱着他，会显得特别高兴。

行为分析：

1. 情绪不稳定

3～6岁幼儿处在人生发展的关键期，幼儿社会情感迅速发展，情绪往往具有易冲动、易外露、易感染等特点。本案例中,亮亮的情绪就不稳定、脾气暴躁、易冲动,时常乱发脾气,稍不如意就会出现强烈的反应,如大喊大叫、哭闹、摔东西的现象,这为攻击性行为的产生埋下了隐患。

2. 自我控制能力差

幼儿年龄特点决定了其身心发展不成熟、不完善,对于外界的刺激容易产生兴奋、难以抑制的情绪,抵制诱惑的能力差。自我控制力差,认知水平低,考虑问题往往以自我为中心,不善于控制自己的行为和愿望,这缘于幼儿神经纤维尚未完善,神经兴奋强于抑制。如亮亮缺乏自我控制,行为表现较为随意,这不利于幼儿良好个性的形成,在一定程度上也阻碍了他的同伴关系。

3. 好模仿

好模仿是幼儿的天性,模仿是学习之母,没有模仿就没有孩子的成长。幼儿期最富于模仿,幼儿的模仿往往与好奇心有关,看见别人玩什么,自己也玩什么;看见别人有什么,自己就想要什么;当看到别人做什么的时候,他也会学着去做。整个幼儿期,幼儿无时无刻不在模仿,不仅模仿行为,也模仿成人的语言、神态等,一方面学会各种技能,另一方面了解周围的事物,获得更多的认知经验,这对后续发展具有潜移默化的影响。幼儿的模仿能力很强,但辨别是非的能力较差,模仿时没有明确的道德标准,不是专门模仿好的行为,也不是专门模仿坏的行为,而是从兴趣、爱好出发,对什么有兴趣就模仿什么。正如本案例中,亮亮平时喜欢看动画片,并且对武打画面比较感兴趣,无意中模仿了喜欢的动作,导致行为具有一定的攻击性。

行为指导:《幼儿园教师专业标准(试行)》(2012),着重强调"师德为先"的教育理念,一名合格的幼儿教师必须"关爱幼儿,尊重幼儿的人格,富有爱心、责任心、耐心和细心;为人师表,教书育人,自尊自律,做幼儿健康成长的启蒙者和引路人"。因此,对有攻击性行为的幼儿,教师应以预防为主,防微杜渐。

总之,教师要采用正面引导的策略,矫正幼儿攻击性行为。

(1) 优化幼儿的活动环境,减少环境中的不利刺激。第一,优化幼儿的活动环境,提供充足的材料与空间。如果孩子仅在幼儿园有攻击性行为,家长和教师应观察是否因为环境过于拥挤、太明亮、太吵闹了等问题,触发了孩子的攻击性行为。幼儿园班额大,而活动场地、空间不足。在同伴之间过于拥挤容易造成摩擦、争吵,甚至是攻击性行为。因此,在环境创设、材料投放、活动安排与组织时,要尽量提供足够的活动空间、丰富的玩教具、游戏或操作材料、书籍等。

第二,远离环境中暗示和鼓励攻击性行为的影响因素,创设和谐自然、温馨舒畅的教育环境,模仿是幼儿的天性,也是幼儿学习的主要方式之一。尽量避免提供有攻击性倾向的玩具(如玩具枪、刀等),例如,可设法让他明白打人、推人、抢夺等行为是不对的,小朋友、老师和家长都不喜欢。即使幼儿攻击行为发生的动机可能是善意的,如"打抱不平"等,也要及时教给其正确解决方法。应该注意的是,矫正的重点不在于训斥、批评儿童的攻击性行为,而在于及时帮助幼儿明确非攻击性行为的方式和方法。

(2) 帮助幼儿转移情绪,提供宣泄情绪的机会。第一,提供情绪训练法。3~6岁幼儿处于人生发展的起始阶段,其年龄特点、身心发展规律,决定着儿童行为、情绪、情感更容易受外界环境的影响。针对幼儿的情绪特点,可以采取情绪调节、移情训练方法,如运动方式(拍球、打沙包、跑步)去宣泄;采用语言倾诉法:将内心体验和侵犯性情感大胆表达出来或引导幼儿在适当的场合大哭、大喊大叫一通;增添"情绪宣泄室",让情绪得以释放,避免攻击性行为的产生。

第二,加强侵犯性情感的宣泄教育。有关资料表明,儿童攻击性行为有如下表现:言语较多,喜欢与人争执,好胜心强;情绪不稳定,脾气暴躁;易冲动,自制能力差等。根据这一特点,教师可以采用移情训练法正确引导,引导他们在适当的场合与时间大哭大叫一通,以宣泄内心无法排泄的挫折、愤怒与烦恼,鼓励幼儿参加各种有趣的游戏与置换活动,去转移他们的攻击性情感。同时,暂时离开集体,坐到一边,重新学习观察,注意让他们保持受惩罚的状态,当他们看到别的同伴游戏或活动时,出现焦急情绪,渴望参与时为止。

(3) 对症下药,具体问题具体分析。首先,初步了解攻击性行为的指向对象。往往指定某一特定的人(幼儿),还是一群人,或者指向幼儿玩伴中或幼儿园班级中随意一个幼儿。其次,何时发生攻击性行为。是午睡之前,还是一个活动到另一个活动的过渡期? 通常这些情况产生的压力,是攻击性行为产生的诱因。再次,需要考虑其他的重要因素。比如儿童的年龄特点、身心发展规律、孩子的个性等。如一个容易紧张、比较敏感的幼儿,如果来到富有刺激的环境时,可能感到不知所措,用愤怒表达自己的恐惧感。第四,规范模仿源,树立正确的榜样。初步分辨同伴行为的正确与不当,影视、图书中的暴力、打斗场面应控制。如果发生攻击性行为可以不直接批评他,而是用能引起他注意的语调表扬其周围的幼儿,为其树立模仿榜样。也可以采用故事渲染法,将攻击性行为的表现和结果编成故事,并进行评价,或讲幼儿之间正确交往的故事,形成正面教育的案例,引发思考。第五,培养被攻击者的自我保护能力,以矫正攻击性行为。最后,提高幼儿的认知水平,促使幼儿在行为和认知上保持统一。与此同时,利用一日生活中的常规,建立规则意识,在活动前,让幼儿明确要求和规则。

(4) 多鼓励幼儿与人合作,改善人际关系。奖励法,顾名思义就是采取正面鼓励引导,对改正错误的幼儿给予相应的奖励,具体包括物质奖励,如小红花、小贴画等符号奖励;情感奖励,一个目光、微笑、点头、拥抱;特权奖励,如做值日、优先选择游戏、当小组长等,反之,则可去掉小红花、停做值日、撤销小组长职务。大量研究表明,具有攻击性行为的幼儿,同伴关系一般较差。大多数同龄小朋友会对其持拒绝态度,一般会说:"我不爱(愿意)跟×××玩,因为他老是打人。""我不喜欢×××,因为他欺负别人,把人家弄哭了,也不说声道歉。"而且,由于他爱惹是生非,影响正常的教学秩序,故而也不易受教师的欢迎。可想而知,孩子在这种消极、否定的环境中成长,久而久之,各方面的发展必然受到很大限制。

根据儿童的认知规律,每个幼儿都有较强的表现欲望,个别幼儿的攻击性行为本意在于满足自己的争强好胜的表现欲。通过角色游戏,幼儿模仿、扮演正面形象,并支配、驾驭其他角色,不仅表现了自己,又可以从所扮演的角色的亲善、合作行为中得到鼓励。教师要对角色游戏中的各种行为进行评价,帮助幼儿认识攻击性行为,特别是主动攻击性行为的错误所在及不良后果,用成人对亲善行为的良好评价来抑制幼儿攻击性行为的意念。

(5) 合理安排幼儿园的教育活动。如果一日活动安排不够合理,让幼儿无事可做,导致幼儿长时间处于兴奋和抑制状态,情绪不稳定,从而为攻击性行为的产生提供了条件。幼儿园开展丰富多彩的活动,可以促使幼儿攻击性行为的情绪得到合理排解。一般来说,成人的自控力较强,发泄方式较为舒缓,能够理性对待人或事物,而幼儿的自控力差,其发泄方式随便得多,幼儿通常通过攻击性行为来达到目的。在幼儿园一日生活中开展的各类游戏活动,可以给幼儿合理发泄情绪提供了渠道。同时,利用幼儿园的心理发泄室(悄悄屋),尝试设立攻击对象的模型,如有的幼儿园就设有橡皮敌人供幼儿击打。

(6) 树立正确的儿童观和教育观。处理幼儿的攻击性行为应以正确的儿童观、教育观为前提,教书育人是教师天职,作为专职人员,教师也应与时俱进,及时转变教育观念。一方面树立正确的儿童观、发展观、亲子观、成才观,不能急于求成,采取恰当的沟通方法,教师之间、教师与家长之间要注意沟通,保持教育方法的一致;另一方面教师要树立"教育爱"的理念,要爱心、耐心、细心和责任心,遇到问题儿童要及时加以引导和纠正,千万不要冷嘲热讽厌恶他们。关键在于积极开展家园合作,通过不同方式的家园合作联系方式,如早晚沟通、家访、半开放日活动、约谈、家长园地、家长联系手册、专题家长会等形式向家长宣传科学的育儿知识,使家长掌握科学的育儿内容、原则和方法,提高家庭教育的水平,从而减少幼儿攻击性行为的发生。

综上所述,教师要因地制宜,有针对性采取措施。"金无足赤,人无完人",教师应一视同仁,给予每个幼儿关怀和爱护,不因自身的喜恶而影响同伴之间的关系,即使儿童有一些行为问题,教师也要理性对待,将其视为社会化的一个正常现象,不应排斥。将轻度的惩罚与合理科学的规则相结合,矫正幼儿的攻击性行为,对比较冲动、不冷静的幼儿,必要时可以实行短时间的"坐冷板凳"的惩罚,让其独自待在单独的房间里或暂时剥夺其参加某项活动的权利。但运用该方法时一定要让孩子明白为什么要让其"坐冷板凳",在帮助他们认识错误后就要解除惩罚,而且要注意安全,时间不宜过长。同时,可以借助谈话法,偏重于个别谈话,以讲清道理,批评指正。此外,教师本身对幼儿攻击性行为的认识,是导致教师采取不同应对策略的重要因素,针对不同强度的攻击性行为应采取不同的处理方式,延缓、减少、消除幼儿的攻击性行为,更好地促进幼儿个性、品德的发展和个体的社会化。

(四)结合《指南》进行观察

幼儿阶段是社会性发展的关键时期,良好的人际关系和社会适应能力对幼儿身心健康发展以及知识、能力和智慧作用的发挥具有重要影响。正如《指南》指出,"人际交往和社会适应是幼儿社会学习的主要内容,也是其社会性发展的基本途径"。对幼儿来说,形成积极的交往态度,发展基本的交往能力,与周围的人建立亲密和谐的人际关系,既是当前生存与发展的需要,更是一生发展的重要基础(见表8-3)。

视频:社会活动分析

表8-3 幼儿社会领域学习与发展目标

领　域	子领域	目　　标
社会	人际交往	1. 愿意与人交往 2. 能与同伴友好相处 3. 具有自尊、自信、自主的表现 4. 关心尊重他人
	社会适应	1. 喜欢并适应群体生活 2. 遵守基本的行为规范 3. 具有初步的归属感

第二节　语言活动观察与指导

语言活动是幼儿主动建构已有知识并习得语言经验的过程。在幼儿语言教育活动中,除了渗透的语言教育,还有专门的语言教育活动,如文学作品活动、讲述活动、谈话活动、听说游戏活动、早期阅读活动等。因此,教师要在幼儿园的语言活动中全面了解儿童语言的发展目标,依据《指南》有关要求,实施科学的观察与指导,从而促进儿童语言能力的发展。

一、语言活动的概述

语言是人类交流的基本工具,在人类发展的历程中发挥着重要的作用。《指南》指出:"幼儿期是语言发展,特别是口语发展的重要时期。幼儿语言的发展贯穿于各个领域,对其他领域的学习与发展产生着重要的影响。"语言不仅是幼儿和同伴、成人沟通与交往的中介,也是幼儿生活、学习和游戏的中介,语言的学习对幼儿的成长与发展发挥着重要的作用,因此,语言活动在幼儿园各领域活动中占据着重要的地位。

(一)语言活动的基本含义

语言活动作为幼儿园活动的重要组成部分,一般是指教师有目的、有计划、有组织地开展幼儿园语言教育的一种教学活动,旨在促进幼儿的语言发展。其中,语言教育的途径可以分为渗透的语言教育和专门的语言教育两种。一方面要渗透在一日活动中,它是交流的工具,在交流中不断地获得各种"听、说、读、写"经验;另一方面语言也是学习的对象,它需要有专门的语言教育活动,让幼儿来学习如何听、如何清楚地表达和阅读,从而产生书写的愿望。

(二)幼儿语言的学习特点

1. 语言学习是幼儿语言主动建构的过程

《指南》指出:"幼儿的语言能力是在交流和运用的过程中发展起来的。"在语言交际环境中,当幼儿有交往的需要时,才会主动地搜寻记忆里的词汇和句子,尝试进行表述。在这种有交往需要的情况下,只有当幼儿因词汇贫乏或语法错误使对方产生理解障碍时,才会感到学习新词的紧迫性,并有意识地利用这种交往机会向对方学习,从而主动模仿新词、新句。同时,《指南》强调:"为幼儿创设说话的机会并体验语言交往的乐趣。"因此,在幼儿园语言教学活动中,要根据幼儿语言学习的主动性,为幼儿创设一个宽松、自由的语言交往环境,让幼儿在环境中接受语言熏陶,学习语言表达。

2. 语言学习是幼儿语言个性化的过程

幼儿期是儿童言语不断丰富的时期,这个时期词汇量增长最迅速,是从外部语言向内部语言转化的过渡阶段,又是掌握口头言语发展的关键时期。在这一时期,每个儿童都在依据已有知识经验和已积累的语言与周围人交往,从而学习新的语言成分。不同年龄阶段在语言学习的速度、效果、运用语言进行交谈的积极性等方面也会表现出不同的特点。

3. 语言学习是幼儿语言综合化的过程

儿童学习语言时,必然要弄懂语言的含义,也就是要理解词语所代表的一类事物,它反映的事物具有哪些方面的特征及意义,表达怎样的思想感情。可见,儿童学习语言的过程往往和他们认识事物的过程紧密相连。正是通过日常交往和各种教育活动习得大量语言,这些语言内容涉及儿童生活的各个方面,包括身体特征和心理感受。

4. 语言学习是循序渐进、逐步积累的过程

幼儿学习和掌握语言需要一个过程,从无到有、从不理解到部分理解再到完全理解,积少成多,逐步完善。3~6岁幼儿语言发展也是一个连续的、阶段性的过程,每个年龄阶段的语言发展都要遵循一定的特点。比如,小班幼儿时常是听到的语音和自己能模仿发出的语音是有所差异的,他们还不会运用发音器官的某些部位,不能掌握某些辅音的发音方法,这需要教师耐心地开展多种听说游戏活动,不断地练习正确发音。可见,教师只有掌握幼儿语言发展的年龄阶段特点,才能更好地组织与开展幼儿园的各种语言活动。

(三)语言观察指导的意义

苏霍姆林斯基说过:"语言是智力发展的基础,也是所有知识的宝库。"幼儿期就是语言发展的关键期和最佳期。教师对语言活动进行观察指导,具有以下两方面意义。

1. 提升教师的专业素质

幼儿教师的专业性体现在哪里?观察就是其中之一。当幼儿教师练就观察的能力,就能够用专业的眼光去观察解读幼儿,从而更有效地帮助幼儿成长。但教师的观察也存在很多问题,比如,教师不清楚在各类活动中哪里需要观察以及如何观察。因此,教师要遵循以下几个步骤:在做观察记录前应确定观察的理由(自己为什么要观察)和观察的目的(自己想观察什么),然后依此来确定具体的观察任务(到底观察哪个或哪些儿童在哪种或哪些情境下的表现)和观察计划(观察之前做好什么准备、观察时具体使用何种观察方法与手段、怎样记录等),这是教师自我成长、不断积累的过程,更是专业性发展的体现,只有这样才能提高教师对幼儿园语言活动进行观察的能力。

2. 促进幼儿的语言发展

《纲要》指出:"幼儿语言的发展与其情感、经验、思维、社会交往能力等其他方面的发展密切相关。"幼儿在运用语言进行交流的同时,也在发展着人际交往能力、理解他人和判断交往情境的能力、组织自己思想的能力。可以说,只有通过语言获取信息,幼儿的学习才会逐步超越个体的直接感知。因此,教师为幼儿创造轻松的语言环境,是发展幼儿语言能力的关键。为此,教师应充分尊重幼儿的人格,平等对待每一个幼儿,成为他们的朋友,为他们创造自主表达与自由发挥的平台,使其能够畅所欲言,而非被动的接受者。

二、语言活动中的观察指导策略

幼儿的语言是在运用过程中自然习得的,幼儿园语言领域教育的重点在于创设适合幼儿发展特点的自然、真实、有趣的语言运用环境,帮助幼儿学习、锻炼和运用语言,参与有意义的语言活动。同时,在语言运用过程中融入影响幼儿发展的多种因素,允许和实现语言运用目的有关的多种符号系统(语言与非语言)的参与,促使幼儿产生积极运用语言与人、事、物进行互动的需要,最终成为主动探求、积极参与交往的语言加工者。

(一)儿童语言活动的观察要点

幼儿期是语言发展特别是口语发展的重要时期,被视为人的一生中语言发展与运用的关键时期,在这一黄金时期,教师应采取各种有效策略诱导孩子想说、敢说、会说,让他们在自由表达中最大限度地释放自己,充分表达自己的观点、思想和情感。因此,作为一名幼儿教师,在语言领域的教学活动中,除须按照《指南》所规定的学习与发展目标设置教学内容、调整教学策略,还需依据发展指标观察幼儿的语言发展水平(见表8-4)。

表8-4 幼儿语言领域学习与发展目标

领　域	子领域	目　　标
语言	倾听与表达	1. 认真听并能听懂常用语言 2. 愿意讲话并能清楚地表达 3. 具有文明的语言习惯
	阅读与书写准备	1. 喜欢听故事,看图书 2. 具有初步的阅读理解能力 3. 具有书面表达的愿望和初步技能

案 例

某教师发现班级中的轩轩小朋友总喜欢跟一个幼儿交往而极少与其他幼儿交往。为了了解她在语言活动中与同伴的互动情况,就观察了她在语言活动中的表现。赵妍(4岁)拿着菜篮到蔬果店,对轩轩(4岁)说:"老板,我要买一个西瓜。"轩轩说:"还有一个西瓜,就卖给你吧!"赵妍说:"多少钱?"轩轩说:"五块钱卖给你!"说着便把西瓜放到赵妍的篮子里,赵妍给她五元钱说:"给你五元钱。"轩轩说:"好。"赵妍摇摇手说:"再见!"轩轩摆摆手说:"赵妍,再见!"

通过以上案例我们了解到轩轩小朋友的语言交流情况:"别人对自己说话时能注意听并回应"(语言目标:认真听且能听懂常用语言),"愿意和他人交谈"(语言目标:愿意说话并能清楚地表达)等。从中,我们了解到轩轩具有一定的语言交流能力,需帮助的是促进其与更多幼儿交往。

《指南》明确了我国3~6岁幼儿语言学习与发展的目标要求。从整体上来看,幼儿语言学习与发展目标可以分为两大类:一是幼儿口头语言的学习与发展目标,其中包括"认真听并能听懂常用语言""愿意讲话并能清楚地表达"以及"具有文明的语言习惯"三个条块的目标要求;二是幼儿书面语言准备的学习与发展目标,也包括三个条块目标要求,分别是"喜欢听故事,看图书""具有初步的阅读理解能力"和"具有书面表达的愿望和初步的技能"。这样两大类型六个条块的语言学习与发展目标,清楚地指出了幼儿在进入小学前语言学习和发展需要具备的经验状况。因此,要依据以上目标要求作为观察与指导的基本要点,科学、客观、合理地开展幼儿园语言活动的观察。对于幼儿倾听和表达行为的观察,要掌握以下要点。

1. 倾听与表达观察指导要点

(1) 幼儿倾听的观察要点。倾听是幼儿感知和理解语言的行为表现,是幼儿语言学习和发展中不可缺少的一种行为能力。幼儿学习语言,首先要学会倾听,只有懂得倾听、乐于倾听并且善于倾听的人,才能真正理解语言的内容、语言的形式和语言的运用方式,掌握与人交流的技巧。因此,幼儿期是语言发展的关键时期,帮助幼儿学会倾听,养成良好的倾听习惯,能获取知识,培养能力,为幼儿后续发展奠定基础。为更好地培养幼儿的倾听习惯,教师要了解幼儿倾听观察要点,不同年龄阶段的观察要点见表8-5。

表8-5 倾听的观察要点

倾听意愿	倾听能力
幼儿是否能够安静听/集中注意力听	小班:能否听懂简单的词;能否听懂日常会话;能否用简单句表达自己的基本意思;当别人对自己说话时能否注意听并做出回应
	中班:能否听懂故事;能否结合情境感受到不同语气、语调所表达的不同意思
	大班:能否在集体中能注意听老师或其他人讲话;听不懂或有疑问时能否主动提问;能否结合不同的情境理解一些表示因果、假设等相对复杂的句子

(2) 幼儿表达的观察要点。语言表达能力是指幼儿运用一定的语言内容、形式陈述和交流个人观点的能力,是幼儿语言学习和发展的主要表现之一。不同的年龄阶段幼儿表达的观察要点见表8-6。

表8-6 表达的观察要点

	表达的意愿	表达的能力	文明用语习惯
小班	是否愿意在熟悉的人面前说话,能否大方地与人打招呼	能否愿意表达自己的需要和想法,必要时能配以手势动作;能否口齿清楚地说儿歌、童谣或复述简短的故事	与别人讲话时能否知道眼睛要看着对方;能否说话自然,声音大小适中;能否在成人的提醒下使用恰当的礼貌用语
中班	是否愿意与他人交谈,喜欢谈论自己感兴趣的话题	能否基本完整地讲述自己的所见所闻和经历的事情;讲述能否比较连贯	别人对自己讲话时能否回应;能否根据场合调节自己说话声音的大小;能否主动使用礼貌用语,不说脏话、粗话
大班	是否愿意与他人讨论问题,敢在众人面前说话	能否有序、连贯、清楚地讲述一件事情 讲述时能否使用常见的形容词、同义词等,语言比较生动	别人讲话时能否积极主动地回应;能否根据谈话对象和需要,调整说话的语气;能否懂得按次序轮流讲话,不随意打断别人;能否依据所处情境使用恰当的语言,如在别人难过时会用恰当的语言表示安慰

2. 阅读与书写准备观察要点

阅读与书写准备是幼儿园语言活动的主要目标之一,对幼儿的终身发展具有重要意义。阅读是运用语言文字来获取信息、认识世界、发展思维、获得审美体验的活动。而前书写的任务主要是掌握正确的执笔方法及书写姿势,养成良好的书写习惯。可见,阅读、书写准备对幼儿未来的发展具有一定价值。因此,教师只有了解了幼儿阅读与书写准备的观察要点,才能给予幼儿适宜的指导。

(1) 幼儿阅读的观察要点(见表8-7)。有研究表明,较早开始阅读的儿童,智力发展的情况要好于较晚开始阅读的儿童。早期阅读是对儿童阅读能力,尤其是阅读兴趣的培养。因此,在早期阅读活动中,教师指导幼儿阅读图书尤为重要。而教师只有掌握不同年龄阶段幼儿阅读行为的观察要点,才能有针对性地采用观察记录和指导方法,准备把握指导的要点。

表8-7 阅读的观察要点

	阅 读 意 愿	阅 读 能 力
小班	能否主动要求成人讲故事、读图书	能否喜欢跟读韵律感强的儿歌、童谣;能否爱护图书,不乱撕、乱扔
中班	能否反复看自己喜欢的图书	是否喜欢把听过的故事或看过的图书讲给别人听;能否对生活中常见的标识、符号感兴趣,知道它们表示一定的意义
大班	能否专注地阅读图书	是否喜欢与他人一起谈论图书和故事的有关内容;能否对图书和生活情境中的文字符号感兴趣,知道文字表示一定的意义

(2) 幼儿书写准备的观察要点(见表8-8)。《纲要》明确指出:"要利用图书、绘画和其他多种形式引导幼儿对书籍、阅读和前书写的兴趣。"《指南》也明确指出:"培养幼儿对生活中常见的简单标记和文字符号的兴趣。"前书写是幼儿所进行的非正式的书写活动,是为幼儿将来写字和写作而做的准备工作。前书写是幼儿书写汉字、书写拼音的有关书法方面的基本动作、方位知觉等技能的学习与培养,通过书写形式的练习,向幼儿渗透有关笔画、笔顺、间架结构的知识。因此,幼儿园前书写教育活动是在幼儿园日常生活和活动中,教师有目的、有计划地引导和组织幼儿以游戏的形式感知、涂画、涂写、模拟运用文字或符号等,以促进幼儿身心发展。

表8-8 书写准备的观察要点

	书 写 意 愿	书 写 能 力
小班	能否听懂短小的儿歌或故事	是否会看画面,能根据画面说出图中有什么,发生了什么事;能否理解图书上的文字是和画面对应的,是用来表达画面意义的
中班	能否大体讲出所听故事的主要内容	能否根据连续画面提供的信息,大致说出故事的情节;能否随着作品的展开产生喜悦、担忧等相应的情绪反应,体会作品所表达的情绪情感
大班	能否说出所阅读的幼儿文学作品的主要内容	能否根据故事的部分情节或图书画面的线索猜想故事情节的发展,或续编、创编故事;能否对看过的图书、听过的故事说出自己的看法;能否初步感受文学语言的美

(二)儿童语言活动观察指导的基本要求

1. 明确儿童语言发展目标

语言教育活动是实现语言教育目标的有效途径,是组织和落实语言教育任务的具体手段。它帮助我们认知幼儿学习与发展价值取向及内涵,对我们如何观察、了解幼儿具有导向性。因此,教师要依据目标创设支持性的语言环境,把握目标,整合实施语言教学活动。只有对班级幼儿在语言教学活动中具体内容实施观察,教师才能深入了解幼儿语言发展情况。

2. 掌握儿童语言发展的特点

儿童语言的发展遵循一定的规律,具有阶段性。不同的儿童达到某一阶段水平的时间有早有晚,但发展的基本阶段和先后顺序是一致的。进幼儿园之前,幼儿基本能使用口头语言与他人进行简单、浅显的交际,在表达时开始关注正确使用语法规则。3~6岁儿童进入幼儿园教育阶段,此时他们的语言持续不断发展。因此,教师要明确儿童语言发展的特点,在语言活动中观察幼儿要有计划和目的,尽量避免无目的地观察。

3. 记录儿童语言发展的重点表现

一般而言,幼儿园语言活动多以集体教学活动的形式组织与实施,参与活动的幼儿人数较多,教师多以成人的视角观察、设计与组织活动而忽略了幼儿的参与,较为关注活动的效果而忽略了活动的过程,未能深入考虑幼儿参与的形式。然而《纲要》强调,"幼儿园的教育活动,是教师以多种形式有目的、有计划地引导幼儿生动、活泼、主动活动的教育过程。"因此,一方面组织语言活动要以幼儿为主体,站在幼儿参与的角度,观察和评价幼儿的学习与发展。重点观察语言活动中幼儿的参与状况,以及教师在语言活动中的组织与指导情况。另一方面观察语言活动结束后幼儿在自然状态下的发展状况,从而提升语言活动的质量,促进幼儿的主动学习与语言能力的发展。因此,在幼儿园的语言活动中,教师要尊重幼儿主体性,探寻幼儿语言的奥秘,并记录儿童语言发展的重点表现,如幼儿第一次出现的特殊表现、反复出现的行为、反常行为、个人或小组探究的兴趣等。

> **案 例**
>
> 一次语言游戏活动中,我们玩量词游戏,我出示装有东西的"魔术袋"说:"魔术袋摸一摸,你会摸到什么呢?"乐乐(5岁)从口袋里摸出糖,我说:"请你用量词来描述糖。""一颗糖。"我又问:"还可以用什么量词来说?"乐乐想了下说:"一粒糖。"我对他竖起大拇指。我又对他进行启发和引导:"如果有许多糖,可以用什么量词来描述?"说完,我做了抓的动作。他马上说:"一把糖。"接着乐乐还说出了"一袋糖""一盒糖""一罐糖"……

这个观察案例中,教师在幼儿不知所措时,提出了开放性的提问,引发幼儿的独立思考。教师的动作提示和开放性的提问为幼儿的思维打开阀门,实行了《指南》语言领域"愿意讲话、能清楚地表达"的目标"引导幼儿清楚地表达"。由此可见,教师作为语言教学活动中的观察者、引导者和支持者,不能吝啬自己的语言,需要给出肯定评价,让幼儿感受说话的乐趣。

4. 结合《指南》做好分析

《指南》主要从儿童语言运用能力的角度,提出了幼儿园阶段幼儿语言学习和发展必须形成的基本能力。在应用《指南》观察、了解幼儿时,要熟记语言领域的几个目标,并综合地应用理解。比如,针对小、中、大班对认真倾听,听懂常用语言的要求是不一样的(见表8-9)。不同指标的表述充分体现了语言领域"倾听"目标要求的科学性。在日常生活中,教师一般比较关注对幼儿表达能力的培养,而忽视倾听能力的培养。再如,在幼儿园班级活动中经常会开展"我是小小主播"这一活动,但教师往往关心幼儿能不能清楚地表达?能否自己收集新闻然后告诉大家?语言表达是否准确?条理是否清楚?教师应该关注的是幼儿的倾听。可以让班级幼儿听完后说一说,这段新闻主要是讲什么事?你有什么不明白的地方?这样"我是小小主播"这个活动,就从锻炼一个人变成锻炼所有人,并且让参与说新闻的幼儿有了锻炼说新闻的语言表达机会,让大部分幼儿在倾听的时候锻炼有意倾听的能力,学会就关键的内容进行提问,或复述听到的内容,对中、大班孩子倾听能力的培养非常重要。

表 8-9 《指南》语言领域"倾听"目标表述

班级	"倾听"目标的表述
小班	别人对自己讲话时能注意听并作出回应
中班	在群体中有意识地听和自己有关的信息
大班	在集体中能注意听老师或他人讲话,并作出回应。听不懂、有疑问时能主动提问,并能结合情境理解一些表示因果、假设等相对复杂的语句

5. 在活动中指导儿童语言发展

《纲要》指出:"幼儿语言的发展与其情感、经验、思维、社会交往能力等其他方面的发展密切相关。"幼儿语言的发展贯穿于各个领域,也对其他领域的学习与发展有着重要的影响。因此,在游戏、学习、生活、区域、领域活动中,教师要学会经常使用互动性的语言,经常问幼儿"你有什么问题需要大家解决吗?""你还有什么不明白的地方吗?""你认为他说得对吗?""你有没有和他不一样的想法呢?"落实语言领域教育目标:听不懂、有疑问时能主动提问。在幼儿园各种活动中,如果支持性的环境缺失,就会造成幼儿听不懂装懂,听不懂也不问,这样长此以往,不懂的东西就会越积越多,以致逐渐失去兴趣,就再也不问了。

××幼儿园中(2)班第十五周幼儿语言领域观察记录

观察时间:2023 年 12 月 10 日至 12 月 14 日。

观察对象:中班幼儿 29 人,4～5 岁。

观察目标:观察中班幼儿是否能把听过的故事或看过的图书讲给别人听。

观察地点:活动室(阅读、午睡或日常活动中都可进行)。

观察情境建议:小小故事会活动,幼儿可以讲听过的故事或绘本。

表 8-10 ××幼儿园中(2)班第十五周幼儿语言领域观察记录

幼儿姓名	能独立讲简单的故事内容	能独立地讲故事,但表达不够流利	在成人的帮助下能够简单讲述故事	不愿意讲述(或不连贯地讲述)故事
李雪花		√		
赵亮				讲了几个字,不能继续讲
李明	√			
张翠翠				只讲了几个字,且声音很小
朱文静	√			
李楠	√			

续表

幼儿姓名	能独立讲简单的故事内容	能独立地讲故事，但表达不够流利	在成人的帮助下能够简单讲述故事	不愿意讲述（或不连贯地讲述）故事
崔玉芳				没能讲述
李芳芳				只讲了开头，提醒后没能继续
李玉红			✓	
赵元龙				只讲了2句话，没能将故事讲完
吴迪				没有开口讲故事
程亮	✓			
李宏				只能讲故事开头部分，提醒后也没有讲完
……				

行为分析：

本次阅读领域的观察是在每天餐前阅读的时间进行的，活动前我们引导幼儿提前准备好故事。从本次观察中不难发现：班级29位幼儿中能独立地讲简单的故事内容的有7位幼儿，能独立讲故事但表达不够流畅的有5位幼儿，在成人的帮助下能简单讲述故事的有7位幼儿，不愿意讲述（或不能连贯讲述）故事的有10位幼儿。本次观察中不愿意讲述故事的幼儿还是比较多的，如王鹿晗、孟佳雨、王佳瑶等，这与幼儿的性格和语言发展水平有很大的关系。

行为指导：

1. 做好幼儿阅读活动前的经验准备

幼儿的阅读经历了从图画到文字的过程。《指南》指出，儿童阅读的书面材料主要是图画书，他们通过书中的图画、符号以及文字等来获取书面语言所要传递的信息，然后达到对书面材料的理解。由此可见，图画、符号、文字是幼儿前阅读的内容，通过前阅读形成有意义的阅读兴趣、阅读习惯以及阅读理解能力，为进入小学正式学习书面语言做好准备。幼儿已有经验对阅读活动的成效有着十分重要的作用。教师应事先了解幼儿的知识和经验，并为其做好与阅读活动相关的经验准备和知识准备，从而为他们顺利阅读、提高阅读质量奠定良好的基础。

2. 做好文字认读的前期准备

阅读是幼儿认知的一种重要形式，是他们认识世界和探索世界的一种重要手段。幼儿阅读前的准备还可能涉及对读本中文字认读的前期准备。比如绘本《摇摇晃晃的独木桥》的画面中就频繁出现与偏旁"木""口"有关的字词，如"桥""森林""树木""哗啦啦""呼喊""叫喊"等，如果教师事先让孩子初步理解"木""口"的意思，便可为幼儿阅读这一图画书提供很大的帮助。正如《纲要》指出，培养"幼儿对汉字的敏感性"是早期阅读教育的任务之一。因此，教师应利用这种自然、有效渗透汉字学习的方法，为幼儿进入小学学习语言与文字做好积极的准备。

3. 丰富儿童语言活动形式

不同类型的阅读材料具有各自的特点，其教育功能也各不相同。教师应依据不同阅读材料的特点组织适合的活动。例如，故事类图画书有生动的故事、鲜明的人物形象、生动的语言，故事线索较为明确。因此,在组织活动时,教师应将活动重点放在理解故事的内容、体验主人公的情感、把握故事的主题思想上,教师可采用复述、表演等方式来组织幼儿进行学习。而知识类图画书则有所不同,它往往没有完整的故事和情节,而是用比较严谨的语言,为幼儿提供了丰富的知识和信息。在组织活动时,可先引导幼儿阅读图画书中的典型画面,而后根据所学习的方法再去自主阅读其他画面,然后通过与同伴之间的交流、分享来学习科学知识。

4. 关注儿童阅读水平的个体差异

教师要观察每个幼儿的表现,对那些阅读速度较快的幼儿,要提示他们再仔细阅读图书中的细节部分,以了解其内容的发展线索,更好地掌握故事情节。而对那些阅读速度较慢的幼儿,则要分析原因,采取相应的解决策略。

5. 做好阅读指导的家园共育

首先,与家长及时沟通交流,让家长每天给幼儿讲述睡前故事,经常抽时间与幼儿一起看图书、讲故事,同时为幼儿提供多种类型的图书,让幼儿自主选择和阅读,激发幼儿阅读兴趣,培养幼儿阅读习惯;其次,对于少数胆小、内向的幼儿,教师要多为他们提供表现的机会,幼儿讲得好要及时表扬,并引导家长鼓励幼儿将其在园学习的故事第一时间在家进行讲述。

案 例

在语言区阅读的萱萱

行为观察:萱萱小朋友来到了语言区,拿起了一本图画书。她翻开书本,一边看一边嘴巴里还要说一说。她看到了大象,忽然两手抱在一起,往桌子上用力一砸,嘴巴里发出"咚"的一声;她看到了螃蟹,就对我说:"老师,妈妈给我买螃蟹吃。"她看到了棒棒糖,就抿着小嘴巴吃了起来;看到一页上有很多小动物和小动物的影子,就问我:"老师,这个是什么呀?"我告诉她:"这是帮小动物找影子呢,你看看小熊的影子是哪一个?"她又在这一页上看了几分钟。

行为分析:

1. 对阅读感兴趣

阅读兴趣的背后其实是孩子对新事物接纳的兴趣。材料中,萱萱独自来到语言区,并拿起一本图画书,这表明她对阅读充满兴趣。

2. 语言表达具有情境性

幼儿初期的言语表达具有情境性特点,往往想到什么说什么,缺乏条理性、连贯性,并要以表情、手势为辅助。小班幼儿在阅读时,会根据不同的内容作出不同的反应,这些反应往往是与自己的生活密切相关的,例如萱萱以前可能在动物园或电视中看见过大象,就模仿大象沉重的动作,看见生活中比较常见的螃蟹,自然而然想到妈妈,看见可以吃的棒棒糖就做出吃的动作。

3. 具有良好的阅读习惯

在语言区的读书氛围中,萱萱在老师和小朋友们的陪伴下,能够一页一页进行翻阅,这表明她爱护书本。

行为指导:

1. 激发幼儿阅读兴趣

《幼儿园入学准备教育指导要点》中指出,要培养幼儿的阅读兴趣和能力。根据幼儿的阅读兴趣和活动需要提供和更换图画书,并给予幼儿充足的阅读时间,鼓励幼儿自主阅读。《纲要》中提出:"利用图书、绘画和其他多种形式,引发幼儿对书籍、阅读和书写的兴趣,培养前阅读和前书写技能。"因此,教师有意识地为幼儿提供听、说、读、写所需要的空间,为幼儿兴趣、能力和水平的个性化发展提供机会。可以根据幼儿年龄特点在图书角投放具有教育价值、贴近幼儿生活的绘本图书。绘本语言简洁,画面生动,好比一部儿童短剧,幼儿更容易把认知的内容与生动夸张的绘本形象联系在一起,阅读绘本有助于激发幼儿的阅读兴趣。

2. 多种方式丰富幼儿阅读前经验

阅读区的图书较为丰富,如何选择图书来开展集体教学活动呢?首先,采用小组分享方式,共享阅读经验。例如,小朋友们最近对《蚂蚁和西瓜》这本图书感兴趣,就可以引导有兴趣的幼儿采用小组分享方式,丰富蚂蚁的相关知识,如蚂蚁的生活习性、外形特征、食性等。其次,采取教师指导的方式。因为教师随时让幼儿驻足阅读的空间,满足幼儿喜欢与老师共同阅读的需要,教师声情并茂地讲述图书内容,并配合简单的提问,能让幼儿喜欢图书,理解图书内容。最后,教师利用幼儿个别分享实现对全体幼儿的影响。对于中、大班来说,可以让他们来当"小老师"实现共读。如采用"图书推荐""我最喜爱的一本书"等活动,能将自己对图书的理解分享给其他的小朋友。

3. 重视阅读区的幼儿行为观察与分析

观察是了解幼儿发展状况、心理需要、学习特点的重要手段,是幼儿园实施课程的重要依据。在阅读区进行观察幼儿的阅读兴趣、阅读习惯、阅读能力,将有利于理解幼儿外在阅读行为所传递的内部信息,敏感地觉察幼儿的需要,并根据幼儿的特点作出及时、恰当的反应,以促进幼儿发展。教师可以根据《指南》中语言领域目标以及典型表现为框架来观察和了解幼儿,通过感官、仪器,采取看、听、问、思考等方式收集幼儿发展资料,并对收集到的信息进行专业理论分析,解释行为背后的原因,并采取科学、适宜、有效的指导策略,促进幼儿发展。

4. 重视集体教学后的延伸活动

阅读区的材料是开放的,但不是盲目投放的;阅读区是相对独立的,但不能与集体阅读活动和日常生活中的阅读活动相脱离。阅读区活动和集体阅读活动二者密不可分,我们可以在阅读区进行集体阅读活动的延伸活动,也可能通过阅读区活动生成集体阅读活动。正如《指南》中4~5岁幼儿阅读与书写的目标明确指出:"幼儿愿意用图画和符号表达自己的愿望和想法。"在语言集体教学后,教师可鼓励幼儿到美工区自选材料,以绘画、泥塑、撕贴等形式将自己创编的内容以图画的形式展现出来,教师用文字记录每张图画所表达的意思,并装订成册,形成新的绘本小书,投放到读写区中,供其他幼儿阅读。

5. 亲子共读,陪伴成长

认真阅读的父母是孩子最好的榜样。阅读是陪伴孩子的重要方式,也是帮助孩子养成良好阅读习惯,增进亲子情感的有效契机。正如《指南》中建议:"成人要经常和幼儿一起看图书、讲故事,丰富其语言表达能力,培养阅读兴趣和良好的阅读习惯,进一步拓展学习经验"。因此,在亲子共读的过程中,家长必须创造良好的亲子阅读条件,尊重孩子的主动性。家长尊重孩子,让孩子成为自己阅读的主导,除了重视书的印刷、纸张以及主题外,家长要高度重视孩子的兴趣和需求。更要依据幼儿的兴趣、年龄特点等选择共读书目。依据幼儿好奇、好模仿的特点,运用榜样示范、游戏模仿、动静交替等形式激发幼儿共读的兴趣。在互动中激发与幼儿之间的语言、肢体等的交流,增进亲子感情。

第三节 健康活动观察与指导

生命的健康存在是保证幼儿全面发展的前提,能否对幼儿实施适宜的健康活动,不仅关系到幼儿当前的健康成长,而且会对其一生的幸福产生深远影响。《纲要》要求:"幼儿园必须把保护幼儿的生命和促进幼儿的健康放在工作的首位。"幼儿期是身体和心理发育、发展的重要时期,维护和促进幼儿身心健康,对每一个体未来的发展意义重大。因此,教师要在幼儿园的健康活动中全面了解幼儿园健康活动的发展目标,依据《指南》的有关要求,实施科学的观察与指导,从而促进儿童身心的和谐发展。

一、健康活动概述

《指南》对"健康"一词做出了明确解释,并强调了健康对孩子身心发展的重要性。幼儿正处于身体发育和技能发展极为迅速的时期,在此阶段加强幼儿园健康教育将有助于幼儿强健体质,让儿童保持乐观、愉悦的心态,逐渐养成良好的生活习惯,为以后的学习与发展打好基础。同时,《指南》指出:"幼儿阶段是儿童身体发育和机能发展极为迅速的时期,也是形成安全感和乐观态度的重要阶段。"这深刻揭示了幼儿园健康活动的重要性,而且也为幼儿园在健康活动方面所要达到的目标提供了参考。

(一)健康活动的基本含义

《指南》中规定:"健康是指人在身体、心理和社会适应方面的良好状态",同时指出"发育良好的身体、愉快的情绪、强健的体质、协调的动作、良好的生活习惯和基本生活能力是幼儿身心健康的重要标志"。由此可见,幼儿的健康包括身体健康和心理健康。

幼儿园健康活动就是幼儿园教师根据幼儿的身心发展规律和年龄特点,为提高幼儿健康认知、改善幼儿健康态度、培养幼儿健康行为而开展的各类活动的总和。因此,教师要在幼儿园的生活活动、学习活动以及游戏活动中有意识地渗透健康教育活动的理念,以求全面实现幼儿健康活动的任务,促进其身心和谐发展。

(二)幼儿健康活动的特点

1. 渗透于幼儿园的生活活动之中

《幼儿园工作规程》(以下简称《规程》)提出"幼儿教育要保教结合,寓教于一日活动之中。幼儿健康教育以幼儿养成健康行为为出发点和归宿"。即以养成健康的生活方式为核心,健康教育的内容涉及幼儿生活的全部范畴,正如《纲要》中所提到的:"幼儿健康教育是生活教育,应当在盥洗、进餐、清洁、睡眠、锻炼、游戏等日常生活的每一环节渗透健康教育理念,实施健康教育策略。"因此,在幼儿园日常活动过程中要灵活把握教育契机,随机渗透健康活动的理念。

2. 渗透于幼儿园的学习活动之中

幼儿园教育不是一个封闭的系统,而是开放的。《指南》强调:"关注幼儿身心全面和谐发展。要注重学习与发展各领域之间的相互渗透和整合,从不同角度促进幼儿全面协调发展,而不要片面追求某一方面或几方面的发展。"幼儿健康活动必须和幼儿语言活动教育、幼儿科学活动、幼儿社会活动、幼儿艺术活动等相结合,才能共同促进完成幼儿教育的系统目标,达到最佳的效果。比如,幼儿发育良好的身体是认知能力发展的基础;幼儿只有体质强健、情绪愉快,才能精力充沛地投入到对外部世界的探索之中,才能与他人建立良好的关系,才能有助于幼儿获得丰富的感性经验,从而促进幼儿社会性的良好发展。可见,幼儿在健康活动的学习与发展应与其他活动的学习与发展有机结合、相互渗透,只有这样,才能促进幼儿身心全面、协调地发展。

3. 渗透于幼儿园的游戏活动之中

游戏是幼儿最喜欢的活动,应是幼儿在园的基本活动。在游戏中,幼儿能自由而愉悦地感受和学习健康的态度、行为和习惯,体验身心放松带来的快乐,它是健康活动的主要方法。《规程》提出"以游戏为基本活动,寓教育于各项活动之中"。首先在幼儿园游戏内容的选择上渗透健康活动的理念,同时要依据幼儿不同的年龄特点和发展需要不断地促进幼儿的动作技能发展。《指南》指出:"要珍视游戏和生活的独特价值。"比如,游戏活动过程中能够满足幼儿各种层次的需要,促进幼想象力和创造力的发展,也有助于幼儿学习社会交往技能,在交往中感知和理解同伴的情感,具有合作、共享、宽容等亲社会行为。同时游戏结束后的分享评价活动也有利于培养幼儿的倾听与分享等亲社会行为,以上环节无不渗透着幼儿园健康活动的理念。

(三)健康活动观察指导的意义

健康活动是幼儿园工作中一项长期且专项的活动,它对帮助幼儿建立身体、心理和社会适应方面的良好状态,为儿童的学习与发展奠定基础具有至关重要的影响。教师对健康活动进行观察指导,具有以下两方面意义。

1. 提升教师的专业发展

观察是教师了解幼儿的起点,做好观察记录成为幼儿园日常教学中的一项重要内容,是幼儿园扎实推进课程建设的重要抓手。"会观察儿童、能读懂儿童并给予支持"是新时代对于幼儿园教师提出的要求。教师只有具备观察能力,才能更好地结合幼儿的身心发展需求和规律,开展有针对性的幼儿园健康教育活动,进而真正地成为幼儿学习的合作者以及引导者,才能更有效地提升教学水平,为幼儿的学习和成长提供重要的保证。同时,儿童学习与发展的每一个方面,都应该得到观察,而不能只关注自己好理解、自己擅长的活动。这要求教师不断学习,提高自身对不同活动学习与发展目标的理解,切实做好儿童行为观察与分析,从而提升专业素养。

2. 促进幼儿的身心健康

幼儿的身心健康发展,是幼儿园健康活动开展的重点和关键。只有通过教师有目的、有计划地观察与指导,才能引导、启发幼儿,让幼儿以积极的状态参与到活动中来,最终达到使幼儿养成健康行为习惯的目的。

幼儿园健康活动的开展,可以促使幼儿树立健康科学的行为习惯,促使幼儿得到更多的体验和感受。因此,教师只有真正理解了健康活动的宗旨,全面依据《指南》的有关规定,在幼儿园开展相关健康活动时,有意识地渗透健康活动的理念,从提高他们的健康认知出发,帮助其养成良好、健康的生活方式。

二、健康活动中的观察指导策略

学龄前阶段是良好健康行为习惯养成的重要阶段。一方面,幼儿在健康活动中的学习与发展,是幼儿身体和心理发育与健康发展的需要,是实现幼儿全面和谐发展的基础,同时也为其一生的健康打下良好的基础;另一方面,幼儿健康水平的提高,是社会发展的需要,是人口素质提高的基础环节,也体现出人类进步与社会的发展。正如《纲要》提出,要树立正确的健康观念,并从幼儿身体健康和心理健康两个层面概要阐述了健康观念的基本内涵。

(一)儿童健康活动观察、指导要点

健康领域的学习与发展是幼儿身心健康发展的需要,也是实现幼儿全面发展的基础。健康领域分为身心状况、动作发展及生活习惯与生活能力三个子领域,《指南》对每一个子领域都给出了详细的学习与发展目标表。因此,作为一名幼儿教师,在幼儿园的健康教育活动中,除须按照《指南》所规定的学习与发展目标(见表8-11)设置教学内容、调整教学策略,还需依据发展指标观察幼儿的行为表现。

表8-11 幼儿健康领域学习与发展目标

领　域	子领域	目　标
健康	身心状况	1. 具有健康的体态 2. 情绪安定愉快 3. 具有一定的适应能力

续 表

领　域	子领域	目　　标
健康	动作发展	1. 具有一定的平衡能力,动作协调、灵敏 2. 具有一定的力量和耐力 3. 手的动作灵活协调
	生活习惯与 生活能力	1. 具有良好的生活与卫生习惯 2. 具有基本的生活自理能力 3. 具备基本的安全知识和自我保护能力

1. 幼儿身心状况的观察要点

身心状况包括幼儿身体和心理两方面的发展状况,这是正确健康观念的重要体现。其中,从幼儿体态发育、情绪表现和适应能力三个维度提出了幼儿阶段需要学习和发展的具体目标,集中表现为幼儿在身体形态、机能和心理发展的基本状况。

(1)情绪的稳定性。幼儿阶段是儿童身体发育和机能发展极为迅速的时期,随着年龄的增长、生活经验的扩展,幼儿情绪种类不断丰富,情绪体验不断深刻。

小班幼儿：情绪是否稳定？

中班幼儿：能否经常保持愉快的情绪？不高兴时能否较快缓解？

大班幼儿：能否经常保持愉快情绪？

(2)情绪的表达。

小班幼儿：有比较强烈的情绪反应时,能否在成人的安抚下逐渐平静下来？

中班幼儿：是否愿意把自己的情绪告诉亲近的人,一起分享快乐或求得安慰？当有比较强烈的情绪反应时,能否在成人的安抚下逐渐平静下来？

大班幼儿：表达情绪的方式是否适度？是否知道引起自己某种情绪的原因,并努力缓解？

2. 幼儿动作发展的观察要点(见表8-12)

"动作发展"包括身体大肌肉动作和手部小肌肉动作的发展。幼儿的动作发展是身体机能发展状况的重要表现,同时也与幼儿心理的发展具有内在联系。幼儿期是身体动作发展的重要时期。幼儿身体动作的发展是适应社会生活必备的基本能力。

表8-12　幼儿体育活动中的观察要点

1. 参与体育活动的意愿	小班、中班幼儿：是否喜欢参加体育活动
	大班幼儿：是否主动参加体育活动
2. 基本动作的发展水平	走、跑、跳、爬、滚、投掷等动作技能发展水平如何
3. 综合运动能力的发展水平	平衡性、动作协调性、灵敏性、力量和耐力的发展水平如何
4. 养成避免运动伤害,学会自我保护的能力	大班幼儿：能否安全使用各种运动器械,不误伤其他幼儿

3. 幼儿生活习惯与生活能力观察要点

"生活习惯与生活能力"包括与幼儿健康成长密切关联的生活习惯、卫生习惯、生活自理能力和安全生活的能力。如,幼儿生活自理能力的观察要点。

幼儿能否独立进餐？能否独立如厕？

幼儿能否独立穿脱衣物、系鞋带？

幼儿能否整理衣物、餐桌、床铺、书包、玩具等？

(二) 儿童健康活动观察指导的基本要求

1. 了解儿童健康活动的关键经验

"关键经验"是指儿童对于掌握和理解某一学科领域的一些至关重要的概念、能力和技能，它是儿童在所处年龄段所应该具有的、必要的经验。它作为幼儿园课程目标制定的重要依据，也成为了解和衡量幼儿发展水平和制定幼儿园质量评价工具的重要指标。

比如，关键经验中有一条"在提醒下能保持正确的站、坐和行走姿势"，如果教师自己看书写字时都没有"一拳一尺一寸"的意识，就可能不会提醒孩子保持正确的姿势；同理，教师带领幼儿去超市买面包的活动中，如果没有洗手的意识，也就可能不会提醒幼儿洗手后再吃面包。同时，要捕捉儿童关键经验的发展机会。无时无刻不是教育契机，教师要提升对儿童发展的敏感体验，视线与儿童对接，而不是追随课程文本，围绕关键经验生成课程，抓住健康问题的特殊时点，有的放矢地进行随机健康教育和及时行为培养。比如，在学习"不在马路上奔跑"这个关键经验时，可以利用离园时机提醒儿童耐心等待家长和红绿灯，不能归心似箭地奔向马路对面。

2. 掌握幼儿园健康活动的特点

《指南》指出："儿童的发展是一个整体，要注重领域之间、目标之间的相互渗透和整合，促进幼儿身心全面协调发展。"一方面，幼儿园不同活动可以帮助实现幼儿健康活动的某些目标。比如，通过语言活动，发展幼儿的人际交往能力；通过社会学习活动，培养融洽的人际关系，使其乐意与人交往，增强自尊心和自信心；通过艺术活动，抒发内心的情感，促进健全人格的形成；在画画、看图书时提醒孩子坐姿端正、握笔正确、手眼保持一定距离等；通过科学活动，满足幼儿的好奇心，培养初步的环保意识；另一方面，幼儿在其他活动的学习与发展也有助于幼儿身心的健康成长。如，幼儿在绘画、手工制作、玩建构游戏等活动中，离不开小肌肉的动作，这也正是发展幼儿手部动作协调与灵活的好时机。

因此，教师要充分地掌握幼儿园健康活动的特点，注意在生活活动、游戏活动和体育活动中，积极落实健康活动理念。同时，需要有敏锐的观察力和积极的心态，为幼儿提供参与的机会与条件，引导幼儿用自己的行为方式和已有技能、经验参加活动，进行锻炼。比如，在幼儿一起参加攀爬活动的过程中，大多数幼儿都集中在玩梯子的场地，幼儿在每一个梯子间来来回回，玩得不亦乐乎，因此，玩梯子就成了幼儿关注的事情，这说明幼儿对玩梯子产生了兴趣，就是幼儿健康活动的良好开端。此时，教师可以及时给予指导和帮助，让幼儿对玩梯子的兴趣保持下去并且迁移到其他健康活动中去，而后让其兴趣持续保持。

3. 记录儿童健康活动的重点表现

幼儿园健康活动的主体就是幼儿，因此要满足幼儿对健康活动的个性需求，开展符合幼儿水平的自主性活动。"各年龄段典型表现"不是目标的分解或细化，不是测试幼儿是否达到某一标准的"标尺"，而是对每一个幼儿学习与发展方向的具体期望，是帮助教师与家长更好地理解目标、更好地观察了解幼儿的参照。比如，3～4岁男孩身高发育建议是94.9～111.7 cm之间，但绝不是说年龄区间内的所有孩子只有在这个范围内才是正常的。列举典型表现是为了说明通过多种形式和途径都可以实现某种特定发展目标，同一发展水平也能在不同的活动中表现出来。如，"手的灵活协调"，既可以通过画画、折纸活动发展，也可以在摘菜、扣扣子等活动中发展。

4. 结合《指南》做好分析

《指南》健康领域所包含的三方面内容为我们开展幼儿卫生保健工作、保育与教育工作指明了基本方向。幼儿的身心健康是其他领域学习与发展的基础，这充分地指出了幼儿在健康领域学习与发展的重要价值。如，幼儿发育良好的身体是认知能力发展的基础；幼儿只有体质强健、情绪愉快，才能精力充沛地投入到对外部世界的探索之中，才能与他人建立良好的关系，才能有助于幼儿获得丰富的感性经验,促进幼儿社会性的良好发展;幼儿动作能力的发展还是进行早期阅读、绘画、表演以及操作的能力基础。同时,认识到幼儿在其他领域的学习与发展也将有助于幼儿身心健康成长。如,幼儿在了解与探索物质世界和周围环境的过程中可以获得对物质特性以及有关安全方面的知识和经验,还有助于提高幼儿对危险事物的认识与判断能力,更好地维护自身的安全;幼儿要清晰地向他人表达自己内心的想法和情绪情感,也离不开语言能力的发展。

5. 在幼儿日常生活中渗透健康指导

陈鹤琴说过:"儿童离不开生活,生活离不开健康教育,儿童生活是丰富多彩的,健康教育也应把握时机。"幼儿健康教育是生活教育,应当在盥洗、进餐、清洁、睡眠、锻炼、游戏等日常生活的每一环节渗透健康教育理念,实施健康教育策略,让幼儿在自然的生活中身心健康地发展,让幼儿在一个个环节中,从经历的各项活动中,随时随地感受到健康教育的要求,接受健康教育的影响。日常生活就是幼儿学习和发展的内容和途径,我们要为幼儿提供适宜的学习与发展的机会,减少包办代替。成人,尤其是家长要以积极、正面的形象出现在幼儿面前,为幼儿树立榜样。如,幼儿餐前、餐后洗手时,可以要求幼儿注意水流不能开得太大,洗完后关紧水龙头。在幼儿进餐时教给幼儿正确的进餐姿势,爱惜粮食,知道粮食来之不易,尽量吃完自己的一份饭菜,保持桌面清洁;小班幼儿在上厕所时,可以随机进行如厕教育。

第四节 科学活动观察与指导

好奇、好问、好探究是幼儿的年龄特点。探究既是幼儿科学学习的目标,也是幼儿科学学习的途径,正如《指南》将科学领域分为科学探究和数学认知两个子领域。儿童对周围自然界中事物和现象进行探索并形成解释的过程称之为儿童的"科学探究",儿童基于对自然环境中事物和现象的认识进一步形成的对逻辑关系的理解称之为"数学认知"。儿童有着与生俱来的好奇心和探究欲望,大自然和生活中真实的事物与现象是幼儿科学探究的生动内容,更容易激发幼儿的探究兴趣,从而体验探究过程。可见,发展初步的探究能力是幼儿科学学习的核心。

视频:科学活动分析

案 例

给孩子犯错误的机会——麦克劳德杀狗的故事

在英国的亚皮丹博物馆中,有两幅藏画格外引人注目。其中一幅是人体骨骼图,另一幅是人体血液循环图。说起这两幅藏画,其中有着一个引人入胜的故事。原来,这两幅画是当年一个名叫麦克劳德的小学生的作品。麦克劳德从小充满好奇心,凡事总好寻根究底,不找到答案不肯罢休。有一天他突发奇想,想看看狗的内脏到底是什么样的,于是便和几个小伙伴偷偷地套住一只狗,将其宰杀后,把内脏一个一个割离,仔细观察。没想到这只狗是校长家的,且是校长十分宠爱的狗。校长对此事甚为恼火。但是,到底如何进行处罚,校长费了一番脑筋。杀狗肯定是错误,应该受到处罚,然而校长知道,这个举动是在好奇心的驱使下进行的,其中包含着十分可贵的积极因素。如果因为处罚把孩子善于探索的好奇心也打下去了,那无疑是一种巨大的损失。经过反复考虑,权衡利弊得失,校长采取了一个十分巧妙的处罚方法:罚麦克劳德画一幅人体骨骼图和一幅血液循环图。麦克劳德很聪明,他知道自己错了,应该接受处罚,并决心改正错误。于是他认认真真、仔仔细细地画两幅图,校长和教师看后很满意,认为他图画得好,对错误的认识态度很诚恳,杀狗之事便这样了结了。这样的处理方法,既使麦克劳德认识到自己的错误,又保护了他的好奇心,还给了他一次学习生理知识的机会,使他对狗的解剖派上了用场。后来,麦克劳德成了一位著名的解剖学家,与医学家班廷一起,研究发现了以前人们认为不可医治的糖尿病的胰岛素治疗方法,两人于1923年荣获诺贝尔生理学或医学奖。

故事中的小麦克劳德并不是出于狠心要杀狗,而是出于探究精神,出于好奇心。老校长对杀狗事件的处理独具匠心,对我们颇有启发。今后在开展教育活动的过程中,我们不要不问青红皂白主观臆断,要选择相信孩子,理解孩子行为背后的原因,给孩子一个犯错的机会,就是给孩子一个认识世界的机会。其实幼儿也是这样,常常通过观察比较、操作体验及同伴合作等形式去学习,可以说探究是幼儿的天性,是幼儿主要的学习方式和活动方式。

一、科学活动的概述

每一个儿童自出生之日起就开始了对周围环境的探索和认识,儿童对周围自然环境和客观世界的认识简约地重演了人类的认识过程。科学探究有助于幼儿更好地认识和解释客观世界,数学认知则有助于幼儿发现客观世界的规律性和有序性。

(一)科学活动的基本含义

幼儿园科学活动是指教师利用环境与材料,创造适宜儿童学习的环境,再选择适合儿童学习的主题,引导其进行不同方式、不同程度的科学探索。儿童通过这一活动,可以树立科学观念、积累科学经验、学习科学方法、培养科学态度。其实质在于培养儿童早期的科学素质,帮助幼儿形成一种对科学积极探索的精神,培养幼儿的科学态度,这是科学区别于其他学科的所在。

(二)幼儿科学学习的特点

1. 幼儿在个人经验的基础上实现科学概念的建构

幼儿的科学学习是一个主动建构的过程,幼儿是主动建构自己的知识,而不是被动地接受某种现成的知识。幼儿园科学活动正是一个由幼儿主动发起并进行体验与发现的过程,让儿童体验物质世界与周围事物的关系。有时幼儿似乎知道很多,但这并不代表其真正理解了,即使是从外界得到的信息,也必须通过幼儿主动吸收建构的过程,才能真正被其理解。因此,教师要关注幼儿学习的主动性,给幼儿动手操作的机会,让幼儿自己提出问题,获得经验,让幼儿形成自己关于世界的认识。

2. 幼儿对科学的理解受制于思维发展的水平

2至6、7岁幼儿思维的主要形式是具体形象思维。是主要利用事物的形象以及事物形象之间的关系解决问题的思维。这一阶段的幼儿虽然摆脱了对动作同步性的依赖,但仍受到具体事物的形象和动作的影响。正是由于受幼儿自身思维发展水平的影响,幼儿的科学学习也局限于具体形象水平。在幼儿阶段,幼儿还很难掌握抽象的科学概念,或进行抽象的逻辑推理。因此,幼儿阶段的科学学习更多的是和具体形象的事物联系在一起。幼儿通过观察具体的事物来认识事物的特征,通过探究具体的问题来发现事物之间的联系,可以为幼儿积累丰富的科学经验,并为将来在抽象水平上的科学学习提供支持。

3. 幼儿的科学学习需要他人的帮助

幼儿处在一个具有丰富刺激和挑战的环境中,并无时无刻不再受到周围环境中各种刺激的影响。虽然幼儿的科学学习是在个人经验基础上的主动建构,但是不可否认,他人的支持是必不可少的。幼儿科学知识的获得,在本质上是一个概念转变的过程,即从错误概念向科学概念的转变过程。同时,幼儿科学技能的掌握,也要受其认知发展水平的制约。在幼儿阶段,他们的逻辑思维能力还没有发展完善,这也给他们的科学推理造成局限。因此,他人的支持是弥补幼儿自身不足,促进幼儿科学学习的重要因素。

4. 幼儿的科学探究具有明显的年龄差异

一般来说,小班幼儿更喜欢探究自己日常喜欢、熟悉的事物,探究兴趣不稳定,探究方法多以直接的感知与操作为主,探究视角小,对操作过程感兴趣,但不喜欢记录与表达,同伴间较少主动交流,对教师的提问虽能给出实时的回答,但说得极为简单,通常是重复已有的想法或同伴的表达。中班幼儿对生活中时有接触但不太熟悉的事物更容易表现出强烈的探究兴趣,喜欢观察特征明显、多元、有变化且好玩的事物与现象,会主动记录自己探究的猜想或结果,但还缺乏逻辑性与层次性,经常是看到什么就记录什么,在教师引导下能够围绕问题进行整体有序观察或两两比较探究,乐于与同伴交流。大班幼儿则开始逐渐对有一定挑战性的内容或问题表现出探究兴趣,喜欢关注事物的变化、细节特点与功用等,活动前预测、活动中检验与求证的能力有了明显提高,并开始乐意尝试多元化、个性化的记录与表达方式,常常边探究边交流讨论,甚至还会出现争论与协商。

(三)科学活动观察指导的意义

观察能力是幼儿园教师专业能力的重要组成部分,对于促进幼儿学习发展和改进教育教学实践具有重要意义。观察不是简单地、毫无目的地观看,幼儿也不是被观察、被发现、被研究的个体。教师对科学活动进行观察指导,具有以下两方面意义。

1. 提升教师的专业素质

观察是教师自我反思的一种过程,观察是自己考量对照我们学习的学前教育学、学前心理学等专业知识深度分析儿童的过程。观察也是我们自己照镜子的过程,我们是不是乐于与儿童玩在一起?是不是乐于看到儿童的语言、行为并加以记录分析?是不是觉得这些记录和分析对我们指导儿童的策略方法真的有助力?孩子每天都给我们成人很多次的观察机会,要看我们在意没在意、发现没发现、懂得没懂得。因此,教师要想了解幼儿,首先要学会观察。《幼儿园新入职教师规范化培训实施指南》将观察幼儿行为、支持幼儿个体差异、观察并理解幼儿学习独特性等分化内容纳入新教师入职培训体系中,即认定了观察力是很重要的一个专业素养。教师只有了解幼儿园科学活动特点,掌握不同年龄阶段科学探究年龄差异,才能提高教师对幼儿园语言活动进行观察的能力。

2. 促进幼儿科学素质的提高

儿童有强烈的好奇心和探究欲望,他们像"做游戏"一样"做科学",获得的不仅仅是知识经验,而且还能获得科学的思考方式、科学的态度和精神。幼儿由于年龄特点所决定,他们喜欢接触大自然,对周围的一切事物和现象都很感兴趣,好奇、好动、好探究,经常会问各种问题或好奇地摆弄各种物品,但其观察探究能力很大程度上受到自身发展水平的限制。因此,我们应关注幼儿科学探索活动中的需要,支持幼儿探索经验的获得,用有效的教育策略实现幼儿的发展,让幼儿在趣味探索中求真,在生活教育中启智。

二、科学活动中的观察指导策略

《指南》中提出了幼儿科学领域的学习与发展目标。科学探究有助于儿童更好地认识和解释客观世界,数学认知则有助于儿童发现客观世界的规律性和有序性。

幼儿科学教育是指幼儿在教师的指导下,通过自身的活动,对周围物质世界进行感知、观察、操作、发现问题、寻找答案的探索过程。其宗旨就是对幼儿进行科学启蒙,实施科学素质的早期培养,促进幼儿整体素质的全面发展。因此,善于发现和保护幼儿的好奇心,充分利用自然和实际生活机会,引导幼儿通过观察、比较、操作、实验等方法,学会发现问题、分析问题和解决问题,帮助幼儿不断积累经验,并运用于新的学习活动,形成受益终身的学习态度和能力。

幼儿的科学学习是在探究具体事物和解决实际问题中,尝试发现事物间的异同和联系的过程。正如《指南》的科学领域从科学探究和数学认知两个方面,提出6个目标(见表8-13),强调幼儿的科

表 8-13　幼儿科学领域学习与发展目标

领　域	子领域	目　标
科学	科学探究	1. 亲近自然，喜欢探究 2. 具有初步的探究能力 3. 在探究中认识周围事物和现象
	数学认知	1. 初步感知生活中数学的有用和有趣 2. 感知和理解数、量及数量关系 3. 感知形状与空间关系

学学习应注重激发幼儿的探究兴趣、体验探究过程，培养初步的探究能力；幼儿的数学学习应注重在生活和游戏中感知数学的有用和有趣，初步理解数量关系、形状与空间关系，培养初步的逻辑思维能力。对于幼儿园科学活动的观察，要掌握以下要点。

1. 科学探究的观察要点

科学的核心是探索与发现，现代幼儿科学教育更强调幼儿动手能力的培养，动手与动脑的结合。基于此，要求教师在平时设计科学活动时，可以更多地将科学领域的学习转化成为幼儿乐于参与操作和表演的小实验、小制作、小魔术等，并使幼儿在游戏制作活动中主动获得科学经验，体验发现的乐趣，感受科学探究的过程和方法，并在探究中获得对周围事物和现象的认识。可见，幼儿科学学习的核心是激发探究兴趣，体验探究过程，发展初步的探究能力。幼儿园科学探究的观察要点，我们可以从科学探究兴趣和科学探究能力这两个方面去思考。

(1) 科学探究兴趣的观察要点。幼儿科学学习的核心是什么？是激发探究兴趣，体验探究过程，发展初步的探究能力。这就要求幼儿教师要善于发现和保护幼儿的好奇心，充分利用自然和实际生活机会，引导幼儿通过观察、比较、操作、实验等方法，学习发现问题、分析问题和解决问题；帮助幼儿不断积累经验，并运用于新的学习活动，形成受益终身的学习态度和能力。

小班：是否喜欢接触大自然，对周围的很多事物和现象感兴趣？能否经常问各种问题，或好奇地摆弄物品？

中班：是否喜欢接触新事物，经常问一些与新事物有关的问题？能否常常动手动脑探索物体和材料，并乐在其中？

大班：是否对自己感兴趣的问题总是刨根问底？能否经常动手动脑寻找问题的答案？是否在探索中有所发现时感到兴奋和满足？

(2) 科学探究能力观察要点（见表 8-14）。幼儿的科学学习是在探究具体事物和解决实际问题中，尝试发现事物间的异同和联系的过程。幼儿有着与生俱来的好奇心和探究欲望。好奇、好问、好探索是幼儿的年龄特点。探究既是幼儿科学学习的目标，也是幼儿科学学习的途径。大自然和生活中真实的事物与现象是幼儿科学探究的生动内容，激发探究兴趣，体验探究过程，发展初步的探究能力是幼儿科学学习的核心。

表 8-14　幼儿科学探究能力的观察要点

小班	是否对感兴趣的事物能仔细观察，发现其明显特征；能否用多种感官或动作去探索物体，关注动作所产生的结果
中班	能否对事物或现象进行观察比较，并发现其相同与不同；能否根据观察结果提出问题，并大胆猜测答案；能否通过简单的调查收集信息；能否用图画或其他符号进行记录

续　表

大班	是否能通过观察、比较与分析,发现并描述不同种类物体的特征或某个事物前后的变化;能否用一定的方法验证自己的猜测;能否在成人的帮助下制定简单的调查计划并执行;能否用数字、图画、图表或其他符号记录;能否在探究中与他人合作与交流

2. 数学认知的观察要点(见表 8-15～表 8-17)

史迈尔曾经说过,对微小事物的仔细观察,就是事业、艺术、科学及生命各方面的成功秘诀。幼儿在对自然事物的探究和运用数学解决实际生活问题的过程中,不仅获得丰富的感性经验,充分发展形象思维,而且初步尝试归类、排序、判断、推理,逐步发展逻辑思维能力,为其他领域的深入学习奠定基础。因此,教师要了解幼儿数学学习特点,掌握数学认知的观察要点,才能促进幼儿科学素养的形成。

表 8-15　感知生活中数学的有用和有趣的观察要点

小班	能否感知和发现周围物体的形状是多种多样的;能否对不同的形状感兴趣;是否可以体验和发现生活中很多地方都用到数
中班	能否在指导下,感知和体会有些事物可以用形状来描述;能否在指导下,感知和体会有些事物可以用数来描述,对环境中各种数字的含义有进一步探究的兴趣
大班	能否发现事物简单的排列规律,并尝试创造新的排列规律;能否发现生活中许多问题都可以用数学的方法来解决,体验解决问题的乐趣

表 8-16　感知和理解数、量及数量关系的观察要点

小班	能否感知和区分物体的大小、多少、高矮、长短等量方面的特点,并能用相应的词表示;能否通过一一对应的方法比较两组物体的多少;能否手口一致地点数 5 个以内的物体,并能说出总数;是否能按数取物;能否用数词描述事物或动作
中班	能否感知和区分物体的粗细、厚薄、轻重等量方面的特点,并能用相应的词语描述;是否能通过数数比较两组物体的多少;能否通过实际操作理解数与数之间的关系;是否会用数词描述事物的排列顺序和位置
大班	是否初步理解量的相对性;能否借助实际情境和操作(如合并或拿取)理解"加"和"减"的实际意义;能否通过实物操作或其他方法进行 10 以内的加减运算;能否用简单的记录表、统计图等表示简单的数量关系

表 8-17　感知形状与空间关系的观察要点

小班	能否注意物体较明显的形状特征,并能用自己的语言描述;能否感知物体基本的空间位置与方位,理解上下、前后、里外等方位词
中班	能否感知物体的形体结构特征,画出或拼搭出该物体的造型;能否感知和发现常见几何图形的基本特征,并能进行分类;能否使用上下、前后、里外、中间、旁边等方位词描述物体的位置和运动方向
大班	能否用常见的几何形体有创意地拼搭和画出物体的造型;能否按语言指示或根据简单示意图正确取放物品;能否辨别自己的左右

第五节　艺术活动观察与指导

当前艺术教育领域存在一定的误区。我国幼儿艺术教育中常常把艺术技能的习得、艺术知识

的积累作为艺术教育的主要目标,忽略了幼儿的感知与体验、想象与创造等本体的艺术能力的培养;在艺术教育内容选择上,强调学科知识体系的逻辑性,重视艺术模仿教育,把技能技巧的训练放在首要位置,忽视幼儿自身特定的生活经验、愿望和情趣;在艺术教育方法上,艺术欣赏活动以艺术作品为中心,强调创作者原意或教师观点的权威性,强调对作品内容的记忆,不仅忽略了幼儿自身的感受与情感体验,忽视通过形式语言的意味来理解作品内涵,也忽略了与审美对象所进行的平等的心灵对话。因此,教师要了解幼儿园艺术活动基本含义和特点,掌握观察与指导基本要求,才能避免误区,培养幼儿的健全人格。

一、艺术活动概述

艺术活动是幼儿的精神成长性需要的满足,是一种没有直接功利性的,以活动过程本身为目的的需要的满足。艺术活动以其独特的情感性、愉悦性、形象性(视觉形象、听觉形象)、想象性、活动性,不仅符合幼儿的思维水平,也符合幼儿的认知特点。因此,每个幼儿都有参与艺术活动的愿望。

(一)幼儿艺术活动的基本含义

艺术活动根据幼儿身心发展规律和艺术学习的特点,在幼儿园正常教学活动规定的时间内,通过音乐、美术、文学等艺术活动有目的、有计划、有组织地对幼儿进行熏陶、启示与指导,培育其审美能力,激发其对一切美好事物追求的一种活动。

(二)幼儿艺术活动的特点

《指南》指出:"艺术是人类感受美、表现美和创造美的重要形式,也是表达自己对周围世界的认识和情绪态度的特有方式。"幼儿在快乐、自由的艺术活动中,能够从艺术这个独特的视角出发,得到美的体验,达到情感、心智、认知的协调发展。幼儿艺术活动的特点可以从审美感受、艺术表现与创造两个方面来理解。

1. 幼儿审美感受的特点

幼儿的艺术感受是指幼儿被周围环境或生活中美的事物或艺术作品所吸引,从感知出发,以想象为主要方式,以情感的激发为主要特征的一种艺术能力。幼儿的这种审美感受包括两个部分:一是指幼儿以自己的方式感受到的情感表现性;另一种含义是指欣赏主体在欣赏过程中达到一种自由和谐状态时所产生的一种审美愉悦。

2. 幼儿艺术表现与创造的特点

艺术教育是一种真正的塑造完整的人的教育。幼儿在艺术活动中所呈现的是一种感性的对世界的把握,主要包括想象、幻想、直觉、灵感、猜测等方法。幼儿的艺术表现与创造是指他们在头脑中形成审美心理意象,利用艺术的形式语言、艺术的工具和材料将它们重新组合,创作出对其个人来说是新颖独特的艺术作品的能力。

(三)幼儿艺术活动观察指导的意义

艺术是幼儿的另外一种语言,也是表达自己对周围世界的认知和情绪态度的独特方式。观察可以帮助教师更好地了解幼儿的能力、兴趣和需要,发现幼儿之间的个体差异,探究幼儿行为背后的意义。观察是了解幼儿的途径,而不是教师的最终目的。教师对艺术活动进行观察指导,具有以下两方面的意义。

1. 提升教师艺术活动指导能力

《幼儿园教师专业标准(试行)》指出:"在教育活动中观察幼儿,根据幼儿的表现与需要,调整活动",给予适宜的指导。《指南》中也提到,尊重孩子发展的个体差异,理解并尊重发展进程中的个别差异,支持并引导他们从原来的水平往更高的水平发展。要实现这一目标,就必须在平时的各类活动中进行有效观察,收集有效的信息,才能知道如何去帮助他们。《纲要》也指出:"教师要关注幼儿在活动中的表现和反应,敏感地察觉他们的需要,及时以适当的方式应答,形成合作探究式的师生互动。"因此,观察是教师组织幼儿园不同教育活动的出发点,是教师了解幼儿在发展水平、能力、经验、学习方式等方面个体差异的途径,只有在艺术活动中真正学会了观察,才能充分了解儿童,解读儿童的行为。

2. 促进幼儿审美能力的提高

艺术活动内容广泛、氛围自由而愉悦,符合幼儿富于想象、活泼好动的特点,能使幼儿从中获得极大的满足。正如《纲要》提出:"艺术活动是一种情感和创造性活动。幼儿在艺术活动过程中应有愉悦感和个性化的表现。"幼儿在艺术活动中通过自己的歌声、舞蹈、绘画等表达自己对美的认识和感受,从而得到心理上的满足。而教师在艺术教育活动中对幼儿无意识的审美本能的肯定,对其审美取向的引导、启发都是提升幼儿审美能力的有效途径。因此,教师对幼儿的肯定、启发与鼓励使幼儿对艺术无意识的积极表现逐渐转变为有意识的审美体现,使幼儿逐渐认识到美的存在,并学会辨别美、认识美。

二、艺术活动中的观察指导策略

幼儿用自己的方式认识世界、理解世界和解释世界,在与周围世界的相互作用过程中,发展和形成自己独特的个性。幼儿园的艺术活动要顺应幼儿的天性,以幼儿天性表现出来的特征作为基础,以实际组织的艺术活动为基本手段,创造适合幼儿艺术本能自我表达的舞台,从而促进儿童个性发展。

艺术领域包括音乐和美术两部分内容,子领域又分为感受与欣赏、表现与创造。《指南》中关于幼儿艺术领域学习与发展目标表述具体见表8-18。

表8-18 幼儿艺术领域学习与发展目标

领 域	子领域	目 标
艺术	感受与欣赏	1. 喜欢自然界与生活中美的事物 2. 喜欢欣赏多种多样的艺术形式和作品
	表现与创造	1. 喜欢进行艺术活动并大胆表现 2. 具有初步的艺术表现与创造能力

《指南》指出:"幼儿艺术领域的学习关键在于充分创造条件和机会,在大自然和社会文化生活中萌生幼儿对美的感受和体验,丰富其想象力和创造力,引导幼儿学会用心灵去感受和发现美,用自己的方式去表现和创造美。"由此可见,艺术的关键在于教师"充分创造条件和机会",让幼儿"感受和发现美"以及"表现和创造美"。

艺术领域包含两个目标:感受和欣赏;表现和创造。强调的是审美教育,而不是单纯分成音乐与美术,旨在培养幼儿对艺术的兴趣。比如城市的幼儿没有见过小鸡,不会画。老师说就是两个圆加一个小三角,再画上爪子就好了。幼儿若只是单纯复制模仿老师的画,然后被老师定义为画得像与不像,那幼儿的表现力何在?幼儿只有感受了真实事物,才能有助于提高表现能力。对于幼儿园艺术活动的观察,要掌握以下要点。

(一)感受与欣赏的观察要点

《指南》指出:"引导幼儿接触生活中美好的事物和感人事件,丰富幼儿的感性经验和情感体验。"艺术是人类感受美、表现美和创造美的重要形式,也是表达自己对周围世界的认识和情绪态度的独特方式。幼儿园艺术活动的观察要点包含感受与欣赏、表现与创造两个方面,具体如下:

1. 感受自然和生活中的美的观察要点

感受美的教育不应提供千篇一律的审美对象,做出千篇一律的审美要求,《指南》指出:"充分创造条件和机会,在大自然和社会文化生活中萌发幼儿对美的感受和体验。"这在最大程度上丰富儿童审美的生命历程。幼儿对美的事物的感受带有直觉性,虽然还很幼稚、浅显,但已有了初步的审美意识。因此,教师在开展艺术活动过程中,需要了解幼儿感受自然和生活中的美的观察要点。

小班:是否喜欢观看花草树木、日月星空等大自然中美的事物?是否容易被自然界中鸟鸣、风声、雨声等好听的声音所吸引?

中班:在欣赏自然界和生活环境中美的事物时,能否关注其色彩、形态等特征?是否喜欢倾听各种好听的声音,感知声音的高低、长短、强弱等变化?

大班:是否乐于收集美的物品或向别人介绍所发现的美的事物?是否乐于模仿自然界和生活环境中有特点的声音并产生相应的联想?

2. 欣赏艺术形式和作品的观察要点

幼儿对事物的感受和理解不同于成人,他们表达自己认识和情感的方式也有别于成人。《指南》艺术领域提出"每个幼儿心里都有一颗美的种子",同时,"幼儿对事物的感受和理解不同于成人",他们用自己的方式与周围的自然、生活和艺术世界对话交流,通过"观察、倾听、触摸、品尝、运动"等与对象产生联结,形成独特而强烈的个人体验,从而加深对自我和世界的认识。因此,教师对幼儿的艺术表现要给予充分的理解和尊重,不能用自己的审美标准去评判幼儿,更不能为追求结果的"完美"而对幼儿进行千篇一律的训练,以免扼杀其想象力和创造力。教师只有掌握不同年龄阶段幼儿欣赏艺术形式和作品的观察要点,在艺术欣赏的教育过程中自觉地引导儿童学会如何感知和欣赏艺术作品,才能真正尊重幼儿的兴趣和独特感受,理解他们欣赏时的行为。

小班:是否喜欢听音乐或观看舞蹈、戏剧等表演?是否乐于观看绘画、泥塑或其他艺术形式的作品?

中班:是否能够专心地观看自己喜欢的文艺演出或艺术品,有模仿和参与的愿望?能否在欣赏艺术作品时产生相应的联想和情绪反应?

大班:艺术欣赏时能否常常用表情、动作、语言等方式表达自己的理解?是否愿意分享交流自己喜欢的艺术作品和美感体验?

(二)表现与创造的观察要点

《纲要》明确指出:"提供自由表现的机会,鼓励幼儿用不同艺术形式大胆地表达自己的情感、理解和想象,尊重每个幼儿的想法和创造,肯定和接纳他们独特的审美感受和表现方式,分享他们创造的快乐。"因此,对幼儿艺术教育来说,支持、引导他们学会"用心灵去感受和发现美,用自己的方式去表现和创造美"无疑是最为重要的。在开展艺术活动过程中,教师要了解表现与创造方面的观察要点,具体如下。

1. 幼儿艺术表现的观察要点(见表8-19)

表8-19 幼儿艺术表现行为的观察要点

小 班	中 班	大 班
是否常常自哼自唱或模仿有趣的动作、表情和声调	是否经常唱唱跳跳,愿意参加歌唱、律动、舞蹈、表演等活动	是否积极参与艺术活动,有自己比较喜欢的活动形式
是否经常涂涂画画、粘粘贴贴并乐在其中	是否经常用绘画、捏泥、手工制作等多种方式表现自己的所见所想	能否用多种工具、材料或不同的表现手法表达自己的感受和想象
		艺术活动中能否与他人相互配合,也能独立表现

2. 幼儿艺术创造的观察要点（见表8-20）

幼儿有着天马行空的想法，他们是独立自主的，应给予他们独立思考的时间，让他们的创作与生活经验联结，更深层次地表现艺术美。而艺术创造力的根本来自幼儿的无限想象力，无限的想象力意味着无限的可能性，这就意味着在艺术活动中能让每个幼儿找到真实的自我。通过艺术形式，可以让他们在不知不觉之间，把潜意识投射在作品上，把那些深锁心灵底部、无法言说的情绪释放出来。因此，教师要掌握不同年龄阶段幼儿艺术创造的要点，这样才能唤醒幼儿的艺术创造的思维，通过不断地鼓励，让幼儿愿意表达内心的想法，锻炼其艺术创造力。

表8-20 不同年龄阶段幼儿艺术创造的观察要点

小班	中班	大班
能否模仿学唱短小歌曲	是否能用自然的、音量适中的声音基本准确地唱歌	能否用基本准确的节奏和音调唱歌
是否能够跟随熟悉的音乐做身体动作	是否能通过即兴哼唱、即兴表演或给熟悉的歌曲编词来表达自己的心情	是否能用律动或简单的舞蹈动作表现自己的情绪或自然界的情景
是否能用声音、动作、姿态模拟自然界的事物和生活情景	是否能用拍手、踏脚等身体动作或可敲击的物品敲打节拍和基本节奏	是否能自编自演故事，并为表演选择和搭配简单的服饰、道具或布景
是否能用简单的线条和色彩大体画出自己想画的人或事物	是否能运用绘画、手工制作等表现自己观察到或想象的事物	是否能用自己制作的美术作品布置环境、美化生活

（三）幼儿艺术活动观察指导的基本要求

幼儿园的艺术活动应该顺应幼儿发展的特点，寓教育于美的享受之中，始终把对幼儿的个性、情感和尊重放在首位，强调在幼儿精神获得满足和愉悦的同时，培养其对美的感受能力，为形成完整和谐发展的人格打下良好的基础。

1. 激发幼儿对艺术活动的兴趣和愿望

在3~6岁阶段，艺术活动一项重要目标是激发幼儿对艺术的兴趣。每个孩子心中都有一颗美的种子，在他们的生活周围处处存在美。保护这份兴趣，引领着他们去发现、去感受，将各种事物的美展现在幼儿的眼前，是幼儿教师的责任。正如《指南》中的艺术领域目标里，多次出现了"喜欢欣赏、乐于倾听、乐于收集、愿意分享"等词汇，充分尊重幼儿的主动性和主观愿望，重视幼儿在活动过程中所表现出的积极态度。比如，在音乐活动中，教会一首歌、一支舞并不是最重要的目的，关键在于引发幼儿倾听、欣赏、表现的意愿，使幼儿主动地参与到活动中来。如果询问是否教幼儿画过"树、青蛙、孔雀"？在美术教学活动中最常用的方法是什么？大多数教师的回答是"教过"，一般使用"范画"。那为什么每个幼儿在最初的时候都会画画，但学了画画之后却有更多的幼儿说"不会画画了呢"？就是因为绘画的作用是教会他们怎么去画，怎么表达他们所要表达的东西，而不是让幼儿模仿着教师的作品来复制一遍，更不是画画作品的标准答案，应该让幼儿有更好的感受去表达他的内容和要表达的情感。

2. 正确认识幼儿艺术活动的价值

艺术活动不但要关注幼儿艺术活动实际呈现出来的结果即艺术作品，而且更加要关注艺术创造中幼儿的艺术思维过程、艺术形式、语言使用过程，以及对艺术工具和材料探索的过程。艺术教育应以幼儿的创造意识、创造能力和创造个性的培养为中心任务。因此，教师要正确认识幼儿艺术活动的价值，认识到艺术活动是他们内在的生命活动，是一种感性地把握世界的方式。

视频：艺术活动分析

比如，幼儿的画看不懂，正表明他们是用自己特有的方式来表达对外部世界的认识和理解，表达自己的意愿和情感。1～4岁是涂鸦期，是一种手眼协调的动作练习。3～6岁是象征期，用线条和图形的简单组合来表征事物，作品形象和事物原型相去甚远。5～7岁是图式期，写实性表达开始萌芽，用相对固定的图形符号表示特定的事物。幼儿在画所知，而非画所见。幼儿满足于自己表现的过程。有一个实验，让幼儿认出自己的作品，意愿画、命题画、写生画、示范画的认出率依次逐渐降低。也就是说，要让幼儿有表现意愿，画他们所愿意画的。因此，幼儿艺术活动的内容选择应关注艺术学科内容与幼儿已有生活经验的契合；选择那些既具有文化内涵，又符合幼儿自身特定的生活经验、愿望与情趣的作品，尤其让幼儿关注周围自然环境和生活中美的事物的欣赏与感受，并特别强调尊重幼儿自发的、个性化的表现与创造，倡导幼儿用自己创造的艺术作品来表达思想情感，美化生活，通过对艺术的参与形式表现对艺术活动的热爱。

3. 学会尊重幼儿独特的感受与表达

幼儿对事物的感受和表达方式不同于成人，每一个幼儿作为独立的个体，其对艺术的理解和演绎又各有不同，因而在艺术活动这一主观性较强的领域里，作为教师应充分尊重幼儿的感受，接纳幼儿的各种艺术表现，鼓励幼儿用自己的方式表达美、创造美。正如《指南》中，将教师对艺术活动的指导定位于"创造机会和条件，营造氛围，提供素材，肯定和展示作品"，随后才是"适当给予指导"。基于此，美术活动中不能用统一的标准评判幼儿的表现，不能用简单的"像不像、好不好、一样不一样"来要求幼儿，而是尊重幼儿在美术创作过程中的发展，积极回应和鼓励幼儿自发的表现方式，了解和倾听幼儿的感受。

4. 引导幼儿艺术欣赏时关注事物的外在形式特征

引导幼儿艺术欣赏时关注事物的外在形式特征，注重幼儿自身的自主感知、想象与感受，鼓励幼儿发现一个属于自己的意义世界。艺术欣赏不同于科学活动中的感知。审美感知是对事物的各个外在的形式特征，如形状、色彩、节奏、旋律等要素及其完整形象的把握，是一种区别于日常感知的，能够揭示事物的审美属性的特殊的感知。因此，在引导幼儿对外界事物进行观察时，除了引导幼儿探究事物的属种、用途、习性等科学事实，还要关注事物的形状、色彩、空间、节奏等形式因素及其所表现的对称抗衡、节奏韵律、多样统一等形式美，事物的主题、情节、形象等内容因素，以及这些形式和内容所表现出的情感因素上。

5. 结合《指南》做好分析

《指南》艺术领域的这个目标下所陈述的各年龄阶段的典型表现，只是将一些基本的艺术表现形式，作为幼儿表达自己的一种手段列出来。比如，"能通过哼唱、即兴表演或给熟悉的歌曲编词来表达自己的心情""能用自己制作的美术作品布置环境、美化生活"。至于表演得怎样，画得如何，却没有从技能水平上表述。那么当教师指导时，也就是对幼儿自发表现的支持，也就是说当幼儿在表现中遇到问题和困难时，帮助幼儿满足他们自我表现的需要即可。其中，"艺术感受"是指通过对美好事物的感受，能培养感官的敏锐，心灵的敏感，有一双善于发现美的眼睛。主要表现在幼儿是用感官和双手来探索世界的，是通过颜色、声音和形状、动作来接触外部世界，认识事物并激发情感，这时候如果我们注重培养幼儿的感受，能培养感官的敏锐——觉察，心灵的敏感——移情。而"艺术表现"则体现在感受与表现，特别强调艺术表现，表现能力中含有表现技能的要素，但两者不能画等号。在幼儿阶段，幼儿的年龄特点决定了表现能力比表现技能更重要。

虽然表现能力中含有"表现技能"的要素，但两者并不相同，比如说，为什么有的人唱歌虽然有高超的技巧，但不打动人，而有的人演唱技巧虽然一般，但是却声情并茂令人感动。因为前者只是炫技没有用情，后者则对歌曲有自己的深刻理解，前者只是唱给别人听，后者却在向别人表达自己的内心。举个幼儿画画的例子来说，一个幼儿从来也没见过小鸡，但老师让他画小鸡，于是教他：一个圆是头，一个圆是身体，加一个小三角是嘴巴，幼儿学会了画小鸡。但这对幼儿来说，他们只知道两个圆和一个小三角合在一起,老师说这是小鸡,他们学会了画小鸡的技能,尽管这幅画画得很好,却看起来不那么生动,因为他画的是老师告诉他的小鸡,而不是自己见过、感受过的小鸡,而这个小鸡看起来就是不生动的,没有情感的。再比如,一个幼儿自发地画了一个圆,并在圆里面画了很多小点,他说,这是妈妈在菜板上剁的饺子馅。显而易见,这幅画是具有表现力的,在画中蕴涵了孩子的情感和见识,这是他在表现自己的亲身感受。

6. 教学活动中,支持幼儿自主表达与表现

首先,提供更多感受和欣赏的机会,在感受的基础上表现。其次,为幼儿创造更多自发表现的机会,允许幼儿用自己的方式表现,必要时才给予指导。再次,充分理解幼儿美术的表征功能和叙事功能,倾听幼儿"说画"。最后,鼓励幼儿大胆表达,不按成人标准选择和陈列幼儿作品。

7. 开展家园共育,鼓励和支持幼儿积极参与艺术活动

父母可以经常和幼儿一起唱歌、表演、绘画、制作,研究发现,美术实验班幼儿在作品的造型、构图与构思、色彩的使用三方面与一般实验班、对照班幼儿的作品之间表现出一定的差异。造成这种差异的部分原因是美术实验班幼儿比一般实验班、对照班级幼儿有更多的练习机会和教师指导。所以要积极支持幼儿参与艺术活动,要经常与孩子一起唱歌、表演、绘画、制作等,从而对孩子做一些必要的指导。当然,指导要以爸爸、妈妈具有较高艺术修养为前提。父母参与过程中不仅可以使孩子的艺术表现得以提高,还可以增进与孩子之间的感情。同时,鼓励幼儿用自己的方式大胆表达对世界的认识和感受,不要用固定的模式和标准要求和评价幼儿,以免束缚幼儿的想象和创造。

综上所述,《指南》提出了每个阶段幼儿应达到的发展水平,但是在幼儿教师的实际工作中,不是所有孩子都能同时达到同一个水平。孩子之间存在着个体差异,有的孩子明显高出或低于应有的发展水平。教师要用平和的心态来对待,允许孩子存在这种差异,耐心运用各种方法来进行鼓励、指导和帮助,使每个孩子都得到较好的发展。比如,对于能力强的孩子很轻松就达到了规定的发展水平,对这个孩子而言没有挑战性。这时,我们就要对他适当提高要求,让他跳一跳才能达到,这样才能提高他的积极性。能力弱的孩子,虽然很努力了却还是达不到应有的水平,对这个孩子而言,难度太大,会让他丧失信心,失去兴趣,会打击他的积极性。此时要适当降低难度和要求,并鼓励他通过努力来完成任务,也让他体验到成功的快乐,然后再慢慢增加难度,使他渐渐靠近并达到应有的发展水平。

 案 例

音乐活动观察记录——××幼儿园中一班第十六周观察记录

音乐表演区是幼儿园区域设置内容之一,是幼儿自发地进行音乐、舞蹈表演的游戏场所。为了充分发挥音乐表演区在幼儿音乐活动中的启蒙和启智作用,让幼儿拥有一个自由的音乐天地,教师针对本班幼儿进行了观察(见表8-21)。

表8-21 ××幼儿园中一班第十六周观察记录

幼儿姓名	愿意参加表演活动,能跟随音乐节奏自然协调地表演	在同伴的陪同下愿意参加表演活动	不愿意参加表演活动
李楠		√	
夏翎羽	√		

续表

幼儿姓名	愿意参加表演活动,能跟随音乐节奏自然协调地表演	在同伴的陪同下愿意参加表演活动	不愿意参加表演活动
李明宇	√		
张小亮			语言表达弱,平时胆子比较小,不太愿意参加表演活动
朱一凡	√		
李红	√		
张斯琪			说话口吃不清楚,对表演活动显出不自信
曹建国		√	
张霞	√		
王迪			喜欢独自哼唱,有人注意到他时,就马上停了下来,不愿意继续表演
崔欣	√		
程鑫	√		
吕飞	√		
……			

行为分析：

本次音乐活动的观察是采取自然观察法,教师在班级区域活动中对幼儿进行观察。从本次观察中不难发现：班级大多数幼儿比较愿意参加音乐表演活动,并能够跟随音乐节奏自然协调地表演。而需要在同伴的陪同下才愿意参加表演活动的只有两位幼儿。本次观察中不愿意参加表演活动的幼儿不多,有张小亮、张斯琪、王迪,这与他们的性格和语言发展水平有很大的关系。

行为指导：

1. 引导幼儿自由参与,发挥其主体性

教师应提供丰富的便于幼儿取放的材料、工具或物品,支持幼儿进行唱歌、跳舞等艺术活动。3～6岁是幼儿音乐发展的关键期。因此,为幼儿提供自由参与音乐活动的机会,让幼儿根据自己的兴趣和需要,自主选择音乐活动的内容、材料、方式和合作伙伴等,尤为重要。

2. 师幼共同合作,尊重其个体差异

教师经常和幼儿一起唱歌、表演、绘画、制作,共同分享艺术活动的乐趣。在音乐活动中,应创设能够激发幼儿兴趣的情境,通过环境、多媒体、教师自身等各种途径,吸引幼儿走入活动中。这说明在艺术活动中,教师的主要工作在于创造条件和机会,而感受、发现、创造、表现的主体都是幼儿。在所有艺术活动中,美术教育是其中的一项重要内容。但幼儿对美术的理解和接受能力都是不同的,他们表达自己认识和情感的方式也有别于成人,每一个个体间都存在客观差异。怎样更好地帮助和支持幼儿在美术活动中发挥主动性,在乐于参与、喜欢表达的基础上,使每一个幼儿都能在自己原有的水平上得到不同程度的发展,正是我们需要面对和解决的问题。

3. 创设丰富的艺术环境

首先，创设富有审美情感色彩的一日生活环境。其次，让幼儿投入到大自然与周围环境中，去感受、发现和欣赏自然环境和人文景观中美的事物。最后，关注幼儿其他领域学习中蕴含的艺术美。比如，教师为满足幼儿唱、跳、演奏、欣赏、表现、创造的欲望，可以为幼儿创设一个音乐区角，并和幼儿一起为之配备相应的表演工具，如各种打击乐器、自制表演服装、麦克风等。

4. 巧妙构思，精心设计艺术活动

教师要理解和尊重幼儿在欣赏艺术作品时手舞足蹈、即兴模仿等行为，并提供机会和条件支持幼儿自发的艺术表现和创造。因此，教师要搭建幼儿能自由进行音乐表演的舞台。精心设计的小舞台能激发幼儿参与音乐表演区的兴趣，让幼儿在不断地感受、欣赏、表现与创造音乐的过程中得到艺术素养、审美能力的熏陶，发展开朗、自信、合作的良好品质。小舞台的空间宜最大化，各班级巧妙地进行了规划，舞台的设计利用了绒布、纱巾、彩色纸条等，稍加修饰美化，并为其起了一个具有艺术性的名字。

5. 提供必要服装道具，为活动的深入保驾护航

在投放音乐表演区域活动材料时，教师们侧重选择与故事、儿歌、戏剧表演内容、奥尔夫音乐教材有关的服装道具。除了一些如首饰、头饰、纱巾等装饰性的辅助材料外，在服装道具的使用上，还可以根据内容进行变换和丰富。服装道具与音乐内容相互联系，幼儿在音乐表演活动中能够充分发挥想象，灵活运用，从而取得较好的效果。

此外，教师要让幼儿尽可能多地接触音乐，如在午睡前放音乐，在过渡环节放音乐。幼儿进行音乐表演需要有伴奏或背景音乐，因此，教师在音乐表演区配备录音机和磁带，先让全体幼儿对录音机有所认识，教会他们如何正确使用录音机。让幼儿自己操作，在活动区提高他们的操作技巧。

本章习题

1. 简述社会活动的特点及观察指导策略。
2. 简述语言活动的特点及观察指导策略。
3. 简述健康活动的特点及观察指导策略。
4. 简述艺术活动的特点及观察指导策略。
5. 简述科学活动的特点及观察指导策略。
6. 以小组为单位，到幼儿园观察一个集体活动，分析并提出建议。

第九章
个性差异儿童的行为观察分析与指导

学习目标

1. 认知：了解个性差异儿童的心理特点和行为表现，掌握对个性差异儿童的引导与教育策略。
2. 技能：学会对个性差异儿童进行判断与甄别，能够根据儿童心理发展的基本规律对个性差异儿童采取恰当的教育策略。
3. 情感：接纳、理解儿童的不同表现，树立因人而异、因材施教的教育思想。

经典导学

卡耐基与继母的故事

卡耐基的名字几乎家喻户晓，他是美国著名企业家、教育家和演讲艺术家。20世纪上半叶，当经济不景气、人权不平等、战争等恶魔正在磨灭人类美好的心灵时，卡耐基先生以他对人性的洞见，通过大量的普通人取得成功的故事，通过他的演讲唤起了无数迷惘者的斗志，并激励他们取得辉煌的成就。因此，卡耐基被誉为"成功学之父"。然而，卡耐基小时候是个大家公认的坏男孩。9岁的时候，父亲娶了继母。父亲一边向继母介绍卡耐基，一边说："亲爱的，希望你注意这个全郡最坏的男孩，他可让我头疼死了，说不定会在明天早晨就拿石头扔向你，或者做出别的什么坏事，总之让你防不胜防。"出乎意料的是，继母微笑着走到卡耐基面前，托起他的头看着丈夫说："你错了，他不是全郡最坏的男孩，而是最聪明、但还没有找到发泄热忱地方的男孩。"凭着这句话，他和继母开始建立了友谊。凭着这句话，激励他日后创造了成功的28项黄金法则，帮助千千万万的普通人走上成功和致富的光明大道，就凭这句话，改变了他的生命，帮助他和无穷智慧发生联系，使他成为20世纪最有影响力的人物之一。

对卡耐基来说，继母就是他的伯乐，她没有介意他淘气的缺点，而是给了他足够的尊重、信任与鼓励，使这个能量充沛的孩子得到了充分的发展，古语说"千里马常有，而伯乐不常有"。垃圾是放错了地方的资源，再优秀的资源放错了地方，也会成为垃圾。每位孩子都是一份宝贵的资源，关键看你有没有一双发现的慧眼！每个孩子都是天堂花园里一朵独特的小花，都有属于自己的独特芳香，这就是个性差异的表现。所以，《指南》强调，要"尊重幼儿发展的个体差异""切忌用一把尺子衡量所有幼儿"。

第一节 个性差异概述

一、个性的定义

个性指人的整个精神面貌,即具有一定倾向性的心理特征的总和。儿童的个性差异主要是通过个性心理特征表现出来。如完成某种活动潜在的能力特征;表现在心理活动速度、强度、稳定性、指向性上的气质动力特征;在活动中表现出的稳定的态度和行为方式的性格特征。可见,个性结构是多层次、多侧面的,每一个孩子都是由复杂的心理特征独特结合构成的个体。不同的遗传素质,不同的生活环境,形成了千姿百态的个性特征。有的孩子认真细致,有的孩子粗枝大叶;有的孩子性格张扬,有的孩子性格内向,"龙生九子,各有不同",正是这种差异构成了儿童行为表现的丰富性。

二、产生个性差异的因素

1. 遗传是个性差异形成和发展的前提基础

遗传素质是指与生俱来的解剖生理特点。如,身体构造、毛发颜色、个头大小、神经类型的特点等。遗传素质为个性的形成发展提供了生理基础。如天生的盲人不能成为画家,有听力障碍的人也很难成为歌唱家,即使是同卵双胞胎,个性特点也不会完全相同。

2. 生活环境是个性差异形成和发展的决定因素

遗传素质在个性形成中仅仅提供了必要的前提和基础,这种可能性是否能转变为现实性,主要取决于后天的社会生活环境。

家庭是社会的基本单位,是儿童成长的摇篮,儿童期主要是在家庭中度过的,是人一生中最重要的时期,家庭的结构、经济条件、环境氛围、教养方式等都对儿童产生着重要的影响,是人终生心理健康发展的基石。我国学者对28个省、自治区、直辖市的729名离异家庭的儿童和825名完整家庭的儿童进行过比较研究,发现离异家庭的儿童表现出更多的焦虑、自卑、孤僻、冷漠、畏缩、敌对等消极情绪。可见,不健全的家庭结构对儿童心理发展产生的影响是不可估计的。联合国颁发的《儿童生存、保护和发展世界宣言行动计划》中明确指出:"家庭对于培养和保护从婴儿到青春期的儿童负有主要责任。家庭对儿童所产生的作用,是其他环境所无法替代的。"

除家庭外,儿童心理活动的发展还与所处的社会环境密切相关。社会环境包括物质环境和精神环境。社会的物质环境制约着儿童心理发展的水平和速度,也是儿童个性差异产生的重要条件。

3. 幼儿园教育对儿童个性差异形成发展起着主导作用

《纲要》指出:"幼儿园是幼儿生活和学习的重要场所。幼儿园教育对儿童的心理发展起着主导作用。"这是因为幼儿园教育是有目的、有计划、有系统的教育,幼儿园的教育是在国家及其各部门的有目的、有计划的指导下,按照一定的步骤和环节有系统地开展的,这种有目的、有计划的活动,在影响儿童身心发展的各个因素中起着主导作用,影响着儿童心理发展的方向和水平。

幼儿园教育是按照儿童的身心发展规律和年龄特点进行的教育,《纲要》指出:"幼儿园教育应尊重幼儿的人格和权利,尊重幼儿身心发展的规律和学习特点,以游戏为基本活动,保教并重,关注个别差异,促进每个幼儿富有个性地发展。"在此指导下《指南》把幼儿的学习与发展划分为健康、语言、社会、科学、艺术五大领域,从3~4岁、4~5岁、5~6岁三个年龄阶段进行,充分尊重了儿童的年龄特征和身心发展规律。

第九章 个性差异儿童的行为观察分析与指导

> **案 例**
>
> 1978年,75位诺贝尔奖获得者在巴黎聚会。人们对于诺贝尔奖获得者非常崇敬,有位记者问其中一位:"在您的一生里,您认为最重要的东西是在哪所大学、哪所实验室里学到的呢?"
>
> 这位白发苍苍的诺贝尔奖获得者平静地回答:"是在幼儿园。"记者感到非常惊奇,又问道:"为什么是在幼儿园呢?您认为您在幼儿园里学到了什么呢?"诺贝尔奖获得者微笑着回答:"在幼儿园里,我学会了很多很多。比如,把自己的东西分一半给小伙伴们;不是自己的东西不要拿;东西要放整齐;饭前要洗手;午饭后要休息;做了错事要表示歉意;学习要多思考,要仔细观察大自然。我认为,我学到的全部东西就是这些。"所有在场的人对这位诺贝尔奖获得者的回答报以热烈的掌声。

4. 儿童自身是个性形成发展的根本原因

影响儿童心理发展的因素不仅包括客观因素,还有主观因素,即儿童心理发展的自身因素,客观因素是外部因素,自身因素是内部因素,外部因素要通过内部因素才能起作用,所以儿童的自身因素是心理发展的根本动力。在儿童心理发展中,外因的作用是重要的,它是心理发展所不可缺少的条件。但是,外因的作用无论有多大,毕竟只是一种外在的条件,如果它不通过心理发展的内因,不对心理发展的内在关系施加影响,它是不可能起作用的。那么,无论有多好的环境条件或教育措施,也不能使儿童心理发生某种特定的质变。喜欢下棋的小朋友,即使在下棋的过程中很辛苦,也能克服困难,坚持下去,努力把棋下得更好;而不喜欢的小朋友则比较容易放弃,或者即使坚持下去,也要付出较多的个人努力。再如,天资不聪明的儿童也可以通过后天的努力进行补偿,这就是通常所说的"勤能补拙"的道理。

总之,每个与众不同的儿童都有其独特的生存与生活背景,个性差异是受多因素影响的结果。

第二节 气质差异观察与指导

一、气质的概述

虽然是刚出生不久的新生儿,但表现却各不相同:有的孩子哭声大,有的孩子哭声小,有的孩子不哭也不闹,还有的无论别人怎样,只顾自己睡呼呼大觉。为什么刚出生的孩子,就有了这么大的差别?儿童所表现出来的这种先天性的差异来自气质。

1. 定义

气质是个体的心理活动所表现出来的稳定的动力特征。主要表现在心理活动的速度、强度、稳定性、指向性方面。如在强度上:如有的孩子哭声大,有的孩子哭声小;在速度上:有的孩子反应快,有的反应慢;在稳定性上:有的孩子情绪稳定,有的孩子情绪不稳定;在指向性上:有的孩子性格外向,有的内向。为什么会有这样不同的表现呢?

2. 气质差异

巴普洛夫认为人的神经活动有强度、平衡性、灵活性三个基本特性,三种特性有不同的组合方式形成了不同的表现,从而产生了各自的神经类型,成为不同的气质表现,如表9-1神经类型与气质差异。

表 9-1 神经类型与气质差异

高级神经活动类型	气质类型	心 理 表 现	代表人物
强、不平衡	胆汁质	反应快、易冲动、难约束	张　飞
强、平衡、不灵活性	黏液质	反应迟缓、安静、有耐性	薛宝钗
强、平衡、灵活	多血质	活泼、灵活、好交际、浮躁	王熙凤
弱、不平衡	抑郁质	胆小、孤僻、敏感、细腻	林黛玉

不同气质的人在生活中的表现也是不一样的,胆汁质的人直率热情,反应迅速,但脾气急躁,易冲动;黏液质的人安静稳重,善于自制,但是对事冷淡,反应迟缓;多血质的人情感丰富,反应灵活,但做事不专一,情绪不稳定;抑郁质敏感、细腻,但多愁善感,行为孤僻。同时,因为气质的形成受神经类型和遗传的影响,是与生俱来的,比较稳定,一旦形成就不易改变。我们通常所说的"江山易改,本性难移"指的就是人的气质很难改变。当然,这种稳定性也不是绝对的,气质还具有可塑性。由于儿童是发展的个体,神经系统的发育还没完成,再加上环境和教育的作用,也可以使儿童天生的气质类型在一定程度上得到改变或掩蔽。如电影《别碰我的童年》中的文佳,是一位和爷爷奶奶生活在农村的、活泼快乐的小朋友,可是后来随陌生的父母进了陌生的城市,环境变了,也失去了儿时的同伴,就变得郁郁寡欢了。使原来活泼开朗的气质特点发生了掩蔽,但是当环境熟悉了,与父母关系融洽了以后,便又恢复了原来活泼、快乐的气质特点。针对气质的这些特点,成人应该怎样教育和引导儿童呢?

二、不同气质类型儿童的教育

首先,要了解和接纳儿童的气质特点。

生活中,我们要根据儿童在学习和游戏等各项活动中的表现,如根据是不是爱哭、是不是急躁、是不是内向来判断儿童的气质特点,并逐渐接纳孩子身上那些令人烦恼的表现。如,爱哭、脾气大、易冲动等特点。因为这些特点往往是天生的,改变起来很艰难,如果一味地指责,反而会伤害儿童的自尊心,给孩子心理发展带来阴影。

虽然儿童表现出各种气质特点,但成人不要轻易给孩子贴上某种标签:如这个孩子就是笨,那个孩子就是胆小鬼,因为言语对儿童的行为具有暗示作用,长此以往,孩子便会朝着成人贴标签的方向发展,反正你说我是笨蛋,反正你说我是胆小鬼,我就是胆小鬼。而是要用积极的态度,鼓励性的语言,对儿童进行正面的引导,如,"如果你胆子再大些会更好""如果你再努力些老师会更高兴"。

其次,根据儿童的气质特点,因材施教。

要根据不同儿童的气质特点,提出不同的要求,采取适当的措施,区别对待。因为同样的要求会在不同儿童身上产生不同的影响。如,难度较大的问题会激发多血质儿童探索的欲望。但对抑郁质的孩子来说就容易产生挫折感,所以,成人要对各种气质类型的儿童区别对待,尤其是对于极端气质类型如典型的胆汁质和抑郁质,要格外注意。

实际上两千多年前,大教育家孔子就已经发现人与人之间的气质差异了。在《论语》中有这样的记载:子路问:"闻斯行诸?"子曰:"有父兄在,如之何其行之?"冉有问:"闻斯行诸?"子曰:"闻斯行之。"公西华曰:"赤也惑,敢问。"子曰:"求也退,故进之;由也兼人,故退之。"是说子路和冉有向孔子请教同一个问题:听到一个主张,是不是应该马上去做呢?孔子对不同的人作出不同的回答。他对子路说:"家里父兄在,你应该先向他们请教再说,哪能马上去做呢?"而对冉有却说:"应当马上就去做。"站在一旁的公西华想不通,便问孔子这是为什么呢?孔子开导说:"冉有遇事畏缩,办事犹豫不决,所以我鼓励他临事果断;子路遇事轻率,逞强好胜,所以我就劝他遇事多听取别人的意见,三思而行。"这就是因人而异、因材施教的教育思想。

案 例

安静的元宝

行为观察: 区角活动开始了,小朋友们兴奋地喊叫着冲进了各自喜欢的区域,元宝却一下蹲到地上,一脸的愁容。我感到很纳闷,走了过去,蹲到元宝的对面轻轻地问:"小朋友去玩了,你怎么不去啊?"元宝好似没听见一样,没有吱声,我又问了一遍,元宝很不耐烦地大声对我说:"我不喜欢玩,你不知道吗?"我不禁愣住了,平时看到的都是孩子们没有玩够,意犹未尽的脸,还没见到过孩子不喜欢玩这样的情况,我感到有些复杂,便轻轻地问:"与小朋友一起玩游戏多快乐啊,你看小年和伟伟他们玩得多开心,我们也过去玩吧?"元宝说:"我不去,我就在这儿蹲着。"我耐心地对元宝说:"那元宝今天是心情不好,不喜欢与小朋友一起玩吗?"元宝瞅瞅我,说出了真相:"不是,我不喜欢他们大声说话。"我轻轻地对元宝笑了说:"哦,原来是这样,那我们可以提醒小朋友小点声说话,不过现在是自由活动时间,小朋友都非常高兴,元宝高兴了也可以大声说话。"我牵过元宝手说:"让我猜猜元宝喜欢哪个区角呢?""阅读区?"元宝摇摇头,"那是表演区?"元宝说:"都不是,我喜欢积木。""哇,是这样啊,我怎么没想到呢,我也喜欢积木,咱俩一起去玩吧。"可是元宝到了建构区蹲在那个地方仍然不动,我无奈地说:"唉,我想玩这个积木,可是不会,你能帮助我吗?""好吧。"元宝终于参与了活动,元宝一边搭积木,我在一边表扬,同时也鼓励其他小朋友参与到元宝的活动中,他越做越高兴,积木大桥建好了,我给他和小朋友共同建好的作品拍了照,并对他说:"看,元宝和小朋友在一起多有劲啊,能搭这么好的大桥,我都没想到呢!以后,我们每次都一起搭,好不好?"元宝得意扬扬地说:"好!""那我们击掌约定啊!""YES!"元宝脸上的笑容更加灿烂了,这时美娜老师走过来说:"元宝,你天天都这么快乐好吗?"元宝深深地点点头说:"好!"

行为分析: 事情过后,我与美娜老师进行了交流,美娜老师说:"元宝是个非常安静、守纪律的孩子,就是很不合群,不愿与小朋友一起活动,每次集体活动的时候,他都很打怵。"不合群的孩子虽然说不上是什么毛病,但却妨碍他们去适应环境和学习新知识,不仅脱离周围的小朋友,而且明显地影响孩子的进取心,甚至损害身体健康。孩子不合群,跟先天气质有关,但更主要的原因是父母封闭式的教育所致。元宝的父母都是知识分子,也不喜欢参加社交活动,平时就是自己看自己的书,做自己的事情,整天把孩子关在家里,把电视当保姆,让元宝与玩具、游戏机和小人书等为伴,由于担心与别的孩子一起会产生矛盾,甚至会染上坏习气,不让孩子出去和其他小朋友玩耍,天长日久,孩子也成了笼中之鸟了。

除此之外引起孩子不合群的原因还与父母对孩子的教养方式有关。父母对孩子过度关切,事事代为安排,往往令孩子失去发展合群性的机会。由于孩子缺乏练习,不知道怎样才能参与小朋友的活动。所以,导致孩子不合群、不善交往的主要原因在于气质差异、环境因素和父母的教养方式。长此以往,孩子将来也会难以适应学校和社会生活,与伙伴相处时,难以相安无事,不是争吵打架,便是畏缩,最后被群体孤立,影响学习、工作和生活。那么,怎样帮助像元宝这样的小朋友呢?

行为指导: 首先,要创造与孩子在一起的机会。

父母要挤出时间亲近孩子,每天要抽出一定的时间跟孩子在一起交谈。节假日带孩子去公园或亲朋好友家走走,积极创造条件让孩子与小伙伴一起玩耍。开始时父母可陪伴他们一起游戏,当熟悉之后可让孩子自己玩。每次游戏后父母都应及时地表扬孩子玩得好、玩得有趣,使孩子在玩乐中感受小伙伴的可爱以及集体生活的快乐。

其次,成人要有意识地培养孩子的合作能力。

成人可以交给孩子一些一个人单独难以完成的任务,鼓励孩子与别人合作完成,或向他人求助才能完成,增加孩子与别人交往的机会。教孩子懂得一个人的力量很小,有些事情办不到,而大家一起做,事情就好办了。让孩子学会交朋友。在孩子与小朋友的交往中,成人要教育孩子严于律己,宽以待人,互相信赖,彼此尊重,以培养孩子团结合作的精神。对于爱捣乱、爱逗能、惹是生非的孩子,成人要纠正他们的行为,慢慢地孩子就会融入集体之中。

再次,要鼓励孩子参加各种体育活动。

体育活动是一种需要直接与人正面接触和具有竞争意识的群体活动。不论是棋类还是球类,不论是田赛还是径赛,总是要有几个以上的人参与才有意义。更重要的是,体育活动不但需要智慧和力量,而且需要胆量,这胆量,正是人际交往所必需的要素。鼓励孩子经常参加各种体育活动,既有利于提高孩子的身体素质,有利于培养兴趣,也有利于提高交际能力。孩子一旦爱上体育,就会主动寻找对手,这种寻找,就是交往,合适的对手,往往就是友谊的伙伴。

胆小的帅帅

行为观察: 宝宝班帅帅的奶奶来幼儿园咨询,很焦急地诉说自己的宝贝孙子帅帅从小胆子就非常小,出去聚会,不敢在外人面前说话,让家人很没面子。在小区里,不敢与其他小朋友正常玩耍,奶奶说:一个男孩子,这么小的胆子将来可怎么好?

行为分析: 儿童由于与生俱来的气质特点,有的孩子会出现敏感、胆小的心理特点,尽管气质难以改变,但是并不是不能改变,随着后天环境变化或教育的作用,也可以使某些与生俱来的特点发生改变或掩蔽,只是,家长或幼儿园教师要了解孩子的特点,绝对不能再通过自己不当的教养方式加重孩子的某些表现。从后来我对帅帅的了解中得知,帅帅的妈妈比较年轻,帅帅的奶奶年龄也不大,婆婆心疼年轻的儿媳妇,也是由于自己身体比较健壮,担心儿媳妇年轻不会带孩子,所以帅帅在家里日常起居的一应事务就都由奶奶代劳了,把帅帅照顾得无微不至,甚至吃饭要喂,睡觉得陪,穿衣更得奶奶全权负责了。奶奶的心思比较细腻,生怕自己带的孙子在安全上有什么闪失,所以不准帅帅从事任何剧烈的活动,到小区玩怕摔倒,和小朋友在一起又怕打着,所以每天都把帅帅圈在屋子里……

行为指导: 从上面的分析中我们看到,原本就胆小的帅帅,经过了奶奶过度的管理和过多的限制,变得愈加严重了。我们知道,儿童任何行为的背后都对应着相应的教养方式,家长什么事情都不让孩子去做,反而抱怨孩子不能自理;孩子做什么事情都被吓唬,反而抱怨孩子胆小,真的难为了孩子,要怎样去做,才能满足这些自我矛盾的家长呢?要帮助帅帅克服孩子胆小、敏感的毛病,必须从以下五个方面做。

1. 要正确对待孩子的退缩行为

当发现孩子有胆小等退缩行为时,不要把他与那些善交际的孩子比较,要体谅孩子的心情,更不能由于心急而粗暴地对待孩子,尤其不要当着外人说"我这孩子就是胆小",而要进行积极的强化,抓住孩子表现出的闪光点,及时鼓励,千方百计帮助孩子克服所遇到的困难。

2. 要创造磨炼孩子意志的机会

家长和教师不要过多限制孩子的手脚,而是要创设宽松的生活环境,敢于放手让孩子在生活中进行磨炼,家长的包办代替会加重孩子胆小怕事的特点,使孩子缺乏独立精神和应变能力,一旦离开父母便神色慌张,不知所措。而且,适度的挫折与磨难,对孩子的成长是不可或缺的财富,家长和教师不仅不轻易地剥夺之,还要在保障安全的情况下,有意地提供机会,从而提高孩子的胆量和耐受挫折的能力。

3. 要扩大孩子的交往范围

家长和教师应有意识地引导胆小的孩子与其他人广泛交往,让他在不知不觉中参与到诸如游戏、购物、接待客人等活动中去。刚开始的时候,可先带他观看其他小朋友的游戏,当孩子被别人的欢乐的情绪感染时,再请别的小朋友邀请他,鼓励孩子去参与,引导他逐渐习惯陌生的环境、陌生的人。家长也要经常带孩子串门、去公园或参加一些社会实践活动,在过程中要注意陪伴,使孩子有安全感。在幼儿园中,教师要积极鼓励孩子多参加集体活动,多为他们提供与小朋友交往、玩耍的机会。

4. 要为孩子树立正面的榜样

教师或家长要经常给孩子讲英雄模范的故事,让故事中英雄人物的言行来潜移默化地影响孩子。同时,多给孩子积极的心理暗示,给孩子列举一些他自己的勇敢行为,如打针没有哭,或仅哭了一小会儿;能大声讲话;敢于承认错误等。还应注重父亲对孩子的影响。父亲要多和孩子说笑、玩耍,平时多与孩子谈论爸爸,让父亲的形象和行为清晰地保持在孩子的心目中。

5. 要在游戏中培养孩子的胆量

游戏是孩子的天性,每个孩子都喜欢融入游戏的情境中。可以用游戏的口吻鼓励孩子在幼儿园、家里进行各种表演。从表演给父母、老师看,到表演给客人看,再发展到其他外界场所,这样层层递进,并通过及时的表扬、鼓励,逐渐增加儿童的自信心。

不愿坐着的妞妞

行为观察:妞妞是一位刚入园的小朋友,别的小朋友都已经坐好了,妞妞还在满地乱跑,我走过去悄悄对妞妞说:"妞妞快回你的座位,小朋友都坐好了。"妞妞无动于衷,跑到区角玩积木去了。我跟上去继续劝说,仍然没有效果,这时上课的小伟老师大声地说:"哎呀,妞妞的小凳子不高兴了,快听,小凳子说:'小朋友的凳子都有人保护,我怎么没人保护啊?'妞妞怎么不去保护她?妞妞快去!"妞妞立马跑回了座位。小伟老师类似这样的语言有很多种,比如,小朋友淘气了,小伟老师就用手握成望远镜的模样,对大家说:"拿出我们的小望远镜望一望,看看哪个小朋友又淘气了?"于是班级就会立刻安静。我真是对小伟老师的语言很佩服,在我看来,这么多连话都听不懂的孩子,却能够对她言听计从,还真得有点办法,我想对于宝宝班的孩子来说,这所谓"办法"就是教师言语的魅力。

行为分析:德国著名教育家第斯多惠指出:"教育的艺术不在于传授本领,而在于激励、唤醒、鼓舞。"幼儿教师的语言就是"激励、唤醒、鼓舞"幼儿积极性的工具,幼儿教师恰当的语言能够稳定幼儿的情绪,激发幼儿积极的情感,提高幼儿学习的兴趣,陶冶幼儿的情操,起到化深奥为浅显、化抽象为具体、化平淡为神奇的独特作用。

行为指导：

1. 语言要体现对幼儿的尊重

孩子虽小，但也有很强的自尊心。如果不注意，就会给孩子的心灵带来消极的影响，所以教师平时应注意以"学习活动的支持者、合作者、引导者"的身份，把幼儿视为平等的合作伙伴，用亲切和蔼的口吻，讨论的方式指导幼儿的各项活动。"你们干什么呢？谁让你们说话的？我刚才说的没听见吗？"这样大声的训斥，不仅不会收到教育效果，还会严重影响教师在儿童心目中的形象。表达是一门艺术，教师要让自己的语言充满魅力，给孩子留下美好的回忆或启迪。

2. 语言要符合幼儿年龄和兴趣特点

开展活动时，老师使用的指导语，要充分考虑孩子的年龄特点，适应孩子的经验水平，具体、生动形象，同时还要辅以必要的表情、语气和手势。研究表明，交流时，文字、语调、表情、肢体动作等所起的作用是不同的，其中，文字占7%，语调占38%，肢体动作占55%。文字、语调、表情、肢体动作构成了交流的表达系统，只有完美的配合，才能产生最佳的效果，帮助孩子更好地理解老师的意图。

3. 语言要幽默机智

充满机智的语言，不仅能促进幼儿思维的敏捷性和灵活性，还能使集体活动妙趣横生，充分调动幼儿学习的积极性。比如跑步的时候小伟老师会说"小丽丽快加油，小朋友要踩到你的小尾巴了"；吃饭的时候会说"看谁的小饭粒被丢弃了"；洗手的时候会问"谁的小手还没有香喷喷"。幽默风趣的语言不仅活跃了班级的气氛，还调动了孩子们参加各项活动的积极性。

4. 语言要有激情

"你知道吗，文文会说：'到！'了""天天会穿鞋了"。每天都能听到小伟因孩子点滴进步而激情四射地感叹。优秀的教师一定是有激情的教师。教师的魅力就在于激情！语言是有生命力的，优秀的教师能让枯燥的语言充满生命的力量，从而散发迷人的魅力。"小俊俊今天坐得真直，老师真爱你""格格画得真好，我太高兴了"……一句句真挚的话语，激荡着孩子的心灵，激发着孩子的兴趣，让孩子们在情感共鸣的氛围中，在心情愉悦的环境里得到知的丰富、美的陶冶、情的升华。

第三节　性格差异观察与指导

一、性格差异的概述

人们常说："性格决定命运"，什么是性格？为什么性格能够决定命运呢？

1. 性格的定义

性格是人对现实稳定的态度和习惯化了的行为方式。著名作家卓越在他的《态度决定一切》中说：人不能改变过去，但可以改变现在；人不能改变别人，但可以改变自己；人不能改变环境，但可以改变态度。态度是人的愿望，我们有学习态度、工作态度、交往态度、人生态度，态度直接影响行为，行为产生结果，性格是态度和行为的结合，所以，性格决定命运。

一个人一旦形成某种性格，就会经常表现出一致的态度和行为方式。如一个热情的人，无论是在家，还是在单位，对人都会非常热情。一个兴趣广泛的孩子，无论看到什么都有探索的愿望，因此性格是有差异的，那些有益的性格，如精忠报国，让岳飞名垂千古；勤奋认真，让爱因斯坦成为科学的巨人；谦虚谨慎，让周总理流芳百世；顽强不屈，让芈月成就大秦伟业。可见，有益的性格不仅是个人成长的基础，决定自己的命运，也有益于国家和民族的发展。相反，不良的性格，如:懒惰胆小的刘禅,坐失大好江山;自负暴虐的项羽,自刎江东,铸就悲剧人生;心胸狭隘的王熙凤,机关算尽太聪明,反害了卿卿性命;自私狭隘的慈禧,丧权辱国,遭万世唾弃。不良的性格不仅害人害己,也会为社会带来巨大危害。可见性格不仅会决定自己的命运,还会影响国家和民族的命运。

2. 性格差异

3岁左右是儿童性格的萌芽期,以后随着年龄的增长,便迅速发展起来。这就是我们常说的少小老无性,习惯成自然。在幼儿期里,形成了共同的性格特征。如在行为上,活泼好动;在认识上,好奇、好问、好模仿;在情绪上,好冲动;在人际交往上,好交往等,也出现了最初的性格差异。表9-2列出了儿童的性格差异。

表 9-2 儿童的性格差异

性格特点	优秀特点	不良特点
合群性	喜欢交往 乐于助人	不爱交往 对人冷漠
独立性	独立自主 自己的事情自己做	依赖性强 凡事都等、靠
自制力	勇敢顽强 快乐自制	胆小怕事 冲动忧郁
活动性	勤奋努力	懈怠懒惰

俗话说:积行成习,积习成性,积性成命。著名心理学家威廉·詹姆士也说:播下一个行为,收获一种习惯;播下一种习惯,收获一种性格;播下一种性格,收获一种命运。那么,如何培养孩子形成良好的性格特征呢?

二、不同性格儿童的教育

性格不是天生的,要有行为的参照。

首先,我们要提供良好的榜样示范。

洛克在《教育漫话》书中写道:"儿时所形成的印象,哪怕是极微小的,小到几乎察觉不出,都有着极其重大、长久的影响。"这里的印象就是成人的言行,由于儿童的模仿性强,你不经意的一言一行一举一动,虽然我们并没有察觉,但对孩子来说就变成了行为的样本。所以,榜样的力量是无穷的。孔子说:"其身正,不令而行,其身不正,虽令不从。"孩子是看着成人学做人学做事。教育无小事,细节往往决定成败,因此,成人一定要注意修养自己的言行,为孩子提供良好的榜样示范,要求孩子做到自己首先要做到。

其次,创设宽松和谐积极向上的育人环境。

性格是在环境中形成的,环境对儿童具有潜移默化的影响,在温馨和睦的环境中,各成员间心灵相通,互相关心,平等互助,儿童性情稳定,乐观开朗,团结友爱,自尊自信。而在沉闷、矛盾、紧张的环境中,孩子就容易形成孤僻、冷漠、自暴自弃的性格特点。《指南》指出:"家庭、幼儿园应共同努力,为幼儿创设温暖、关爱、平等的家庭和集体生活氛围,促进儿童身心健康发展。"最好的教育是无形、无声的渗透。古语说"猪圈里养不出千里马,花盆里栽不出万年松""种瓜得瓜种豆得豆"。你希望孩子是什么样的,你就要为孩子提供什么样的条件,只有这样,才能激发出孩子潜在的能量。

再次,要采用恰当的方式和方法。

性格是稳定的态度和习惯化了的行为方式,一旦形成就具有一定的稳定性,尤其是某些不良的性格特点,一旦形成,也不易改变。所以,在对儿童进行性格培养时,要注意采用恰当的方式和方法,常见的方法有:表扬鼓励法、批评教育法、榜样示范法、游戏扮演法、尝试练习法等。一种方法对某位孩子有效,对其他孩子不一定好使,所以成人要根据不同儿童的特点,耐心细致地做好教育和引导工作,巩固儿童已经形成的良好性格,逐步克服不良的性格特点,为儿童命运的发展奠定基础。

宁宁的故事

行为观察:

镜头一: 宁宁是个4岁的小女孩,与同龄小朋友比起来,又高又壮。今天上数学课的时候,老师教小朋友认识数字宝宝,宁宁旁若无人地离开了课桌,走到了音乐区角,拿起一个奥尔夫乐器,自顾自地敲了起来,祖老师看见了说:"宁宁,请你回到自己的座位。"宁宁好像没听见一样,仍然自顾自地玩着,祖老师不得不停下,来到宁宁跟前,把宁宁领了回去。下课的时候,祖老师把宁宁叫到跟前问:"宁宁,上课时,小朋友都在听课,你为什么跑到那里去?"宁宁拧着身体小声地说:"我不想上课,我想敲那个!"祖老师哭笑不得,宁宁总是这样,自己想干什么就干什么,从来不考虑别人的感受,来到班级后可让老师头疼了一阵子呢,最近虽然好多了,可今天又"原形毕露"了。

行为分析: 在与祖老师的谈话中我知道,宁宁的家庭条件比较优越,她是家里的小太阳,在家想要什么就要什么,说一不二,是一个"任性小公主"。

宁宁在课堂上乱走,一是由于家长的过度溺爱、过度放纵,形成了比较任性的性格;二是由于宁宁比较聪明,学习能力较强,祖老师的上课内容她已经掌握了,不再有兴趣,自然而然地就被别的东西吸引了。

行为指导: 首先,家长、老师多与孩子沟通,让孩子既体会到父母、老师的爱,同时也让孩子学会尊重别人、爱别人。要找机会多给孩子讲品德故事,让她知道怎样的行为受人欢迎,怎样的行为不被人接受、不受欢迎,怎样做正确,怎样做不正确。

其次,教师在课堂上对宁宁因材施教,把难度较大的问题留给她,设置悬念,调动她听课的注意力和学习的积极性;或者给她额外分配一些任务,既让她学会怎样为别人服务,获得大家的认可,又可以把她紧紧地纳入班集体的怀抱中。

最后,家庭成员的教育方式和态度要保持一致。不一致的教育往往导致孩子不知道到底应该怎样做,只有采取一致的教育态度,才不会让孩子有机可乘,才能改变孩子任性的不良习惯。

镜头二: 课堂上宁宁总是很快就能完成学习的任务。今天的课堂上祖老师让小朋友剪树叶,宁宁很快就剪好了,为了充分调动宁宁的积极性,祖老师让宁宁收拾其他小朋友剪下的废纸,宁宁非常认真地一桌桌地收。瞧!真是一位勤劳的小帮手呢!可是收着收着,就和小朋友发生了争执,原来,"苹果组"还有好几个小朋友的树叶还没剪下来呢,宁宁便愣把边给拽下来了,结果把人家的树叶给拽坏了,弄得几个小朋友很不高兴。

行为分析： 从这个镜头中，我们已经看到了宁宁可喜的进步，宁宁不仅能力强，自己的任务完成得又快又好，而且非常认真愉快地接受老师布置的"捡垃圾"的任务，说明宁宁是一个非常能干、非常爱劳动的好孩子。可是在后面的劳动中，宁宁还是与小朋友发生了冲突，既不能因为冲突否定了宁宁的劳动热情，也不能因为宁宁的劳动了而忽视宁宁的做法，教师适时的引导是宁宁继续进步的阶梯。

行为指导： 这个问题出现的主要原因还是由于宁宁的自我中心，光想着完成老师的任务了，没考虑小朋友的感受，所以发生了冲突。我们在教育过程中仍然要培养宁宁学会等待、学会尊重别人的习惯。实际上，宁宁的年龄还小，理解他人的能力也非常有限，常常因为表达不清或思考不到，而和小朋友发生冲突。所以我们积极鼓励她在交往中逐步学会运用询问、商量、观察等方法去了解同伴的意愿和行为。如：在活动中引导她去思考、询问他人情感发生变化的原因。"她为什么哭了？""什么事使她生气了？""我该怎么办？"等，使孩子在老师的启发下能注意理解别人的看法和心情，学会站在他人的角度思考问题，只有理解了，才能学会尊重。

> **镜头三：** 宁宁早晨因为穿衣服，与妈妈发生了冲突。天气冷了，她非要穿爷爷给她买的纱裙子，妈妈不同意，她就躺在地上大哭大闹。后来，爷爷给她穿上裙子，并送来了幼儿园。晚上接她的时候，妈妈跟老师表达了苦恼："孩子还这么小，就管不了了，怎么办？"

行为分析： 课下我了解到，宁宁的家庭条件比较优越，家人对宁宁也比较娇惯，尤其是爷爷，据说给宁宁买的一条裙子花了900多元，宁宁非常喜欢那条裙子，无论天冷天热，都得穿，今天早晨与妈妈的不愉快也是因为穿裙子导致的。平时在家中也是极其挑食，今天想吃"炸酱面"，明天想吃"麻辣烫"，妈妈爸爸就必须开车去买。

宁宁的家里是典型的溺爱式教育，溺爱是一种失去理智、影响儿童身心健康的"爱"。由于溺爱，儿童小小年纪便享受了家里的最高待遇，往往使孩子形成唯我独尊的心态，物质上的过分满足，要什么给什么，造成孩子只知道索取，不懂得珍惜；稍有不如意，小时候大哭大闹，大了可能就会寻死觅活，再严重还可能违法乱纪，我国自古以来就有"慈母败子"的说法，古人云："虽曰爱之，其实害之；虽曰爱之，其实仇之。"溺爱的现象多发生在独生子女的家庭，比如偏食的现象，独生子女占81%，而非独生子女仅占12%。由于孩子偏食，容易导致体内蛋白质、脂肪等营养素缺乏，使身体日渐消瘦，抵抗力下降，体质虚弱，造成体格和智力发育减慢。所以，溺爱是教育的毒草，是不能允许其肆意生长的。

行为指导：

我们为宁宁的家长提出的建议如下。

第一，召开家庭会议，在对宁宁溺爱的问题上统一认识，全体家庭成员明确溺爱的危害，为她的快乐成长提供健康的、民主的生活环境，从而取代包办的、骄纵的教育方式。

第二，家长要对孩子进行正确的正向教育，淡化负面的渗透，比如在食品方面突出食品的营养价值，而不是多么值钱、多么好吃；在服饰方面，突出服饰的舒适，而不是多么昂贵、多么漂亮。把孩子的视线逐渐转移到实用的、有益的事情上来。

第三，家长要多带孩子参加积极健康的游戏、户外活动或公益活动，培养孩子广泛的、高雅的兴趣。由此我也得到启示，不是孩子不好教育，是我们没有找到合适的方法，教育有法，但教无定法，贵在得法，找到适合孩子的教育方法，是教育者教育艺术的体现。

案 例

两张面孔的千千

照片中的这个小女孩叫千千,瞧瞧可爱的脸蛋,笑眯眯的眼睛,多么乖巧的一个小宝贝,可是如果你昨天看到了她与爸爸的对话,你就不会这么认为了。昨天放学的时间,我从家长会客室送走最后一名家长,在小一班的门口遇到了千千的爸爸,一位瘦高、略带腼腆的三十多岁的男性,千千爸爸主动跟我打了招呼后说:"罗老师,你说我们家千千怎么办? 现在就管不了了。"我惊讶地说:"怎么能呢? 千千是一位很乖巧懂事的孩子啊。"爸爸说:"可别提了,罗老师,我都头疼死了,就说说昨天晚上的事吧。昨天晚上我们家一起去千千的姑姑家串门,九点多钟的时候,打算回家,千千说她不走,想在姑姑家住,因为第二天要上幼儿园,我和她妈妈劝了半天,也不行,非得住。没办法,我俩就回了,刚到家门口,还没进屋,就接到了姑姑的电话,说千千闹着要回家,我俩又赶紧跑了回去。姑姑打开门,千千说又不想回去了,还是想在姑姑家住,没办法我俩又往回走,这回还没到家,千千的电话又来了,还是不在姑姑家住,还得去接。担心她在姑姑家闹,我俩又赶回了姑姑家,可是到门口,千千骄横地说我们去晚了,不能跟我俩回家,没办法,只好硬拖了回来,没气死我!"千千的爸爸摊着两只手说:"你说,罗老师,这孩子怎么会这样?"我微笑着摸着千千的头说:"为什么会这样,还不都是您的问题吗,千千想干啥就得干啥,在家说一不二惯了吧。"爸爸又接着说:"是呢,回家就看电视,不给看就要赖。"我说:"那可不行,无论干什么都要有规矩,到了看电视的时间看,不是看电视的时间就不能看。"爸爸说:"您说的是,以后这电视不能随便看了,我发现孩子的眼睛都有点近视了。"意想不到的事情发生了,本来正玩着的千千忽然冲了过来,上去就推了爸爸一下,并大声地说:"××,你等着,看我回家怎么收拾你!"我不禁被千千的举动吓到了,爸爸却乐呵呵地说:"你看,就是这样!"

行为分析:千千小朋友在幼儿园里很听话,什么事情都能自己做,还非常愿意帮助其他小朋友,在老师心目中是好孩子,可回到家里却变得任性、娇惯,出现了与幼儿园大相径庭的两张面孔。

孩子之所以会出现在家和在幼儿园表现不一样的情况,是因为孩子在家里和幼儿园的生活环境不同,使孩子的行为有了"两面性",幼儿在园与小朋友生活在一起,幼儿之间有榜样作用,而且,每个孩子自尊心很强,同伴在一起,谁也不甘落后,尤其是当教师表扬某个幼儿时,就会激起其他孩子的表现欲望,在教师的正确引导、积极鼓励下,又有同伴的影响,孩子们在幼儿园表现得都很出色。在家里就不一样了,爸爸妈妈、爷爷奶奶娇惯、溺爱,使孩子在家时任性、撒娇,想干啥就干啥,家长的话当作耳旁风,好像变了个人,出现了两面性,那么家长和老师应该怎么办呢?

1. 正视问题,理解孩子的表现

我们都知道一则典故:橘子长在淮河以南很甜,长在淮河以北却很酸,本是同一种植物,为什么在不同的地方结出完全不同的果实? 这是因为两地水土、气候、环境等生长条件的不同而致。同样一个幼儿,在幼儿园和回家的表现不同,这也要从环境、教育方面找原因。所以,孩子在家和在幼儿园的"两面性"行为是很正常的,家长应以平常心来对待,对于孩子来说,家是他们可以撒娇、任性、霸道的地方。在幼儿园有教师、有小朋友、有秩序、有约束,或多或少有些不自由;回到家里,面对的是父母、是亲情,孩子的约束自然就没有了,出现了"两面性"的行为。

2. 家园互动,共同处理

教师和家长必须相互配合,淡化孩子的"两面性"行为,尤其是不要当着孩子的面批评孩子,双方要及时互通信息,对孩子的点滴进步及时鼓励与肯定。如孩子会自己穿衣服了、在幼儿园里敢于发言了等,都要给予及时肯定。

3. 家长要做榜样,构建和谐的家庭环境

家长要懂得在家要约束自己的行为,处处给孩子做榜样,要求孩子做到的,自己首先做到。不要以为孩子小不懂事,家长就可以说话不算数或只要求孩子而自己做不到。古语云:人之初,性本善。要想孩子成为一个身心健全表里如一的人,家长要在孩子面前营造一种和睦的关系——等边三角形的关系,即父母与子女保持同等距离、同样亲密的关系,妻子(或丈夫)不要在孩子面前抱怨、挖苦对方,使父母在孩子面前具有同等重要的地位。

4. 要及早给孩子制定规矩

俗话说:没有规矩不成方圆。及早给孩子立规矩,让孩子从小就明白是非曲直,是非常重要的。父母给孩子立规则就是让孩子知道什么是他们应该做的,什么是不应该做的。事实证明,规矩对孩子的成长,不但起着约束作用,更会使孩子得到安全感。那么,如何给孩子立规矩呢?

(1) 父母之间先要沟通,达成共识。父母在和孩子订立规矩之前,首先要明确哪些规矩对家庭和孩子特别重要?自己想要达到什么目的?接着要弄清楚孩子有哪些坏习惯需要改进?如果父母之间不能达成共识,常常为不能做出果断坚定的做法而争论不休的话,会给孩子带来很多困惑,孩子们也会随心所欲,想干啥就干啥。

(2) 让孩子参与规矩的制定。给孩子制订的规矩,一定要简单易懂。如果孩子不明白所订的规矩内容,他就不知道什么是父母对他的期望。只有孩子明白了父母对他的要求,他才可以修正自己的举动,遵守规矩。反之,当他违反某项规矩时,家长即使不做出专断的"命令",孩子自己也会察觉到。

(3) 奖惩要分明及时。设立规矩的时候,就要把孩子不遵守规矩的后果明确告诉他,让孩子明确守规矩和不守规矩的后果。在孩子学习规矩的同时,要格外注意孩子的正面行为。一旦发现孩子按规矩做事,要及时鼓励和表扬,不符合规矩的时候要及时进行惩罚,二者缺一不可。

(4) 要有耐心,持之以恒。好习惯的形成需要一定的时间,家长在为孩子立规矩的时候,必须要有耐心,不能操之过急,相信孩子会慢慢地成长为表里如一的好孩子。

第四节　能力差异观察与指导

一、能力差异的概述

1. 能力的定义

能力指直接影响活动效率、保证活动顺利完成的个性心理特征。所以,能力强的人活动的效率就高,能力低的人活动的效率就低。但是,任何活动,单独靠某方面的能力是难以完成的,如,当一名优秀的幼儿教师,需要良好的观察能力、记忆能力、思考能力、组织能力、言语表达能力等,所以,能力有多种类型,如认识能力、操作能力和交往能力,一般能力和特殊能力,一般能力也称为智力。能力不仅有多种类型,表现形式也是不同的。

2. 能力的发展差异

儿童能力发展的差异主要表现在以下四个方面。

(1) 发展水平。人与人能力发展的水平是不完全一样的,心理学家通过研究发现,人类的能力发展状况呈现正态分布。

(2) 表现类型。人与人能力的表现类型也是不一样的,有的人爱说、有的人擅跳;有的人会写,有的人愿画。美国教育家、心理学家加德纳认为,能力的内涵是多元的,由8种相对独立的成分组成,分别是语言能力、节奏能力、数理能力、空间能力、动觉能力、自省能力、交流能力和自然观察能力。

(3) 发生早晚。人与人能力发生的早晚也是不一样的,有些人很早就表现出能力的天赋,如王勃6岁就能作诗,后又写出了流芳百世的《滕王阁序》,而有些人则大器晚成,如达尔文50岁的时候才完成了进化论的写作。

(4) 男女性别。儿童能力还表现出性别的差异,如在表现类型上,男孩擅长抽象思维,运动技能发展较好;女孩擅长形象思维,言语能力发展较好。在发展的速度上,幼儿期女孩的发展速度较快,青春期以后男孩的速度超过女孩,由此可见,人与人之间能力差异是巨大的。

二、儿童能力差异指导策略

1. 理解差异、尊重差异

导致儿童能力差异的因素是多方面的,有遗传、儿童的早期经验、关键期的开发、环境、教育以及后天的自我努力等。人与人能力的差异是客观存在的,我们要承认差异,理解差异,不要进行无谓的攀比,所以,《指南》中提出了"要充分理解和尊重幼儿发展进程中的个别差异,切忌用一把'尺子'衡量幼儿"。

2. 尊重儿童身心发展的基本规律

每个生命都有开花的时节,只是开放的时间是不一样的,有的开花早,有的开花晚,甚至有的不开花,因为他是一棵参天大树。作为教育者要耐心地尽到自己浇水、施肥的职责,严禁人为的"拔苗助长"式的超前教育和强化训练。

3. 注重非智力因素的培养

非智力因素包括良好的兴趣、稳定的情绪、专注的注意力、顽强的意志品质等,任何一个人的成功都是非智力因素与智力因素相互作用的结果,华罗庚曾说:"勤能补拙是良训,一分辛劳一分才。"华罗庚小时候并不聪明,数学不及格是家常便饭,可是他非常努力,最终成为世界著名的科学家,这就是非智力因素的重要作用。

4. 开展丰富多彩的活动

人的能力总是在活动中形成和发展起来,并在活动中得到表现。如幼儿在活动中锻炼了观察能力和判断能力等,这些能力又在幼儿进行其他活动中显示出来,所以,要通过开展并引导儿童参加丰富多彩的活动,锻炼儿童各方面能力。

可爱的微微

行为观察:在幼儿园里微微可是个名人,因为她白白胖胖的,憨态可掬,好似一个可爱的熊猫宝宝,非常招人喜欢,幼儿园的每一位员工看到微微,都愿意亲亲她,抱抱她。微微的适应能力很强,到幼儿园几乎没怎么哭闹,就过了焦虑期。微微还非常喜欢与小朋友玩,早晨小朋友进班的时候,只要微微在,她总是跑上前去迎接后来的小朋友,小朋友们也非常喜欢微微,都愿意与她亲热地搂搂抱抱。可是,与微微高高大大的身材不相符的是微微的言语,已经3周岁的微微,仍然不太会说话,与人交流时常常一个词一个词地往外蹦。比如,今天户外活动回来,微微伸着她的小脚丫对我说"嘻嘻",那意思是"老师,替我脱鞋",若不是相处时间久了,还真理解不了。另外,小伟老师说微微理解能力还比较弱,往往听不懂别人的话语,因此表现出比较任性。通过了解还知道,微微爸爸不在家,妈妈是护士,经常值夜班,微微基本上都是姥姥带着,姥姥年岁大了,很少和孩子沟通,观察了一段时间,我感觉微微的表现可能是言语发育迟滞。

行为分析：语言不仅是人们交往的工具，也是思维的物质外壳，语言的发展水平直接影响着思维的发展。儿童期是语言发展的关键期，其发展的水平可能对今后的各项活动产生深远的影响。

儿童言语的发展以听觉、发音器官和大脑三者功能的成熟为基础，在与成人的交往过程中，通过成人的影响、通过不断模仿和练习逐渐发展起来。但他们不是被动地模仿成人的言语，而是主动的、积极的。儿童言语的发展是一个相当长的过程：新生儿会哭闹，到 2 个月左右，可以发出"啊""咿"声；约 5 个月开始进入牙牙学语阶段，发出 ma—ma、ba—ba 类似于"妈""爸"的单音节语音；第 9 个月起牙牙学语，能连续发出不同的音节，并能听懂一些简单的语言，对成人的一些要求做出反应；1 岁左右能听懂 10～20 个词，开始有意识地叫妈妈、爸爸，并逐渐说出一些能被理解的词，进入了言语发展期，常用一个单词来表达比该词意更为丰富的意思，就是所谓的"单词句"如："饭饭"可能是指"这是饭"也可能是指"我要吃饭"等。

2 岁儿童的言语大部分是简单句，结构简略、断续，如"妈妈鞋"类似电报，称为"电报句"等。但是发展较迅速，到 3 岁时基本上可以说完整句，并逐渐学会用代词、形容词、副词等修饰语，词汇量可达 1 000 个左右，同时进入言语发展的敏感期，对说话感兴趣，喜欢说话，言语能力基本形成。

在言语发育的某个过程中如果出现了问题，就可能出现迟滞的现象，即言语发育迟滞，也可认为是语言发育的障碍，是指由某种原因引起的理解表达和交流过程出现障碍，主要表现如下：

(1) 过了说话的年龄仍不会说话；

(2) 虽然开始说话，但比别的正常孩子发展慢或出现停滞；

(3) 虽然会说话，但语言技能较低，语言应用、词汇和语法应用均低于同龄儿童；

(4) 只会用单词交流不会用句子表达；

(5) 语言理解困难和遵循指令困难，回答问题反应差，交流技能低。

儿童具有很强的个体性，尽管都是言语发育迟滞这一类现象，但有的孩子可能在后期言语发育明显加快，可以赶上同龄正常儿童，或只残留轻微障碍；而有一些孩子则可能依然如故，或者引起一些继发障碍（如学习困难）；还有一些儿童尽管有障碍，但早期表现出较活泼可爱，进入少年期反而变得呆滞迟钝。所以无论是哪种情况，引起足够的重视，早期进行干预和矫治是必要的。

行为指导：3 岁是儿童言语发展的敏感期，这一时期进行有效的干预可以收到良好的效果。具体做法如下：

1. 加强语言表达力的训练

儿童学习语言的基本方法就是模仿。因此，成人要多和孩子说话，训练他模仿成人的语言发音，要鼓励孩子敢说话，学会用语言表达自己的要求。为此要邀请幼儿园教师或到专业的机构按照一定的程序有计划地对儿童实施训练，父母最好也参与训练。重点训练孩子对语言的理解、听觉记忆及听觉知觉等方面的能力，尤其是幼儿园的教师，因为孩子和老师相互之间都较熟悉，话题容易进行，但是在幼儿园里，教师要教育和管理所有儿童，没有过多的精力针对某一个孩子，所以家长可以向老师提出申请，利用业余时间进行专项训练，可以收到比较好的效果。

2. 激发儿童讲话的积极性

言语是需要诱发的，当儿童有额外要求的时候，鼓励他通过言语交流来实现。比如，当需要妈妈抱的时候，要儿童喊"妈妈"，如儿童不喊"妈妈"，妈妈应微笑着注视，直到儿童喊"妈妈"时，再进行热情地拥抱或亲吻。这样，就会使儿童体验到喊"妈妈"得到的奖励，调动起说话的兴趣和积极性。

3. 为孩子创造广泛接触外界的条件

言语的产生需要情境，引导儿童多接触社会和大自然，会使儿童的生活丰富起来，眼界开阔了，见识广了，自然就有说话的要求了。如果再配合语言训练，儿童的言语能力就会相应地得到很好发展。

综上所述，对语言发育迟滞儿童进行特殊训练是非常必要的。实践表明，表达型语言障碍经过早期干预后可以获得良好的效果。虽然有的孩子不经训练也可能随年龄增长逐渐获得语言能力，但不应该拿孩子的发展去冒险，早期干预是必要的。

本章习题

1. 简述儿童的个性差异有哪些表现形式。
2. 论述儿童的气质差异表现。如何根据儿童的气质差异进行教育？
3. 观察一名气质典型儿童，分析其行为特点，并尝试对不良行为进行引导。
4. 列举儿童的性格差异体现在哪些方面。如何根据儿童的性格差异进行教育？
5. 观察生活中儿童的性格差异，并提出纠正不良性格特征的策略。
6. 简述儿童能力差异的表现。如何根据儿童的能力差异进行教育？
7. 试对生活中发现的儿童能力差异的原因进行分析，并提出引导策略。

第十章 儿童行为观察与指导结论的呈现

学习目标

1. 认知：了解儿童行为观察研究与指导结论得出的基本要求，掌握儿童行为观察研究结论的基本类型。
2. 技能：学会根据具体情况，选择适合的结论类型对儿童行为观察研究与指导的基本过程进行总结。
3. 情感：拥有科学研究的基本意识，懂得经验总结的重要性，愿意对实践的材料进行文字或其他方式的处理。

经典导学

应彩云老师毕业于杨浦幼师，先后进修于杨浦教育学院、华东师范大学，参与上海市二期课改教材、上海迎世博礼仪教程等不同地区幼教课程的编写，曾在《幼教园地》《学前教育》《上海托幼》《幼儿教育》等杂志发表文章十余篇，主要著作有《孩子是天我是云》《在墙面环境中学习》《风轻云淡》等。多年来，她就如何了解儿童，体察儿童的需要，创设良好的人际环境进行了专题探索，就如何对学前儿童进行自主性教育进行了细致的研究，撰写了《浅谈幼儿园德育环境》《拥有自己的天空》《我给幼儿讲故事》等文章，发表于专业刊物上，编写了一系列童话故事发表于儿童刊物上，并产生一定的影响。由于她出色的工作成绩，近年来，她频频荣获"上海市青年新秀""上海市优秀园丁""上海市优秀教育工作者""上海市特级教师""上海市劳动模范""上海市十佳教师"等荣誉称号。

从上面的案例可以看出，只对儿童进行观察分析还不行，还要有把对儿童进行观察分析研究的基本过程撰写成文字的能力，这就是儿童行为观察研究与指导的结论呈现，从而有助于进一步反思自己的教育、教学活动。著名教育家叶澜教授指出："一个教师写一辈子教案不一定成为名师，但如果一个教师写三年的反思，则有可能成为名师"。教学反思，就是对自己的教学活动进行整理，得出结论的过程。同时结论的整理也会为其他人的教育教学活动提供宝贵的经验。

第一节 儿童行为观察与指导结论呈现的基本要求

一、总结观察结论的重要性

孔子说:"学而不思则罔,思而不学则殆。"儿童行为观察是有目的、有计划的活动,活动过程也要遵循学思结合的规律,但是在学前教育过程中,幼儿教师每天要忙于一日生活的保教活动、要开展观察工作、要撰写工作计划、要进行环境创设等,在忙这些常规性工作的时候,往往忘记了反思总结的重要性,甚至根本就不进行反思总结,导致思想僵化、工作机械、活动模式化的现象。许多教师尽管进行了观察,但观察流于形式;观察活动缺乏创新,长此以往,就会制约教师观察分析指导能力的提高,因而,在行为观察与指导的过程中,反思总结并得出结论的过程,是不可替代的。

(一)观察结论的含义

观察结论是对自己或他人在教育、教学过程中儿童行为观察、分析与指导活动情况的总结与反思,是幼儿教师在教育、教学实践中分析问题、解决问题,提升观察实践能力,成为反思型教师的具体体现。

(二)总结观察结论的意义

1. 总结观察结论是行为观察工作的重要组成部分

总结观察工作是做好儿童行为观察与指导的重要环节,通过总结,可以全面、系统地了解在工作过程中取得的优点与不足,对下一步工作的开展形成正确的认识,避免在工作的过程中走弯路、犯错误。

2. 总结观察结论是对行为观察工作的再度思考和审视

通过对儿童行为观察与指导工作过程的总结、分析和研究,肯定工作中取得的成绩,找出工作中存在的问题,并分析问题出现的原因,思考改进的计划与措施,这是一个分析问题、解决问题的过程,既是对儿童行为观察指导活动经验总结的过程,也是把经验上升为理论的再思考与再审视的过程。

3. 总结观察结论是教师应掌握的学习方法

总结对每一个人的成长都很重要,有总结习惯的人,无论做人还是做事,都更容易取得成功,因为总结是与反思同时进行的理性活动,思之则活,思活则深,思深则透,思透则新,思新则进。幼儿教师应通过不断反思自己的观察活动,总结自己的优点,发现总结的不足,不断找到新的观察突破点,逐步提高观察能力,提升自身素养。

二、观察结论呈现的基本要求

儿童行为观察研究与指导的结论也不是随随便便就得出的,要注意以下四方面的问题。

(一)要以理论知识为基础

对儿童行为进行分析研究是科学活动,不能随意想当然地进行,要遵循一定的理论依据进行分析,才能有高度。《儿童心理学》《儿童教育学》及学前教育的各学科理论都是对儿童心理现象进行分析研究的理论根据。

(二)要结合儿童行为产生的情境

儿童的任何行为都是在特定的情境下产生的,所以在分析研究的时候,不能脱离情境而仅仅孤立地分析某个行为,而是要把行为和产生的情境紧密地结合起来,分析行为产生的具体原因,如"儿童的家庭背景是什么样的?""是在什么情况下出现这个行为的?"等,结合情境,实事求是地进行分析,才能找出问题的症结,任何脱离情境的分析都是片面的、孤立的。

(三)要以《指南》为参照

《指南》是引导我国"3~6岁"儿童学习与发展方向的指导性文件,它为教师和家长了解幼儿的身心发展水平和特点,提供了具体、可操作的依据和指导建议。《指南》明确地指出,幼儿心理发展的基本规律,学习特点和学习品质,可以引导幼儿教师和家长,在教育过程中树立对幼儿合理的教育理念,合理的期望水平,从而促进科学保教活动的进行。所以,在对儿童行为进行研究与指导时,要以《指南》为具体参照。

(四)要把分析与指导有机地结合起来

对儿童行为进行观察研究的目的,是为了更好地指导幼儿教育的具体实践,家园合作,共同提高儿童的身心发展素质,因而在观察分析的过程中,要积极吸纳家长的参与,与家长共同分析问题的产生的原因,携手制定解决问题的策略,及时把观察、分析的结论用于指导儿童日常生活的实际。

第二节 儿童行为观察与指导结论的基本类型

儿童行为观察与研究的结论是观察和研究活动的最终结果和表现形式。它是以照片、视频、电子或书面文字的形式,对整个观察与研究活动的基本观点、指导思想和具体操作方法,进行全面的分析和呈现,也是对整个观察研究活动的梳理和总结。结论提出的目的是更好地总结自己的研究活动,可以使研究者进一步理清研究的基本思路,反思整个观察与研究的基本活动,提高研究者分析问题、解决问题的基本能力,提高科学研究的水平和能力,为今后进一步明确新的研究问题和研究方向,提高后续研究活动的效率,以便少走弯路、少犯错误,更多、更好地在教育、教学的实践活动中提炼新的研究成果,从而加快幼儿教师自身专业化的成长步伐。

通过对观察研究活动的总结,也进一步揭示学前教育的基本规律,通过进一步提炼,实现由现象向规律的升华,从而利于结论的进一步推广。儿童行为观察分析与指导的结论可以有以下三种类型。

一、儿童学习故事手册

"学习故事"是由新西兰学前教育学者卡尔提出的对儿童行为进行观察研究的方法。是指幼儿教师借助于手机、照相机、摄像机等现代工具以视频、照片或文字等多种形式,采集、记录儿童在某一时间段或某一事件中的行为表现,并以此作为对儿童行为观察描述的记录,通过纸质手册、PPT或VCR等形式的制作,配以文字的解读,从而反映儿童在学习和生活中"做了什么事情""能做什么事情""想做什么事情"等一系列行为表现的直观、具体、形象、现代的观察研究方式。

儿童学习故事手册不仅能够反映儿童富有个性的发展过程,而且能够帮助教师在对儿童立体、全方位的观察分析、研究中更好的自我成长,也有助于促进家园之间的良性互动,同时给儿童美好的童年留下珍贵的回忆,丰富儿童的学习生活和教师的教育活动,开发出更多、更好、更有益于儿童健康成长的学习资源,真正体现"以幼儿为本"的学前教育理念。

(一)制作原则

1. 系统性原则

儿童学习故事的内容可以涉及儿童的身体、动作、认知、言语、情感及社会能力等多个发展领域,既全面又真实地反映儿童在学习过程中产生的各种行为。用照片或影像等形式记录下儿童在各个活动领域的情况,活动的作品。随着儿童的成长,他们行为的足迹也逐渐丰满,可以比较系统地反映儿童各个时期、各个领域的发展情况。

2. 阶段性原则

儿童学习故事的内容,以幼儿年龄特点为主线,结合幼儿园教育的基本形式,将儿童学习故事,按儿童的年龄阶段划分为册,在内容结构的编排上可以以班级开展的主题教学活动或儿童的个体表现为载体,体现儿童在每个年龄阶段或每个领域内的学习、成长的基本情况,不仅具有阶段性的特点,而且有助于发现每个阶段或领域内的具体问题。

3. 多元性原则

儿童学习故事手册在制作的过程中要家园互助,既要收录儿童在幼儿园的学习情况,又要动员儿童及家长参与的积极性和主动性,将儿童在家庭、社会活动、才艺班中的学习表现也进行收录,从不同角度、不同层面,全面展现儿童学习过程中的精彩故事。

4. 经济性原则

儿童学习故事手册的制作,要充分考虑教师和家长人力、物力的投入情况,不求"高、大、上",但求"有用""实用",使手册经济方便、科学合理,便于操作和使用。

(二) 制作过程

1. 搜集资料

以照片、视频、作品或文字的形式采集、记录儿童在课堂、区角、户外学习过程中的个体活动或集体活动素材资料。注意搜集的角度应该全面、真实,不能人为地设计孩子的活动,否则分析研究就失去了真正的意义。

2. 整理分析

整理分析资料的过程是一个去粗取精,去伪存真的过程,在搜集资料的基础上,对占有的资料进行筛选,选取儿童在集体活动、主题活动或个体活动过程中的具有代表性的、能够反映儿童个性特点的典型的活动案例进行分析和解读,在分析和解读的过程中,要结合学前教育的基本理念,结合《指南》和《纲要》等文件的精神,用发展的、客观的眼光看待孩子的成长,书写充满期待的寄语。

3. 装订编辑

儿童的学习是永不停歇的过程,所以学习故事也在不断地绵延,如果采用PPT或VCR形式制作手册,内容便于及时增减,再配上悦耳的音乐或背景,会增强使用的效果。如果采用纸质的手册,就会遇到页码增减的情况,因而,纸质手册宜采用活页的形式,以便于随时增加内容,保持连续性。在手册的结构上应该由封面页(可以是儿童自己的作品)、序言页(可以是教师、家长或儿童自己的寄语)、主题页(手册的主体部分,儿童学习活动过程中的各个精彩瞬间)、封底页(孩子获得的成绩和进步等)构成。

4. 注意事项

儿童学习故事手册整体设计要美观、大方,给人留下良好的视觉审美享受。同时避免给老师和家长造成过多压力,让学习故事手册变成了孩子的档案袋,带来大量工作,导致教师和家长疲于应付,而是要有感而发,因人、因时、因地、因事制宜,具体情况具体分析,让学习故事手册记录儿童成长过程中的点滴进步、点滴感动;成为儿童成长经历的写照;成为儿童成长的美好回忆;成为教师和家长送给孩子,留给孩子的最珍贵的礼物。

案例

扉 页

背景介绍（间接观察）
姓名：1 昵称：宝宝
性别：男
血型：
出生年月：2013年4月 日
是否独生：是
入园日期：X年X月X日
入园班级：X班
备注：如果不是从小班开始入园，需注明原因。
观察日期：2016年X月X日

封 皮 　　儿童学习故事手册

在故事中学习
在学习中长大

黑龙江幼儿师范高等专科学校
附属幼儿园

序 言

妈妈眼中的宝宝：
妈妈说："宝宝是我的小天使，开心快乐，有时会有点小忧伤，调皮胆小、爱哭鬼、吃软不吃硬的小屁孩！有些恋母、有些健忘、有些迷糊、有些倔强、还有点爱臭美！！看不见时想、看见时有点烦，爸爸是个军人，经常不在家，他就是我最爱的小男人！"

老师眼中的宝宝：
老师说，"宝宝是个活泼、爱哭倔强的调皮鬼！！他很希望有人关注他，所以经常大声地讲话；犯了错误拒不承认，先指责别人，有了自己喜欢的好东西，愿意跟小朋友显摆，却又不舍得给别人玩；愤怒小鸟的超级粉丝！！"

正 文

行为观察：
小朋友们都在洗手，宝宝突然把水阀关掉了，小朋友都说怎么没有水了呢？宝宝见状，在一旁偷偷笑起来。

正 文

· 行为分析：
· 宝宝在家和幼儿园里都表现出调皮的特点，说明宝宝是一位身体健康，精力旺盛，兴趣广泛探索欲望极强的孩子，同时宝宝又具有强烈的自尊心，期望更多的获得家长、老师和小朋友的重视和认可。

行为指导：
1.成人要善于发现和保护幼儿的好奇心。
2.充分利用自然和实际生活机会，引导幼儿通过观察、比较、操作、实验等方法，学习发现问题、分析问题和解决问题。
3.帮助幼儿不断积累经验，并运用于新的学习活动，形成受益终身的学习态度和能力。

行为观察：小朋友们都在洗手,宝宝突然把水阀门关掉了,小朋友都说怎么没有水洗手呢？宝宝见状,在一旁偷偷地笑起来。

行为分析：宝宝在家和幼儿园里都表现出调皮的特点,说明宝宝是一位身体健康,精力旺盛,兴趣广泛探索欲望极强的孩子,同时宝宝又具有强烈的自尊心,期望更多地获得家长、老师和小朋友的重视和认可。

行为指导：

（1）成人要善于发现和保护幼儿的好奇心。

（2）充分利用自然和实际生活机会,引导幼儿通过观察、比较、操作、实验等方法,学习发现问题、分析问题和解决问题。

（3）帮助幼儿不断积累经验,并运用于新的学习活动,形成受益终身的学习态度和能力。

二、观察报告

观察报告就是通过对儿童行为的观察研究,把观察研究的基本情况和结论,撰写成书面文字,这是儿童行为观察研究与指导结论的基本形式。

(一)观察报告的撰写格式

观察报告一般分为标题、前言、观察活动的基本过程、材料的分析整理过程以及观察的基本结论。

1. 标题

标题要言简意赅。用陈述句表述,在10~20个字之间,如"对朝汉儿童入园适应性行为的观察研究报告""男女儿童攻击性行为比较研究的观察报告"等。

2. 前言

主要阐述问题的提出、研究的背景、观察的对象、目的、方式和方法等内容。

3. 正文

正文是观察报告的核心部分,应详细叙述观察活动进行的基本过程、基本步骤、所获得的数据资料、对数据进行整理分析的基本方式及最终得的结论。

4. 结尾

结尾部分要写明观察活动所取得的成果,所具有的现实意义,以及需要进一步揭示或探讨的问题,并在备注中注明观察者的姓名、日期和观察活动中需要说明的事项。

(二)观察报告的撰写要求

观察报告是科学研究报告的一种形式,报告中所体现的基本现象、基本过程的实施以及所获得的数据,都必须准确无误,客观真实,经得住实践和时间的检验。不能在叙述的过程中有自己的主观臆断和猜测,出现不符合事实的结论。

观察报告要体现科学研究的规范性,在撰写的过程中,要严格按照科学研究的规范格式操作,观点明确、思路清晰、逻辑严密、文字叙述精练流畅。

三、观察科研论文

观察科研论文是在对儿童行为进行充分观察与研究的基础上,就某种现象或某种问题进行阐述所撰写的文章。

撰写观察科研论文是幼儿教师科学开展教育、教学研究活动,实现幼儿教师专业化的体现。教育科学离不开科学的教育。工作在学前教育岗位上的广大幼儿教师,既承担着繁重的教育、教学任务,同时也是学前教育科研工作不可缺少的生力军。幼儿教师把自己长期观察研究的实践成果进行总结,不仅可以检验自己的科学研究的效果,也丰富了学前教育思想,是提高学前教育质量的重要保证。我国著名教育家陶行知、陈鹤琴等,正是由于他们在教育工作岗位上认真地观察,深入地研究,不断地总结,才取得了丰硕的研究成果,才奠定了新中国教育研究的基石。

(一)观察科研论文撰写要求

1. 论点新颖,具有独创性

如果没有创新性,论文的质量和特色也就无从体现,论文的价值就会大打折扣。有价值的观察科研论文,必须有自己的创新点。即文章在发现问题、分析问题和解决问题的过程中,提出了独到的见解,做到了人无我有,人有我新,人新我变,体现出独创性,给人启迪。

2. 论据充分,具有可靠性

即观察科研论文的基本观点必须来自对具体材料的观察、分析和研究,有价值的科研论文,不是从"写作"开始的,而是从"观察"开始的,用观察的现象或数据旁征博引,从多方位、多角度用丰富的材料进行佐证,才能做到论证有理有据,翔实可靠,准确无误。

3. 论证严密,具有逻辑性

对于提出问题、分析问题和解决问题的基本论证过程,要做到思考严密,符合客观事物的发展规律,论文通篇要围绕中心主题,形成一个有机整体,层次清晰、结构严密。

4. 语言准确,具有通俗性

观察科研论文最基本的写作要求是通俗易懂。因此,要在论文撰写前做足功课,想得清楚,才能写得明白;想得深刻,才能写得透彻;想得全面,才能写得周到,做到深入浅出,言简意赅。

(二)观察科研论文撰写的基本格式

观察科研论文的撰写格式包括:题目、内容摘要、关键词、前言、正文、参考文献等几部分。

1. 题目

题目的字数一般在 20 字左右。题目应与内容高度符合,如设副标题,要另起行,用"——"线衔接,题目要用描述性的词语,最好不出现标点符号,尤其不用惊叹号或问号,如"谈谈 3 岁儿童的学习特点""初入园儿童适应行为的观察与培养"等。

2. 署名

署名分为两种情形,即单个作者论文和多个作者论文。单个作者直接署名即可。多个作者的论文应按顺序署名,如第一作者、第二作者……在署名的过程中要坚持实事求是的态度,把在研究工作与论文撰写工作中实际贡献大的向前排列。

3. 摘要

摘要的目的是以简明、确切的文字记述文章的主要内容。涉及整个观察研究过程的目的、方法和结论。摘要应具有独立性和全局性,即使不阅读全文,也能使读者迅速了解论文的主要内容。摘要的字数一般在 100~200 字之间,行文不宜分段。

 学习拓展

后现代主义视域下对儿童心理素质的认识

摘要:作为一种哲学思潮,后现代主义的出现仅短短几十年的时间,但它对现代人类社会各个领域的影响和渗透却是方方面面的,本文主要论述了后现代主义的主要观点及其对儿童心理素质的认识。(《黑河学院学报》2016 年第八期)

4. 关键词

关键词是观察研究论文正文叙述中的核心词汇,是能反映论文主旨概念的词或词组,确定关键词需要对论文的全文进行深入分析,把握文章的主题概念和中心内容,从题目、摘要、各层次标题和正文的重要段落中,抽取出与主题一致的词或词组,关键词的数量在 3~8 个之间。

5. 前言

属于整篇论文的引论部分。良好的开端等于成功的一半,好的前言能够快速引人入胜,激发阅读的强烈愿望。前言要交代清楚观察与研究的目的、背景、前人或他人研究情况,研究所遵循的理论和实践依据,研究活动的预期成果及其在相关领域里的作用和意义等。前言的内容要精练,叙述要简洁,要有启发性和新颖性,吸引读者继续阅读的兴致,可根据整篇论文篇幅的长短及论文内容的需要来确定篇幅的大小,一般在 100~1 000 字之间。

6. 正文

正文是论文的主体部分,所占的篇幅最大,主要体现观察科研活动所取得的创造性成果或新的研究结论,因此,应该主题鲜明突出,内容丰富充实,论证有力可靠,段落层次清晰,在叙述的过程中常需分成几个大段落,大段内往往还要包含小的自然段落。因此,每个自然段落都要加上适当的标题,标题分级要按照由大到小的顺序,如:一、(一)、1.、(1)、①,通常采用四级标题,且标题中不宜出现标点符号,如:"一、注意的品质""(一)注意的稳定性""1.稳定性的定义"。

7. 参考文献

参考文献也是论文必不可少的部分,把在观察研究或论文写作过程中参考的别人的文献在自己的文章中体现出来,既是表示自己对原作者的尊重,同时还能体现自己所进行的学习活动,提高自己研究的学术分量。值得注意的是,在附录参考文献时,要按照项目仔细记录,不要漏记、错记。凡是引用的他人的观点、数据和材料,在文章中都要进行简单的交代,并在出现的位置进行标注,在文章的末尾按顺序列出所参考的文献名称,如《试论后现代主义教育观对幼儿教师专业发展的要求》中:韦伯所说"一切关于现实的知识都来源于某个特定的观察者,一切事实都是由人们建构起来的解释,一切单一视角都是有限的和不完全的"[①]。在文章参考文献的附录中注明:"[1]聂强.专业群引领下的"双高计划"学校建设策略[J].教育与职业,2019(13):16-20."。

参考文献的类型不同,所采用的符号标识也不同,要根据不同文献的类型进行标识:如:专著为[M];论文集为[C];报纸为[N];期刊为[J]。而且,标注的书写顺序也要规范,一般情况是:

专著:[序号]作者.著作名称[M],出版社所在城市:出版社名称,出版年,起止页码。

期刊文章:[序号]作者1,作者2.文献题名[J],刊物名称,年卷(期):起止页码。

报纸文章:[序号]作者.文章题名[N],报纸名称,发行日期(版面)。

 学习拓展

观察科研论文

题目:科学设置和管理幼儿园观察角

摘要:幼儿园的观察认识活动是以观察为主要认知手段,引导幼儿探索客观事物、现象的特征,发展幼儿的科学认知,培养科学情感,形成科学态度,训练科学方法的一种科学启蒙教育活动。

关键词:幼儿园;科学设置;管理;科学认知。

正文:略。

参考文献:略。

摘自:[1]吴晓娟.科学设置和管理幼儿园观察角[J],《福建教育·学前教育》,2011,9:43.

四、幼儿园观察活动案例

(一)幼儿园活动案例的内涵

幼儿园活动案例是基于幼儿教师自身实践活动体验基础上,围绕某一活动主题对活动真实情况的客观描述、自我反思和总结。随着学前教育领域对儿童行为观察分析与指导活动的及幼儿教师行为观察分析能力的重视,基于儿童行为观察的幼儿园活动案例撰写工作,彰显了独特的价值,也越来越被幼儿园工作岗位及幼儿教师所重视。

(二) 幼儿园活动案例撰写的价值

1. 凝练活动经验，促进专业成长

通过活动案例的撰写，提炼在儿童行为观察与指导过程中积累的点点滴滴的认识、体会，把这些感性的认识通过总结，上升为理性的思考，从而促进自身的专业成长。

2. 反思实践过程，助力课程建设

通过活动案例的撰写，反思在实践过程中遇到的问题，调整课程目标、课程内容、活动方法及手段，为提高课程实施效果找到新的突破口。

3. 理论联系实际，提高活动效果

幼儿园活动案例撰写，能够更好地贯彻和落实《规程》，总结和推广幼儿园教育改革过程中取得的经验成果，把理论与实践紧密地结合起来。

4. 强化儿童为本理念，服务儿童快乐成长

通过幼儿园活动案例的撰写，能够加强教师对《纲要》《指南》等文件的学习，落实"以游戏为基本活动"的教育理念，防止和纠正"小学化"倾向，发挥游戏促进幼儿学习与发展的价值，为幼儿在游戏活动中快乐地学习创设更好的条件。

虽然对幼儿园活动案例撰写的重视程度日益提高，但是，由于幼儿教师工作比较繁忙，案例书写时间不够充分，撰写过程中缺乏必要的指导，所以，撰写的幼儿园活动案例质量还有待提升，撰写过程中也存在一定的问题。

(三) 幼儿园活动案例存在的问题

1. 理念缺失，理论高度不够

许多活动案例只有简单现象的描述，缺少教育观、儿童观、游戏观等教育理念的支持，对案例展现出的各种现象也缺乏相应的理论的分析与解读。

2. 代表性不强，行文结构不完整

有些活动案例描述的只是幼儿园生活中的偶然事件，没有较好的代表性，不能引起共鸣，案例的普适性价值不强；同时，撰写的案例结构也不完整，多大段描述，少反思性的总结和案例评析。

3. 事件堆砌，内涵提炼不精确

活动案例大多只是一个个事件的简单堆砌，案例之间缺乏必然联系，也缺乏对案例深层的反思与探究，失去案例撰写的真实目的。

4. 观察视角单一，语言表达不精练

许多案都集中在对幼儿社会或建构活动行为的描述上，对幼儿一日生活多角度的观察比较单一，语言描述平实，内容缺乏故事性。

5. 图文不一致，书写格式不规范

许多案例附录了大量的图片，但图片寓意缺乏甄别，图片与主题不甚一致；且在行文格式上问题也比较多，如字体、字号不统一，参考文献不标准，标点符号使用混乱等现象，同时，编排格式也缺乏规范性。

那么，什么样的案例才是有价值的呢？一篇有价值的幼儿园活动案例应该哪些内容呢？

(四) 幼儿园活动案例的基本结构

幼儿园活动案例一般由以下四部分构成。

1. 案例背景

主要是案例发生的时间、空间背景，案例涉及的人物特征以及与案例相关的事件发生的因果关系等。

2. 过程描述

这部分是幼儿园活动案例的基本部分，要用轶事记录法或实况详录法等，描述活动开展的情节

和顺序,说明案例发生的主要过程进行,要交代清楚案例发生的时间、地点、人物、事件,以及围绕事件所开展的活动。

3. 反思与分析

这部分是幼儿园活动案例的关键,也是案例的核心部分,主要体现教师对整个案例活动组织、开展的反思与总结,要包含发现问题、分析问题、解决问题三层线索。

发现问题要说明,透过这个活动案例,体现了幼儿哪个或哪几方面的行为特点,有什么问题,也可以是教师行为的价值或不妥做法。

分析问题要依据一定的理论或观点,阐述对发现问题的认识,对问题产生原因的分析与反思。

解决问题则是依据一定政策、文件,或理论、经验,提出解决实际问题的具体策略。

4. 案例点评

一份好的案例点评可以起到画龙点睛的作用,所以,案例点评也是活动案例的重要组成部分。案例点评最好由他人进行,主要是依据一定的理论根据,评析案例所包含的教育意义或价值。

案例评析要言简意赅,对案例的意义、价值挖掘深刻。案例评析往往不受案例撰写者左右,但是好的评析也能起到化平凡为经典的作用,更加清晰地呈现案例的价值,为案例增光添彩。

(五) 幼儿园活动案例撰写的基本要求

1. 问题鲜明,案例具有普适的代表性

案例中要包含在具体工作过程中经常遇到的实际问题,通过案例解决实践过程中遇到的一个个问题。案例具有较强的典型意义,内容是大家共同关注的焦点,能反映幼儿园保教工作的普遍情形和基本要求。

2. 理念科学,内容具有生动的故事性

案例的提出符合教育观、儿童观、游戏观的基本理念,主题鲜明,具有较强的代表性与现实意义。案例反映的是幼儿园具体的活动事例,是对幼儿园活动场景的真实再现,描述具体、生动、形象,读起来如身临其境,能唤起情感共鸣。

3. 案例背景清晰,描述具有可读性

案例发生的背景交代清晰,与案例构成紧密的因果关系;对案例发生、发展的基本过程描述客观、完整,具有可读性。

4. 理论联系实际,结论分析具有价值性

能够从自身具有的基本理念、幼儿活动的真实体验、教师有效支持策略的维度,分析与反思案例活动的价值,反映教师在案例活动中的自我感悟,体现自我成长。

5. 行文格式规范,图文结合具有适宜性

案例撰写也要遵循基本的行文规范,注意字体、字号的恰当使用;图片是记录活动真实而直观的方式,图文相配,意义连通,能更好地直观呈现活动的场景与环节,但要注意图片的规范性、适宜性与美观性。

  案 例

幼儿园小班区域活动观察案例

一、案例背景

本学期是我班幼儿来到幼儿园的第二个学期,通过一个学期的接触,孩子们互相都熟悉了,随着自我意识的发展,幼儿在活动过程中表现出的自主性也得到了发展。但是,随之而来的问题也多了起来,比如在游戏活动过程中由于争抢玩具所带来的冲突也频繁发生。为了了解幼儿之间冲突行为产生的原因,妥善处理冲突行为,并对幼儿进行指导,鼓励他们正确地开展同伴交往,所以,我在新学期开学的第一个月里,着重对冲突行为进行了观察。以下是我某一天的观察情况。

二、过程描述

区域活动时间,四个小朋友在建构区围在一起玩一辆挖掘机和一辆小汽车,起初,他们你推一下,我推一下地玩。过了一会,李雨拿起小汽车玩了几圈,还没玩好,王力就过来争抢。李雨不同意,转身就把小汽车藏在了身体底下,王力就拿起一块长方形积木敲了几下他的头,李雨翻转了一下身体,小汽车就被王力从手里抢走了,他立刻拽住王力的衣服,嘴里说:"你不能拿走,我还没玩好。"王力从地垫上爬起来,把小汽车放到另外一个区的玩具筐子里。李雨跑过去拿到了小汽车,王力又从他手里抢了出来,往寝室方向跑去,李雨追上去,揪住了王力的胳膊,两个人打了起来。在观察的这一个月的时间里,我发现王力出现过多次这样的争抢、捣乱的行为。

三、反思与分析

幼儿间争抢玩具的情况时有发生,也经常会因为一些小事发生争执,甚至动手打架,就是这个时期常常发生的攻击性行为。

攻击性行为指当儿童的需求得不到满足,或者权利受到损害时,所表现出的身体或言语上的侵犯性行为。主要表现为打、踢、咬、大声叫嚷、骂人、暴力、抢走别人的东西等。攻击性行为是儿童社会性行为发展的一种不良倾向,往往会造成与儿童、成人间的矛盾、冲突,如果不及时纠正,这种行为延续至青年和成年,就会出现社交困难或暴力倾向等,不利于儿童形成良好的人际关系,严重的还会妨碍孩子一生的发展。因此,对于儿童期表现出的攻击性行为不可掉以轻心,必须及早进行引导和教育。

导致攻击性行为的原因有很多,儿童的身心发展、遗传、家庭教养方式、社会因素、幼儿园不当的环境与教育方式等,都可能会诱发幼儿行为的攻击性。在本案例中,我认为导致李雨与同伴相互产生肢体冲突的主要原因如下。

1. 幼儿自我意识发展的集中体现

出现自我意识之后,由于儿童对自我非常强调,再加上家长的溺爱或独生子女的特点,儿童的"自我中心"思想也随之膨胀起来,对玩具、物品、饮食等的占有欲也变得强烈了,案例中的李雨与同伴都存在这样的心理倾向。

2. 小班幼儿年龄阶段特点的表现

小班幼儿在幼儿园经历了一个学期的集体生活,环境熟悉了,彼此也认识了,相互之间的交往活动频繁了,发生争执事件的次数自然也就多了起来。

3. 幼儿之间的学习特点

模仿是幼儿期的主要学习方式,对小班幼儿来说,他们还不能分辨好坏、对错,出现争抢行为以后,相互之间进行模仿,又扩大了行为的发生频率。

4. 幼儿园内活动材料的特点

活动材料和活动性质也是影响儿童同伴交往的重要因素。幼儿园中,儿童之间的交往大多是在游戏中,围绕活动材料发生的。活动材料的数量和特点往往能引起儿童不同的交往行为。本案中,活动材料(小汽车)较少、较小,就导致了幼儿间会发生争抢、攻击等消极的交往行为。

那么,教师该怎样面对这些问题?如何解决这些问题呢?

1. 正确认识幼儿之间的冲突是幼儿发展过程中的必然现象

面对幼儿同伴之间产生的冲突,既不能有轻视、放任的心态,也不能急躁,教师首先要稳定自己的情绪,这是教师成熟人格的表现,冲突发生时,采取先制止、分开等方式,让幼儿体会教师的关心和重视。

2. 在尊重、理解幼儿的基础上解决问题

要站在幼儿的角度,多点耐心。请幼儿描述事件发生的过程,不轻易利用教师的权威下决定和定论,让幼儿充分表达自己的想法和意见,在没有畏惧之感的情况下,通过教师的适度建议,幼儿之间才能够彼此友好解决冲突。

3. 注意教师自身的言传身教

教师在处理幼儿冲突时注意言传与身教结合、制度教育和爱心教育结合、课程设计和环境教育结合,通过尊重儿童,引导儿童形成正确的自我意识,促进幼儿的社会性发展。

4. 掌握幼儿的个性特点

对具有攻击性倾向的儿童应采取一定的防御措施,如在座位及排队等方面有重点的安排,使其不易与周围同伴发生冲突。另外在游戏活动、小组活动时,教师多与幼儿分享活动过程的乐趣,并注意观察,及时掌握同伴小组或个别幼儿的特殊状况。

5. 避免出现产生冲突的因素

教师要创设适宜的活动环境,丰富各个活动区域的活动材料,合理布置幼儿园的教室空间等,为幼儿的学习与游戏提供良好的活动氛围。

综上所述,当幼儿之间发生冲突时,教师必须提供必要的帮助,指导幼儿解决冲突,发展同伴交往能力。通过解决同伴冲突幼儿能逐步学习从对方角度看问题,为幼儿与他人建立良好的社会关系奠定基础。

在以后的日子里,我注意了幼儿园环境、活动材料投放等多方面的因素,同时也充分了解了王力的各种情况,指导他尝试用协商、交换、轮流玩、合作等方式解决冲突。一个月以后,我发现他已经很少再出现攻击性行为,并且有了好几位好朋友。

四、案例点评

1. 案例具有一定的代表性

攻击性行为是幼儿之间常见的社会性行为,案例是幼儿园工作过程中经常遇到的实际问题,有比较强的典型性。

2. 指导理念科学

案例的提出、分析与解决策略,符合教育观、儿童观、游戏观的基本理念,主题鲜明,具有较强的现实意义。

3. 案例描述具体完整

案例发生的背景交代清晰,与案例构成紧密的因果关系;对案例发生、发展的基本过程描述客观、完整,具有可读性。

4. 案例分析理论联系实际

在分析案例的过程中,能够把基本理论与实际问题有机结合,恰当分析出幼儿,尤其是小班幼儿攻击性行为产生的原因,理论与实际问题有机结合,具有一定的说服力。

5. 个别表述不够准确

案例中"正确认识幼儿之间的冲突是幼儿发展过程中的必然现象"幼儿之间的冲突是正常的,但不是必然的,如果环境、教育、教养等措施方法得当,幼儿间可以没有或少有冲突现象。而且,教师及时制止冲突,主要是为了避免造成幼儿间的不良伤害,不是为了"让幼儿体会教师的关心和重视"。

6. 措施不够全面

小班正是幼儿规则意识培养的关键时期,班级里、区域游戏中,清晰的规则可以帮助幼儿明确什么能做,什么不能做,应该怎样做等基本要求,掌握一定的活动规则,学会轮流、分享、等待等必要的社会性行为,从而减少冲突、攻击性行为的出现,本案例缺乏引导幼儿掌握规则的必要措施,应适当予以补充。

本章习题

1. 学习故事手册的制作原则和过程有哪些?
2. 以学习故事手册的形式对某一儿童的行为进行观察分析与指导。
3. 简述儿童行为观察与研究的结论形式。
4. 简述观察报告的基本格式及其撰写要求。
5. 以见习中观察到的某一儿童的心理现象为内容活动撰写一篇观察报告。
6. 尝试将你在学习中观察到的某一个教育现象撰写成观察科研论文。

附录：
儿童行为观察竞赛视频解析

附录1：幼儿园游戏活动视频解析

一、赛事基本要求

(一) 描述幼儿活动的主要情境

用2~3句话，说明视频所包含的主要信息，如时间、地点、人物、主要活动等，要做到言简意赅，对视频进行准确、概括性的描述。

(二) 记录幼儿或教师的行为

用实况详录或轶事记录的方法，客观、准确地记录幼儿行为发生、发展的主要过程及线索，在记录的过程中要做到以下四点。

1. 行为记录要具有全面性

记录视频所包含的儿童、教师行为的主要信息，如动作、表情、语言、对话等，记录力求全面、详细，关键性的行为不出现遗漏。

2. 行为记录要具有准确性

对视频中幼儿或教师的表情、语言、动作、对话的描述准确，所用动词、描述神情的词汇要恰当，能够精准描绘出儿童或教师的主要行为线索。

3. 行为记录要具有客观性

记录所用的词汇要客观、具体，主要使用"白描"式的语言，避免出现主观推测性的词语，如"我想""我猜测""大概"等。

4. 行为记录要具有重点性

虽然记录强调全面性，但也要有所侧重，对视频中出现的关键性的、直接影响行为分析的重要行为，要有所突出。

(三) 分析幼儿或教师的行为

1. 结合《指南》与学前教育相关知识分析幼儿行为

对幼儿或教师的行为分析要有理论依据，或者结合《指南》《纲要》等相关文件精神，或者结合学前教育学、学前心理学、学前卫生学、儿童游戏等学前教育相关理论，在分析的过程中要注意理论与事实结合紧密，有理有据，不牵强附会，不过度分析。

2. 分析的视角要全面

对视频中涉及的儿童、教师的行为有较全面的分析,尤其是对儿童的分析,可以结合儿童的游戏兴趣、游戏水平、游戏过程中表现出的学习品质、游戏过程中所体现出的健康、社会、语言、艺术、科学领域特点等。

3. 分析要与记录相呼应

分析要以记录为基础,记录的关键性行为,尤其是直接影响对儿童或教师活动评价的行为,要进行重点分析。

4. 分析具有独创性

尽管儿童行为分析要有一定的根据,但并不是要求结论都一模一样,分析中,只要有理有据,可以在自己独特的视角下,形成创造性的观点。

(四) 提出教育建议

儿童行为观察分析的最终目的是对儿童的行为进行指导,所以,提出科学、合理的教育建议是儿童行为观察指导的最终要求。

1. 建议所含理念要科学

提出的教育或指导建议,理念要科学,要符合儿童观、教育观、教师观的基本要求,不能出现与教育理念相悖的观点。

2. 建议要有一定的理论支撑

要依据《指南》《纲要》等文件精神、学前教育学、学前儿童游戏论等基本理论,提出解决问题的具体策略,建议要有一定的理论高度。

3. 建议要具有可操作性

建议要具体、可操作,主要从儿童一日生活或游戏环境创设、材料投放、幼儿经验提升、游戏中问题反思等方面提出具体的、可操作的建议。

4. 建议要与分析紧密结合

所提出的教育建议是在对视频分析过程中遇到的切实问题,与分析结合紧密,针对性强,见解独到,观点鲜明,能够切实解决视频或实践工作中的问题。

二、答卷存在的问题

(一) 情境描述存在的主要问题

主要是对幼儿活动的区域判断错误,如语言活动说成是社会活动,区域游戏判断成户外活动;描述的关键性要素,如时间、地点、人物、活动等交代不清楚、不全面。

(二) 观察记录存在的主要问题

记录中使用的词语比较主观,多次出现推测性的主观词语;记录的行为要点零散、混乱;记录不够完整,不能一事一记,内容不够全面,出现遗漏现象;记录不够准确,描述行为的动词不清晰;记录重点不够突出,不能反映儿童或教师行为的主要特点。

(三) 行为分析存在的主要问题

行为分析缺乏科学的依据或依据错误;不能结合视频所反映的内容展开分析,行为分析与观察记录能不能相互印证;分析没有重点,面面俱到,有格式化、模式化现象;分析存在主观臆断的现象,想当然或过度分析视频中没有展现的现象。

(四) 教育建议存在的主要问题

建议没有体现教育理念的科学要求,教育观、儿童观、教师观发生偏差;教育建议不够全面;教育建议比较空洞,不能紧密结合视频反映出的问题,且联系实际不够,缺乏针对性和可操作性。

视频:女孩建构行为观察

三、真题举例

案例：请观看画面中穿粉色裙子的中班女孩(简称 M)活动视频片段,记录并分析幼儿行为表现。具体要求如下：

(1) 描述幼儿活动的主要情境。
(2) 客观准确地记录幼儿的行为过程与主要线索。
(3) 结合《指南》与学前教育相关知识,分析幼儿的行为及其过程。
(4) 提出相应的教育建议。

记录与分析：

(一) 活动情境

幼儿园中班户外建构活动中,穿红色花纹裙子的女孩(简称 M)在进行搭建活动。附近有蓝白灰上衣男孩 B,白色外套女孩 C,绿点上衣女孩等在一起搭建积木。

(二) 观察记录要点

(1) M 拿了一块圆柱形积木,放进了半圆形木板的圆心中,她看着自己搭建的作品,捂着嘴巴"咯咯咯……"地笑了,接着,M 蹦蹦跳跳地跑到材料箱,从里面拿了 2 块积木,放在圆柱上面。M 站起身,看了看周围,用手碰了下积木,结果作品倒了。

(2) B 跑了过来帮忙,两人一起把作品恢复了原样,B 对着积木吹了一口气,说"吹不倒啊？"又指了指小圆柱体说："那能动吗？"M 立即制止说："不行,不能让它动！你去别的地方玩吧！"B 跑走了。M 继续搭建,她尝试在最上面加一块积木,结果积木全倒了。

(3) 她把木板一块块扶起来,在地面上也摆出一个正方形积木。然后拿了一块木板,立在了旁边,然后绕着自己的作品高兴地蹦跳了几圈,又旋转了一下最上面的那块横板。她一蹦一跳地跑到材料箱里拿了一块大三角积木,立在了竖着的积木旁。

(4) 老师走了过来,蹲下询问 M 搭的是什么,M 说："是雷达。"老师继续问："这个转圈的是什么？"M 蹲下,用手转着积木说："这是雷达。"老师继续追问："那这些是什么？"M 说："是工厂流电。"老师夸奖 M 好棒并问："那这个是什么？"M 指了一下地上的积木说："是电力。"老师问："是发电的那个是吗？"老师又指了指圆柱体积木问："那这个呢？"M 小声地说："这个是……柱子……"老师指着地上的另一半积木问："那这个是什么？"M 说："是电流板。"老师夸赞 M 好厉害并问她从哪看到的,M 小声说："爸爸带我去山上。"老师说："哦,在山上看到的有非常大的。"M 说："嗯,我看到三个雷达,三个不一样的。"老师重复了 M 的话,并夸奖 M："好厉害啊！"

(5) 老师走开,M 自己一个人转着积木玩,C 抱了一堆积木给 M,M 连忙拒绝："不用了,我不要,不要。"C 把积木又抱了回去。M 又搭好了一块小积木,用眼睛看了一下老师的方向。

(6) M 跑到了人最多的那一组,对刚才送材料的女孩发出了邀请。送材料的女孩儿脱了衣服,接受了 M 的邀请,两个人一起搭建了起来,作品越来越丰富了。

(三) 分析要点

(1) 游戏水平：M 喜欢搭建活动,并欣赏自己的作品,符合《指南》中"常常动手、动脑探索物体和材料,并乐在其中"的目标。M 能够能仔细观察生活中的雷达,记住雷达的主要特征,并通过观察、比较、分析,把自己在生活中对"雷达"的理解表现出来,体现出《指南》中科学领域 4~5 岁幼儿"能感知物体的形体结构特征,画出或拼搭出该物体的造型"。

M 具有良好的建构技能,且搭建时有明确的主题。M 能根据建构材料特点,通过堆叠、平铺、围合,并能初步尝试搭建较复杂的"雷达"造型,将积木平铺在地上围封成"电流板和工厂流电"。体现了 M 具备相应的知识与空间方位经验。

(2) 学习品质：M 在户外用积木建构活动搭建"雷达"时表现出浓厚的兴趣,能够较长时间进行游戏,注意力专注,在积木倒塌时不放弃,能够继续按照计划完成作品,并装饰性地为"雷达"更换造型。体现出 M 在搭建活动时态度认真,具有专注性、计划性和坚持性等良好的学习品质。

(3) 动作方面:M 动作灵活、协调。M 小朋友的大动作如跑、跳、绕过障碍物等都能自如进行,双手能够互相配合从事比较精细的活动,动作的灵活性和协调性都比较好。

(4) 语言方面:M 愿意与老师沟通,交流自己的建构作品,说出自己搭建作品的名称;M 表达能力较强,能够清晰、准确表达自己的想法。

(5) 情绪方面:M 情绪稳定、自控能力较强。整个游戏活动中,M 小朋友都表现出安静、愉悦、稳定的情绪特点。在作品倒塌时,能不急不躁,重新开始,情绪的自我控制和自我调节能力较强,并对自己的活动作品感到欣喜,表现出自尊和自信的心理。

(6) 社会性发展:当需要时,M 能够想办法,主动寻找同伴与自己游戏,但合作愿望不高,游戏中基本以独自游戏为主,不愿意参加集体游戏。

(7) 教师的介入:教师的介入意识明确,但支持作用不够。教师在本次建构活动中能够及时介入 M 的游戏活动,以关怀、接纳、尊重的态度,耐心倾听幼儿的介绍,通过与 M 对话,对她的活动作品给予了积极的评价,帮助 M 树立了进一步活动的信心。但本次游戏中,教师对 M 提出的问题层次较低,对儿童游戏活动的有效支持不足。

(四) 教育建议

(1) 提升幼儿游戏经验。教师可提出更有针对性的问题,启发儿童对现有搭建作品进行反思,促进儿童搭建活动进一步丰富和深入。鼓励幼儿向其他幼儿展示自己的作品,分享游戏经验、搭建中出现的问题、进一步改进方法等,提升幼儿游戏经验。

(2) 提供丰富的辅助材料。教师可以为幼儿投放辅助材料,方便幼儿装饰,丰富幼儿的游戏主题与情节,促进幼儿想象力、创造力发展。

(3) 创设合作游戏的机会。教师可以为幼儿创设合作游戏的机会,比如布置主题任务、制定分工合作计划等,引导幼儿与同伴一起游戏、合作,促进幼儿同伴交往、体验合作的重要性。

附录 2: 幼儿园保教活动视频解析

一、赛事基本要求

(一) 保教视频分析

出示一段 6 分钟左右的视频,视频场景可以是一日生活活动,也可以是集体教学活动,游戏活动、区角活动;视频可以是一个场景,也可以是多个场景的组合;视频中,可以是一位教师与多位幼儿互动,也可以是一位教师与一位幼儿的互动。选手按照自己的节奏观看视频,并在指定的时间内完成考试任务。本赛项共计 10 分,占总成绩的 10%。

(二) 考试内容

1. 写出师幼互动观察记录

要用实况详录或轶事记录,清晰、准确地记录幼儿、教师及师幼在保教活动过程中体现出的语言、动作、表情等主要行为特征。

2. 根据视频回答问题

(1) 对师幼互动中幼儿的心理发展,如认知、情感、意志等心理过程进行分析。主要根据幼儿的年龄特点,分析幼儿在保教活动中认知特点,如注意力、感知、记忆、想象、语言、思维等;情绪、情感特点,如稳定性、丰富性、积极性等;意志品质特点,如坚持性、自制性、自觉性等。

(2) 对幼儿的个性、社会性发展以及学习心理等特点进行分析。主要结合年龄阶段,分析幼儿个性特点,如气质类型、能力水平、性格特点、自我意识表现、个性倾向性等;幼儿社会性发展特点,如幼儿在保教活动中表现出的同伴关系、社会性交往等;幼儿的学习特点,如幼儿在保教活动中表现出来的学习方式如独立自主、模仿尝试、乐于创造等,学习品质,如积极主动、认真专注、不怕困难、敢于探究和想象等。

(3) 结合《纲要》《指南》的精神,对教师的保教言行进行评价。对视频中教师的保教言行进行分析,如教育活动目标是否有助于幼儿的学习与发展,活动内容是否适宜、活动方法是否合理;教育活动准备是否恰当,如活动材料是否丰富、活动环境是否适合、活动是否建立在幼儿已有经验基础之上;分析教师保教活动过程中的语言、动作、情绪、服装等的适宜性;结合《纲要》《指南》分析教师的师德素养,保教活动是否促进了幼儿的发展,还存在哪些问题等。

(4) 对教育活动提出建议。要基于分析中出现的问题,给出合理建议。建议要具有针对性,问题与建议一一对应;建议的提法要科学合理,结合《纲要》《指南》的基本要求,符合教育观、儿童观、教师观精神;建议以促进幼儿发展为目的,明确、具体,具有可行性与操作性,能够帮助教师有效提高活动效果。

3. 评分标准

表附录表 2-1　保教分析评分细则

		评分细则(描述每一档具体的标准)	
教育理念	一档	1. 教师科学的教育观、儿童观,符合《纲要》《指南》的精神 2. 对教师的保教言行、师德作出正确的判断与评价 3. 对幼儿的发展水平或特点作出正确分析,判断的理由科学、充分	4
	二档	1. 教师具有较为科学的教育观、儿童观,符合《纲要》《指南》的精神 2. 对教师的保教言行、师德作出较为正确的判断与评价 3. 对幼儿的发展水平或特点作出较为正确分析,判断的理由比较科学	3
	三档	1. 教师的教育观、儿童观基本正确,基本符合《纲要》《指南》的精神 2. 对教师的保教言行、师德作出基本正确的判断与评价 3. 对幼儿的发展水平或特点作出分析,判断的理由基本科学	2
		评分细则(描述每一档具体的标准)	
教育建议	一档	1. 建议具有针对性,提法科学合理,以促进幼儿发展为目的 2. 建议具有可操作性,能帮助教师改正	3
	二档	1. 建议比较有针对性,提法较为科学合理,以促进幼儿发展为目的 2. 建议比较有可操作性,便于教师改进	2
	三档	1. 建议有针对性,提法基本合理,以幼儿发展为目的 2. 建议有可操作性,便于教师改进	1
		评分细则(描述每一档具体的标准)	
思维品质	一档	1. 观点鲜明,思路清晰,分析透彻,逻辑性强 2. 用词准确,语句通顺,答题规范,卷面整洁	3
	二档	1. 观点比较明确,思路较为清晰,分析比较透彻,具有逻辑性 2. 用词比较准确,语句较为通顺,答题比较规范,卷面整洁	2
	三档	1. 观点基本明确,思路基本清晰,分析基本清楚 2. 用词基本准确,语句基本通顺	1

续 表

总 评 成 绩		
评分分档	一档	8~10
	二档	6~7.9
	三档	4~5.9
	四档	0~3.9

二、答卷存在的问题

由于国赛中的保教视频分析赛项,在比赛前提供了题库,所以,选手的总体成绩比较好,考卷之间的差异化也较小,问题主要集中在以下方面。

(一)师幼互动观察记录存在的主要问题

行为记录过于面面俱到,不能突出行为的重点;记录用词比较模糊,语言缺乏准确性;行为链不够清晰,记录缺乏层次感。

(二)行为分析存在的主要问题

行为分析只看到视频中体现出的某些或某种现象,不能分析现象背后的深层原因;分析缺乏高度,理论支撑不够;逻辑混乱,在分析过程中出现了较多的前后矛盾现象。

(三)教育建议存在的主要问题

教育建议书写相对简单,缺乏理论与政策的支撑;口语化严重,内容比较空洞;分析不能结合视频反映出的问题,缺乏针对性和可操作性。

三、真题举例

案例一:大班美术活动——哈哈小人

(一)视频描述

视频:大班绘画活动分析

这是一个大班美术活动,教师以哈哈小人为活动内容,用生动形象、风趣幽默的活动形式,引导幼儿感知哈哈小人的特点,鼓励幼儿大胆进行作品创造,但教师在活动中缺乏对幼儿适宜的关注,对艺术活动中表现美、创造美的引导不够到位。

(二)视频基本人物信息

教师——T,格子衣服男孩——A,条纹衣服女孩——B。

(三)师幼互动记录

T:把你画的小人放到盒子里面,先放到盒子里面放整齐。(幼儿各自把自己手中的纸放到盒子里面并摆放整齐。)

T:所有人看我这儿,小椅子转过来,我想问问小朋友,你们还记得这个叫什么吗?部分幼儿:哈哈小人。部分幼儿:顶天立地的哈哈小人。

T:(把手放到耳边)叫什么?(幼儿:哈哈小人。)

T:顶天立地,我知道就是很高很大,那哈哈小人是怎么回事?(幼儿:嘻嘻哈哈,他总爱笑。)

T:(指向幼儿)你站起来说,说完它。(幼儿:他爱嘻嘻哈哈,特别爱笑。)

T:还有什么其他的答案吗?(幼儿:她特别高大。)

T:特别高大,顶天立地。他为什么叫哈哈小人,因为他会变魔术,能把小朋友逗得哈哈大笑,你们信不信?(部分幼儿:信。部分幼儿:不信。)

T：(手指着黑板上的哈哈小人)你信不信他会变魔术？1、2、3，还没变。(幼儿哈哈大笑。)

T：1、2、3。(把手放在小人的底端，用力一拉)(幼儿看到后哈哈大笑。)

T(拿着哈哈小人)是不是把你们都逗笑了。

T：哈哈小人哪儿变长了？(幼儿一起回答。)

T：谁能说完整，有好多地方都变长了，请你们一次性说完整。(幼儿：头、手、耳朵、鼻子，还有嘴。很多幼儿举手。)

T：头有没有变长？(幼儿：变了。)鼻子有没有变长？(幼儿：变了。)嘴有没有变长？(幼儿：没变。)

T：我们这个哈哈小人，他的脸、鼻子、耳朵、手都变长了，尽管他变丑了。你们笑没笑？(幼儿：笑了。)

T：你们想不想也跟我一样做一个顶天立地的哈哈小人？(幼儿：想。)

A 正在画哈哈小人。他画完后，幼儿一直在笑。

T：发生什么事了？(幼儿：裂开了。)

T：你们有没有什么方法能够让他再连起来？(一组幼儿边笑边画，T 从框子中拿出一张纸给一名幼儿。B 举起画好的哈哈小人给 T 看。)

T：他哪里变长了？

B：手变长了。

T：好了，把你现在画的那张写上名字。然后写好的小朋友拿到前面来放到黑板上，我们让其他小朋友看看。

（四）幼儿行为分析

1. 大班幼儿以具体形象思维为主，抽象逻辑思维开始萌芽

视频中，幼儿通过观察能感知哈哈小人的典型特征，并通过自身的尝试来理解和推测哈哈小人变长的原因。

2. 大班幼儿有一定的绘画技巧，具有初步艺术表现力

活动中，幼儿能够运用一定的绘画技巧画出哈哈小人的基本形象。

3. 大班幼儿以再造想象为主，想象内容较丰富和新颖

视频中，幼儿在观察哈哈小人特征之后，能大胆地进行想象，自主创作出形象各异且较为夸张的哈哈小人。

4. 大班幼儿情绪愉快，乐于参加活动

《指南》指出，"幼儿在集体生活中情绪安定、愉快"，在活动中，幼儿乐于参与绘画活动，情绪愉快地将心目中的哈哈小人表现出来。当幼儿绘画成功后，面带笑容，表现出成就感。

5. 幼儿有一定的规则意识，能够遵守规则

《指南》社会领域指出，幼儿应"具有基本的行为规范"，活动中幼儿能够遵守教师提出的规则，举手回答问题，并按照教师的进行绘画。

6. 大班幼儿注意力集中，善于观察

视频中，幼儿能专注于绘画活动，持续较长时间。能幼儿根据教师的提问，能有意识地通过对比、观察并发现哈哈小人变魔术前后各方面的变化。

（五）教师保教评价

1. 优点

（1）活动目标定位准确，内容符合《纲要》精神。《纲要》要求艺术活动中，要引导幼儿大胆参加活动，用自己喜欢的方式表达情感。从视频中可以看出，本次活动的目标是幼儿根据自己的理解和想象绘画哈哈小人，活动过程中，幼儿情绪愉快，所以，目标定位准确。

(2) 活动准备充分,有助于活动开展。

知识经验准备:幼儿初步理解了哈哈小人的含义,具备了绘画哈哈小人的技能、技巧,能够有顺序地观察,并找到事物之间的差异。

物质准备:教师为幼儿准备了各种颜色的卡纸、画笔和展示板。

心理环境创设:教师调动幼儿活动的积极性和主动性。活动中,教师用丰富的表情和积极的情绪为幼儿营造了轻松愉快的氛围,带动幼儿快乐积极地参加活动。

(3) 善于引导幼儿,激发幼儿的学习兴趣和动机。教师语言生动活泼、幽默风趣、情绪饱满,活动内容充满悬念和趣味性,让幼儿在愉悦的情绪中感受哈哈小人的夸张与变形,激发了幼儿的学习兴趣和动机。

(4) 注重幼儿常规的习惯培养,提高幼儿有序观察的学习能力。如在活动中教师要求幼儿将手中的画整齐地放进纸盒,提醒幼儿站起来回答问题。教师出示图片后,引导幼儿通过有序观察比较小人之间的区别。在幼儿回答之后,教师依次讲解哈哈小人的特点。

(5) 关注幼儿个别差异,指导针对性强。对个别幼儿,教师进行直接指导。如,视频中有个幼儿在绘画哈哈小人的过程中,将哈哈小人手臂的部分画在了折叠隐藏的部分,教师及时、亲切地进行指导,让幼儿了解到正确的表现方式。

(6) 以幼儿为主体,注重培养幼儿的艺术表现力。视频中,教师先让幼儿观察,感知哈哈小人的夸张与变形的特征,丰富了幼儿的审美经验。鼓励幼儿自主创作提升艺术表现力。符合《纲要》"激发幼儿感受美,表现美的情趣,丰富他们的审美经验,使之体验自由表达和创作的快乐"的精神。

2. 不足

(1) 示范讲解不够,重点不够突出。活动过程中,教师就"小人是如何变形""如何将小人连起来"以及"小人可以怎么变形"等关键问题讲解示范不足,重难点突破不够,直接导致了部分幼儿在创作过程中未能成功创作出哈哈小人的形象。

(2) 回应幼儿不及时,个别差异关注不足。教师对活动中幼儿表现出的个别需要关注不够,如在观察哈哈小人的过程中,有一名幼儿敏锐地观察到哈哈小人的胳膊变长了,但是有一只是长的,另一只是短的,教师对于幼儿的发现只是简单地回应,没有肯定幼儿良好的学习品质。对视频中,与众不同的小女孩的作品,也没有注意并及时肯定。

(3) 教具设计不合理,不利于幼儿观察。视频中,教师在黑板上演示的哈哈小人的教具太小,不利于幼儿从多角度观察哈哈小人的特征和变形的过程。

(六) 教育建议

(1) 尊重幼儿自发的表现和创造,用欣赏的眼光肯定幼儿作品的独特性。教师应当尊重幼儿在绘画中独特的创作,不能用"像不像""好不好"评价,鼓励幼儿大胆进行创作,促进想象的发展。

(2) 抓住教育契机,启发幼儿积极思考。《纲要》指出:"教师是幼儿活动的支持者、合作者、引导者",教师引导善于观察幼儿活动,当幼儿出现困难时,积极启发引导。如"怎么画才能让哈哈小人变形?"从而提高幼儿学习过程中的艺术表现力。

(3) 提供适合的教具,引导幼儿细致观察。教师要根据幼儿的年龄特点,提供大小适宜的教具,引导幼儿从多角度仔细观察哈哈小人的典型特征。

(4) 认真倾听,及时回应幼儿提出的问题。《纲要》指出教师要:"关注幼儿在活动中的表现和反应,及时以适当的方式应答",尤其是对于幼儿提出思考性的问题,教师不仅要恰当回应,还要及时鼓励,帮助其树立自信心,成为他人学习的榜样。

案例二:小班区域游戏活动

(一) 视频描述

这是一个小班幼儿区域游戏活动,教师创设了多个游戏区域,提供了丰富的操作材料,通过与

视频:小班区域活动分析

幼儿的积极互动,引导幼儿参与游戏,但游戏中,教师介入次数与方式不够适宜。

(二) 基本信息

教师——T,白衣女孩——A,绿衣男孩——B,粉衣女孩——C,黑白毛衣男孩——D,灰衣男孩——E,红衣男孩——F,粉衣刘海女孩——G,黑衣男孩——H,白衣男孩——I,蓝衣男孩——J,黑裙女孩——K,黑裤男孩——L。

(三) 师幼互动记录

幼儿在区角玩"盛饭"的游戏,A 和 B 拿着勺子,把碗里的豆子一勺一勺地舀进另一个碗中。T 对 B 说:"你盛了多少饭呀?"B 举起手里的碗:"很多。"C 举起碗说:"我的也很多。"

T:"哇,你的这么多,都是大豆豆。"T 对 D 说:"你盛了多少饭? 你挖了这么多豆豆呀。"D 没有回应,继续挖豆豆。

幼儿在区角玩叠罗汉的游戏,T:"你叠了几个呀? 你又叠了几个呀?"E 用杯子叠成了两成罗汉,T 对 E 说:"这个叠罗汉真棒,叠了二层那么高。"T 对 F 说:"你叠了几个呀?"F 手里拿着一摞杯子,看着 T 没有说话。

幼儿在娃娃家游戏,T:"菲菲你在干什么?"G 正在用积塑摆作品,T:"你的小汽车堵住了,你是做了一个停车场吗?"T:"H,我刚刚看你买了一个好大的车,这是什么车?"H:"奥特曼。"

T:"奥特曼坐在里面是吗?"H 正在说话,T 对 H 说:"好的好的。"

幼儿正在玩车,T 对两名幼儿说:"你们来赛车吧! 沿着车道赛车!"幼儿拿车在地上来回摩擦,T 对 I 说:"你的是什么车?"I 支支吾吾看着 T。

T:"有小偷!"J 拿着其他小朋友的作品跑了,一名老师抓住他。T:"请问老板娘你的糖都到哪里去了? 都被警察叔叔找回来了,小偷也要去警察局了,有人不按规则,居然抢糖。还有打工的帮老板娘整理糖果。"

T:"K,你买了什么?"K 没说话,T:"你好小气,不跟我讲。"

T 对 L 说:"你卖了多少车?"L 手拍桌子:"1、2、3、4……10 个。"几名幼儿来到桌子前买车。

T 来到另一个区域:"你买了这么多东西啊!"

(四) 幼儿行为分析

(1) 小班幼儿以动作思维为主,借助于实际动作完成活动。小班幼儿的思维要伴随动作进行,比如数数 1、2、3、4、5,开小汽车等活动都要借助于直接感知的实际动作,才能完成。

(2) 小班幼儿能听懂老师的要求,口头表达能力有个体差异。小班幼儿具有较好的倾听能力,能听懂老师的要求,但口头表达具有差异性和情境性,有的幼儿需要借助于老师的引导来回答,使用的是简单句,有的幼儿则表达不清楚或不能表达。

(3) 小班幼儿以平行游戏为主,向联合游戏方向发展。视频中的小班幼儿,基本上是在区域活动中,自己玩自己的游戏,相互之间较少发生联系,但在教师引导下,也有相互交换玩具的行为,有向联合游戏发展的倾向。

(4) 小班幼儿情绪稳定,遵守区域游戏活动的规则。视频中的小朋友情绪比较稳定,活动中注意力集中,能够遵守活动的规则,有始有终地把游戏活动进行到底。

(5) 小班幼儿自我意识出现,能根据自己的意愿选择活动材料和玩伴。小班能够按照自己的意愿选择活动材料、游戏伙伴,并按照自己的意愿开展游戏活动。

(6) 小班幼儿大小肌肉发育较好,能够根据工具特点使用工具。视频中的小朋友小肌肉都发育良好,能够按照工具的特点,正确使用勺子、杯子,玩小汽车等活动,大动作也比较灵活。

(7) 小班幼儿模仿性能力较强,能够开展象征性游戏。模仿是幼儿的主要学习方式,视频中的幼儿在相互模仿的过程中学习;小班幼儿的想象是在教师语言的指导下开展的,属于再造想象,并能够开展象征性游戏活动。

(五) 保教行为评价

1. 优点

(1) 尊重幼儿的学习方式，珍视游戏的价值。《纲要》指出，教育活动内容的组织应充分考虑幼儿的学习特点和认知规律，寓教育于生活游戏中。视频中的教师注重幼儿在游戏中的学习，活动形式符合幼儿的年龄特点。

(2) 尊重幼儿的主体地位，以自主活动为主。《指南》指出，幼儿的学习是直接经验为主，在游戏和日常生活中进行的。所以教师活动内容丰富，充分满足了幼儿自主学习的愿望。

(3) 面向全体，关注每位幼儿的活动表现。活动中教师注意观察，关注每一幼儿在活动中的表现，教师提出问题或进行指导。

(4) 环境创设适宜，活动材料准备丰富。《纲要》指出，要重视幼儿园活动材料的充分运用。教师在活动中准备了米、碗、勺子、小汽车等幼儿常见的、丰富的活动材料，便于幼儿根据自己的意愿进行选择。

(5) 重视规则教育，帮助幼儿养成良好的生活习惯。教师注重幼儿活动规则的培养，当小汽车驶出了轨道的时候，教师注意及时提醒，帮助幼儿养成良好的规则习惯。

2. 不足

(1) 教师介入次数过多，介入时机不当。整个游戏活动中教师介入儿童自主活动过于频繁，干扰了幼儿自主的活动情境，不利于幼儿自主活动深入开展。

(2) 区域划分不合理，指导效果不明显。教师缺乏有针对性的指导活动，尤其是对幼儿探究活动不能进行深入指导，指导停留在表面上，没有突出指导的重点。

(3) 启发引导不够，支持方式不适宜。《纲要》指出：要以及时恰当的方式应答幼儿的活动，使每个幼儿获得满足。视频中教师的指导方式只是提问，没有针对幼儿实际需要的示范或启发性质的引导。

(4) 语言表述不规范，行为方式不恰当。教师在组织活动的过程中使用了"老板娘""老板"等，比较通俗的词汇，幼儿难以理解，不符合幼儿的接受特点，对拿走活动材料的幼儿称呼"小偷"也不符合正面教育的需要。

(六) 教育建议

1. 提高教师素质，提升区域活动的指导水平

《纲要》指出，要关注幼儿活动中的表现，以适当的方式应答幼儿的活动，才能够提高幼儿的活动水平。所以，教师要认真研究游戏活动的指导策略，在游戏活动中进行必要的示范，提升游戏活动的指导水平。

2. 把握适当的教育契机，有效的介入游戏活动

《纲要》指出，教师要善于观察，发现幼儿游戏中感兴趣的事情。所以，教师要仔细观察幼儿在游戏中的活动情形，把握好介入幼儿游戏的契机和介入的方式，有效支持幼儿的游戏活动，促进幼儿游戏活动向更高层次发展。

3. 规范教师语言，有效支持幼儿的活动

《纲要》指出，教师应成为幼儿游戏活动的支持者、合作者和引导者。语言是教师保教活动的主要工具，对发挥教师的角色作用有重要的影响。所以，教师也规范自己的言行，发挥言语幼儿游戏过程中的指导作用。

4. 合理划分区域，提供良好的游戏环境

在区域游戏环境创设上下功夫，根据幼儿园的实际需要创设动静分开、干湿有别、固定与临时结合、封闭与开放整合的游戏环境，既便于教师观察，又便于幼儿按照自己的意愿开展游戏活动。

视频：中班阅读活动分析

案例三：中班语言活动《鸭子学骑车》

（一）视频描述

这是中班语言活动，教师以《鸭子学骑车》的绘本为内容，创设了"哪些动物赞成鸭子学骑车？哪些动物不赞成鸭子学骑车的问题情境"，采用小组合作的形式，通过PPT展示绘本内容，鼓励幼儿开展讨论，并完成记录表的填写，但教师提出的问题过于封闭，没有为幼儿提供充分的自由表达的机会。

（二）视频基本信息

教师——T，红衣女孩——B，牛仔男孩——C。

（三）师幼互动记录

T拿起绘本问："农场里的动物们哪些是赞同鸭子学骑车的？哪些是反对鸭子骑车的？一会儿每组小朋友拿一张表格，我们互相商量一下，然后把小动物们摆一摆，我们开始吧。"

各小组开始合作学习绘本，T边观察幼儿的活动边说："如果忘了你可以翻翻书。"随后摸了摸黑衣男孩的头。

T巡视各小组的学习活动，对第二组幼儿说："我来看看你们组。这组的小朋友已经选好了，你们也选好了。"T来到第三组对幼儿说："看好了吗？"幼儿答："看好了。"T拿起他们的表格："行，来小朋友们，我们来看看这两组小朋友他们是怎么想的？"

T来到电脑前："二组、三组的小朋友都认为老鼠、狗和绵羊是赞同鸭子骑车的，而牛、马、鸡、山羊还有猫、猪是反对鸭子骑车的。"T指了指第一组："你们组的意见和他们一样吗？"

第一组部分幼儿摇头，部分幼儿摆了摆手。T走向第一组，问："那你们怎么觉得的？你们哪个和他们不一样？"B："下面就是有一个绵羊是不一样的。"

T把表格还给他们："那好，我们把书翻到绵羊那边。"幼儿迅速开始翻书。

T："第一组小朋友说，绵羊是不赞同鸭子骑车的。"B："绵羊认为骑车是会受伤害的。"

T："红衣女孩组的小朋友说，绵羊觉得他骑车会受伤，会受到伤害是一种什么想法？"

C："不赞同。"

T："那他心里是赞同还是不赞同？"幼儿一起回答："不赞同。"

T："你们两组能不能接受他们组的想法？"幼儿回答："能。"

T回到电脑前："绵羊是怎么不赞同的，小朋友们看看，到底是赞同鸭子骑车的多，还是不赞同的多？"幼儿齐声答："不赞同的多。"

T："那么多动物都不赞同鸭子骑车，那他放弃了吗？"幼儿齐声回答："没有。"部分幼儿摇了摇头。

T："他觉得，我一定能成功，一定能学会骑车的，小朋友们那我们回忆一下，鸭子是怎么一步一步学会骑车的？"

C站了起来举起手，随后又坐下。

T："小朋友都听一下。"C："一开始摇晃，然后他骑着稳一些。"

（四）幼儿行为分析

（1）中班幼儿以具体形象思维为主，能够依靠具体形象进行思考。视频中幼儿能根据绘本图画和PPT的提示，在教师引导下，理解绘本故事《鸭子学骑车》的主要情节，并表达自己对故事角色的理解。

（2）中班幼儿口头表达能力发展较好，能够连贯地讲述。视频中幼儿在分组讨论时能够自由发言、讨论鸭子学骑车的故事内容，还能用自己的语言讲述故事情节，表达故事中不同角色的看法，语言表达连贯、流畅，符合《指南》中班语言的基本要求。

（3）中班幼儿的书面阅读理解能力发展，对词义的理解逐渐加深。视频中，幼儿通过阅读，能理解绘本故事的基本内容，而且会用"担心"等词，推测绵羊对鸭子的心理，具有了一定的理解能力。

（4）中班幼儿能遵守规则，有一定合作的能力。视频中，中班幼儿能够举手回答问题，并能为共同的活动目标与同伴合作、讨论、交流，活动过程中遵守纪律。

（5）中班幼儿具有较好的学习品质，能认真参加绘本学习活动。视频中，中班幼儿能够积极思考问题，主动发言，在活动中表现出了认真、专注、乐于想象等良好学习品质。

（五）保教行为评价

1. 优点

（1）活动目标定位准确，注重幼儿自主阅读能力培养。视频中，教师首先让幼儿自主阅读，针对"赞成"还是"不赞成"鸭子学骑车，理解故事内容。符合《指南》"要让幼儿有初步的阅读理解能力，根据连续画面提供的信息，大致说出故事情节"的基本要求。

（2）教师言语亲切，注重幼儿口语表达及倾听习惯的培养。视频中，教师引导幼儿分小组自由讨论，并鼓励幼儿大胆表述。当有幼儿举手回答时，教师引导其他幼儿保持安静，认真倾听。符合《指南》："教师应引导幼儿学会认真倾听"精神要求。

（3）过程设计合理，多媒体手段使用恰当。视频中，教师能够按照《纲要》"发挥幼儿活动主动性"的要求组织教育活动，教师先请幼儿分组讨论，完成记录单，再请幼儿发表观点。教师利用生动形象的PPT，帮助幼儿梳理故事情节，激发幼儿对绘本的学习兴趣，活动环环相扣，重点突出。

（4）教师以幼儿为本，注重启发引导。视频中，即使遇到幼儿错误的讨论结果，教师也没有强行灌输正确答案，而是引导幼儿主动寻求正确的答案，并在征求幼儿的意见的基础上，引导幼儿改正错误的认识。出现分歧时，引导幼儿深入思考，体验绘本中不同角色的情感，并鼓励幼儿，用自己的语言表达对绘本故事的理解。

2. 不足

（1）活动方式单一，缺少直接感知的体验。《指南》中指出："幼儿的学习是以直接感知和实际操作为主的。"视频中的学习活动，直观手段运用只限于观察，不利于幼儿充分理解绘本故事《鸭子学骑车》的情节与内容。

（2）设计的问题过于封闭，类型不丰富。视频中，教师的问题过于封闭，只有"赞成"和"不赞成"两种，幼儿自由表达想法的机会很少，阅读活动缺乏乐趣与活力，不利于培养幼儿的阅读兴趣。不符合《指南》"教师应鼓励幼儿自主阅读，并与他人讨论自己在阅读中的发现、体会和想法"的精神。

（3）环境昏暗，不适宜阅读活动开展。视频中，教师为幼儿提供的阅读环境光线不足，对幼儿的视力容易造成不良影响，不利于阅读环境的开展。

（六）教育建议

1. 丰富活动形式，增加直接感知环节

《指南》要求："激发幼儿阅读兴趣，培养幼儿阅读习惯。"教师在绘本阅读活动中，可增加情境表演，如让幼儿模仿"动物们不同意鸭子学骑车，但是鸭子坚持"的活动情境，引导幼儿亲身体验"鸭子"与其他动物的心情，帮助幼儿更好地理解绘本故事内容，并提高阅读的兴趣。

2. 设计开放性的问题，营造自由的阅读的氛围

教师多提开放性的问题，引导幼儿积极思考，如对绘本中并未直接表明态度的动物心理进行推理判断，并给幼儿提供自由的表达机会，提升幼儿的绘本阅读理解能力。

3. 创设适宜的活动环境，培养良好的阅读习惯

《指南》要求："为幼儿提供良好的阅读环境和条件。"教师在开展阅读活动的时候，一定要注意光线、噪声等因素，根据幼儿的身心发展规律和特点，为幼儿提供适宜的阅读环境，保护幼儿身体健康。

本章习题

1. 简述幼儿园游戏活动视频分析的基本内容。
2. 简述幼儿园游戏活动视频记录的基本要求。
3. 简述保教活动视频分析的基本内容和要求。
4. 针对所提供的视频,进行描述、记录、分析,并提出相应教育建议。

视频:中班音乐活动分析

参考文献

1. 杨小微.教育研究方法[M].北京：人民教育出版社,2005.
2. 王小英,满晶.学前心理学[M].长春：东北师范大学出版社,2004.
3. 刘俊升.天使之心[M].北京：北京大学出版社,2007.
4. 李秉德.教育科学研究方法[M].北京：人民教育出版社,1997.
5. 李方.现代教育科学研究方法[M].广州：广东高等教育出版社,1997.
6. 叶澜.教育研究及其方法[M].北京：中国科学技术出版社,1990.
7. 陈静逊.小学教育科学研究方法[M].上海：华东师范大学出版社,2004.
8. 张敏强.教育与心理统计学[M].北京：人民教育出版社,2002.
9. 郑日昌.心理测验与评估[M].北京：高等教育出版社,2005.
10. 华国栋.教育科研方法[M].南京：南京大学出版社,2000.
11. 王坚红.学前儿童发展与教育科学研究方法[M].北京：人民教育出版社,2006.
12. 谢培松.教育科学研究导论[M].长沙：湖南科学技术出版社,2003.
13. 谢春风,时俊卿.新课程下的教育研究方法与策略[M].北京：首都师范大学出版社,2004.
14. 周宗奎.儿童社会化[M].武汉：湖北少年儿童出版社,1995.
15. 裴娣娜.教育研究方法导论[M].合肥：安徽教育出版社,1995.
16. 张厚璨,徐建平.现代心理与教育统计学[M].北京：北京师范大学出版社,2009.
17. 张宝臣.学前教育科学研究方法[M].上海：复旦大学出版社,2007.
18. 张燕,刑利娅.学前教育科学研究方法[M].北京：北京师范大学出版社,1999.
19. 周希冰.学前教科研方法和研究性学习[M].北京：高等教育出版社,2014.
20. 林兰.幼儿行为观察与引导[M].上海：复旦大学出版社,2022.
21. 王晓芬.幼儿行为观察与分析[M].上海：复旦大学出版社,2019.
22. 刘晶波.师幼互动行为研究[M].南京：南京师范大学出版社,2006.
23. 王烨芳.学前儿童行为观察与分析[M].南京：江苏凤凰教育出版社,2023.
24. 中华人民共和国教育部.幼儿园教育指导纲要(试行)[M].北京：北京师范大学出版社,2001.
25. 中华人民共和国教育部.3—6岁儿童学习与发展指南[M].北京：首都师范大学出版社,2012.
26. 李季湄,冯晓霞.《3—6岁儿童学习与发展指南》解读[M].北京：人民教育出版社,2013.
27. 施燕,韩春红.学前儿童行为观察[M].上海：华东师范大学出版社,2018.
28. 杨枫.学前儿童游戏(第二版)[M].北京：高等教育出版社,2014.
29. 赵红月.大班幼儿户外活动现状调查[D].辽宁师范大学硕士学位论文,2015.
30. 杨丽珠.取样观察法——观察法(一)[J].山东教育,1999(15)：11—12.

图书在版编目(CIP)数据

儿童行为观察与指导/罗秋英,张宇主编. —2版. —上海:复旦大学出版社,2024.1
ISBN 978-7-309-16986-7

Ⅰ.①儿… Ⅱ.①罗…②张… Ⅲ.①儿童-行为分析-幼儿师范学校-教材 Ⅳ.①B844.1

中国国家版本馆 CIP 数据核字(2023)第 171149 号

儿童行为观察与指导(第二版)
罗秋英 张 宇 主编
责任编辑/查 莉

复旦大学出版社有限公司出版发行
上海市国权路 579 号 邮编:200433
网址:fupnet@fudanpress.com   http://www.fudanpress.com
门市零售:86-21-65102580   团体订购:86-21-65104505
出版部电话:86-21-65642845
上海丽佳制版印刷有限公司

开本 890 毫米×1240 毫米 1/16 印张 12 字数 339 千字
2024 年 1 月第 2 版第 1 次印刷

ISBN 978-7-309-16986-7/B·789
定价:48.00 元

如有印装质量问题,请向复旦大学出版社有限公司出版部调换。
版权所有 侵权必究